翻译与文化研究

Translation and Culture Studies

第十三辑

主　编　张锦茹　陈维良

副主编　王　灿　黄群丹　李香琴　段晓丹

编　者　刘　俊　叶思琴　赵亚荣　张希希
　　　　杨　哲　王　冲　李　婧　李　竞

WUHAN UNIVERSITY PRESS

武汉大学出版社

图书在版编目(CIP)数据

翻译与文化研究.第十三辑／张锦茹,陈维良主编. -- 武汉 : 武汉大学出版社,2025.1. -- ISBN 978-7-307-24770-3

Ⅰ. H059-53

中国国家版本馆 CIP 数据核字第 202456738V 号

责任编辑:吴月婵　　　责任校对:汪欣怡　　　版式设计:马　佳

出版发行:**武汉大学出版社**　　(430072　武昌　珞珈山)

　　　　(电子邮箱:cbs22@ whu.edu.cn 网址:www.wdp.com.cn)

印刷:武汉邮科印务有限公司

开本:787×1092　1/16　印张:13.25　字数:305 千字　　插页:2

版次:2025 年 1 月第 1 版　　2025 年 1 月第 1 次印刷

ISBN 978-7-307-24770-3　　定价:69.00 元

主编简介

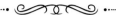

　　张锦茹，女，汉族，1984年6月25日生，中共党员，武汉文理学院外国语学院副教授，澳大利亚阿德莱德大学大众传媒学士、悉尼大学媒体实践硕士研究生。毕业后一直在高校从事外事和一线教学工作。主持或参与省级课题5项，公开发表学术论文8篇。

　　陈维良，男，汉族，1967年11月生，湖北红安人，中共党员，文学学士，军事学硕士，副教授，湖北省翻译工作者协会理事。1991年大学毕业后入伍，在第二炮兵指挥学院从事基础英语教学20余年。2013年转业后，在江汉大学文理学院主要担任英语专业"高级英语"课程的教学工作。主要研究方向为英语教学。先后主编或参编英语教辅书10余部，发表论文10余篇。

前　言

　　目前，外语教育与研究正面临着机遇和挑战。在这个广阔而复杂的信息宇宙中，翻译和文化研究显得尤为重要。它们不仅仅是语言的转换，更是文化的交流与传播，是我们了解世界、理解他人、认知自我、传承文明的桥梁。

　　《翻译与文化研究》第十三辑，汇集了来自各个领域的学者们的学术佳作，包括翻译理论、翻译技巧、文学翻译、外语教学、文化研究以及文学研究等多个方面，旨在为广大读者呈现一幅丰富多彩、知识渊博的学术画卷，为翻译与文化研究领域的进一步发展贡献力量。

　　在当今 AI 时代，传统的翻译模式正在经历着颠覆性的变革，而我们作为翻译与文化的研究者，肩负着传承与创新的使命。如何在这个快速发展的时代保持学术的深度与广度？如何将中国的文化精髓传递给世界，让世界了解真实的中国？这是我们面临的重要课题。我们应当继承和传承古人的智慧，同时在当下的语境下寻求创新和突破。只有如此，我们才能更好地适应时代的需求，推动翻译与文化研究领域的发展。

　　在这个时代，我们更需要讲好中国故事，传播好中国文化。中国拥有悠久的历史、灿烂的文化，而翻译与文化研究正是连接中外文化的桥梁。希望本辑的出版能够为此项事业添砖加瓦。

　　外语教学是文化传播的重要环节。本辑特别收录了大量关于外语教学的论文，涵盖了教学方法、教学模式、课程设计等多个方面。相信这些研究成果将为外语教育的发展提供宝贵的参考和借鉴。

　　最后，向所有作者表示由衷的感谢，正是你们的辛勤努力和学术贡献，才使得本书得以顺利完成。同时也感谢武汉大学出版社的支持与帮助。限于编者的水平及其他客观因素，本论文集可能存在一些不足之处，希望广大读者批评指正。

范纯海

2024 年 5 月

目　录

下篇　外语教学研究

上　篇

翻译理论与实践

两首土家族民歌的英译、阐释与文化批评[①]

陈开举　路伟健
（广东外语外贸大学）

一、恩施土家族民歌概况

在鄂西南地区，土家族主要居住在武陵山山脉广袤的清江流域，历史悠久，具有独特的历史文化和民俗风情。土家族民歌是土家族人民在集体劳动中创造的音乐艺术。它们不仅是风俗习惯的传承，也反映着人们的生活与劳动、对生命和生存的追问与诠释的生动而形象的历史。土家族虽然历史悠久，有自己的口头语言，但没有创造出属于自己的书面语言，因此其历史没有被记录下来，而是以故事和传说的形式被人们口口相传，留在人们的记忆中。这些重要的历史文化故事和民间文化都保存在少数民族民歌中。土家族民歌涉及社会生活的方方面面，涵盖运输、劳动、养殖、丧葬、嫁娶、修房等活动（谢亚平、王桓清，2007）。因此，土家族民歌是了解土家族文化的窗口，也是中国宝贵的非物质文化遗产。

恩施土家族苗族自治州是土家族数千年来聚居的地区，也是目前土家族民歌和土家族文化保存最完好的地区之一（戴璐，2015）。根据对凉雾（恩施自治州利川市的一个乡镇）民歌传承人牟秉进和利川市土家族民歌"大王"陈立高的采访，目前在恩施流传最广的土家族民歌大致可分为以下两类：情歌和劳动歌。[②] 情歌侧重于通过歌曲表达爱情。"土家族青年对爱情的真诚和对封建礼教的反抗在这些歌谣中有着最直观与最强烈的表现。"（黄家娟，2004）劳动歌的主要功能是减轻劳动的枯燥感。恩施地处山区，地形崎岖，劳动条件艰苦。因此，集体劳动非常普遍，劳动歌正是在这种情况下产生的。过去，在田间劳动时，重复的动作会让劳动者很快筋疲力尽，注意力和效率都会大大降低。然而，当大家一起唱劳动歌、喊劳动号子时，这种集体感会缓解疲劳、激发热情、提高效率（李俊文，2009）。因此，土家族民歌是情感和思想交流的纽带，反映了土家族的风俗习惯和生活状态。

---

① 本文基于路伟健、陈开举（通讯作者）合著的英文论文"Translation and Appreciation of Tujia Minority Ballads *Hands on My Girl's Shoulders* and *Embroidering the Sachet*"，收录到本书过程中有较大修改。参见 Lu, Weijian & Chen, Kaiju. Translation and Appreciation of Tujia Minority Ballads *Hands on My Girl's Shoulders* and *Embroidering the Sachet*[J]. *International Journal of Literature and Arts*, 2021, 9（2）: 261-268.

② 作者于 2016 年夏天参与田野调查，收集第一手材料，并向牟秉进、陈立高请教土家族民歌背后的文化。

同时，许多民歌中既有爱情的元素，也有对劳动的表达，这恰恰反映了土家族农业文明的特点。其中《双手搭在妹儿肩》和《绣香袋》是两首传唱度极高的民歌。《双手搭在妹儿肩》由一对恋人对唱，共分七节，以小伙子赢得姑娘的心为结尾；《绣香袋》由女声独唱，共分五节，描绘了姑娘为心上人绣香袋时的情景。这两首民歌反映了土家族人民对爱情的向往、对生活苦难的排遣和对美的追求。

土家族民歌从产生之日起，一直是劳动人民表达自我的重要工具。然而，在全球经济和现代化浪潮的冲击下，土家族社会文化正在发生翻天覆地的变化，尤其是当前土家族地区传承千年的社会经济结构正在解体（谭志国，2011）。土家族传统的语言、文化、认知濒临消亡。恩施土家族民歌作为一种非物质文化遗产，在现代化进程中受到了强烈的冲击。在文化多元化的今天，民歌处于弱势地位。从传承与发展的角度来看，对土家族民歌进行保护显得愈发必要。少数民族作为中华民族的重要组成部分，拥有丰富多样的民族文化。少数民族文化的传播效果将直接影响到少数民族的发展壮大，影响到中华文化的多样性和丰富性（刘艺，2015）。因此，保护和传播少数民族文化的重要性日益凸显。

笔者在湖北省恩施土家族苗族自治州巴东县进行田野调查，并特别邀请了恩施土家族的两位传承人进行了座谈，并对少数民族民歌隐含的民俗文化进行求证。通过翻译和鉴赏，笔者从文化研究的角度分析了两首土家族民歌所体现的文化特征，探究了土家族民歌的文化内涵，希望以此保护土家族民歌和土家族文化，促进土家族文化与其他文化的跨文化交流。

二、相关研究简述

（一）作为跨文化交流的翻译

在全球化背景下，讲好中国故事是一个热点研究课题。它是以（民间文化和民间艺术）的形式传播文化的有效途径，尤其是以戏曲和民歌的形式，这些形式蕴含中国社会生活的独特背景（谭志国，2011；徐锦子，2013），因此，翻译在跨文化交流中起着至关重要的作用。语言和文化的差异对翻译的效果影响深远。文化要发挥软实力的作用，就需要优质的翻译来实现有效的跨文化交流，促进跨文化接受，因为只有可读、可接受的译文才能帮助人们打破文化壁垒，形成有效的跨文化交流（Xu，2018a）。除了翻译的作用，跨文化交流的效果还受到其他因素的影响。尤其是必须与当前中国社会文化战略相结合，才能克服跨文化交流的困境，弘扬中华文化（Xu，2018b）。

跨文化交流是全球社会在不同文化背景下进行信息和文化整合以及资源共享的一种现象（Bennett，1998）。翻译是一个创造性的过程，也是跨文化交流的一种形式。翻译曾被认为是一种语言转换活动，现在则被视为语言与文化之间的动态互动。它促成了不同文化之间的交流，为弥合文化鸿沟和促进跨文化理解作出了重要贡献（姜学龙，2016）。翻译研究发展至今，流派纷呈，从语言学、文化学、哲学、伦理学等不同角度对翻译现象、翻译理论、翻译方法、翻译实践等进行了分析和描述（Spivak，2000）。与跨文化交流研究一样，翻译也是一个跨学科的研究领域。

弘扬中华文化，首先要解决语言/方言障碍。由于土家族方言的复杂性，它在语内转换和理解方面给译者带来的问题往往比语际交流面临的问题更多。因此，译者需"基于读者需求来选择归化或异化策略进行文化翻译"（王智杰，2018）。也就是说，在少数民族文化的翻译中，一方面，应采用异化策略来指导翻译，尽可能多地保留原语中的文化信息；另一方面，需考虑读者的接受性和译文的可读性，以达成不同文化和文明之间的信息的交流和传递。翻译是一场异化与归化的博弈。根据功能对等理论，民歌汉译英不能只要求词与词之间的生硬对应，而是要实现语言之间的节奏、节拍以及韵律等方面的功能对等（芦文辉，2017）。在翻译过程中，译者应真实地翻译出民歌原文所包含的实际意义，这就要求译者熟悉原文化和目标文化的价值观和信仰等文化要素（Liu，2020）。不同的文化受到尊重，确保了跨文化交流的成功。

（二）少数民族民歌研究概览

我国对土家族文化的研究逐年增多，土家族文化研究的方向和门类也多种多样，如土家族民俗文化研究、文学艺术研究、经济文化研究等。总体而言，土家族民歌研究体系正在逐渐形成（杨亭，2011；谢亚平、王桓清，2007）。恩施土家族民歌体裁丰富、题材多样，是土家族少数民族生产生活的真实写照，因此，对民歌研究体系的构建和土家族民族学、民俗学、文化学、社会学的研究具有重要意义（戴璐，2015；刘艺，2015；熊秋萍，2018；严琰，2017）。但是，目前民歌研究还需要与人文社会科学的其他学科更加紧密地结合起来，研究者只有建立严谨的研究体系，才能有效推动少数民族民歌研究的发展。同时，少数民族民歌研究还存在一定的局限性。目前，以土家族民歌为研究对象，上升到理论高度的研究还不多。同时，基于深入田野调查对土家族民歌独特文化特征的具体研究也不多（谭志国，2011；杨雅君，2016）。最重要的是，其他国家的学者对土家族文化的研究很少，而且由于英文文献较少，国际上的研究热度也不够。目前，各国文化学者都在推动本国文化的跨文化交流，中国学者也应承担起这一责任。

三、土家族民歌《双手搭在妹儿肩》《绣香袋》英译

（一）《双手搭在妹儿肩》①

中文版	英文版
男：（我）双手（那个）搭在（嘛嗯哪嗯）妹儿（的）肩（哪嗟哟喂～喂），（我）有句（那个）话儿（嘛哎嗨哟哇嗟哟喂～）（我）不好言（哪哈嗯哪嗯）。	M：With（my）hands（that）on（ma en na en）my girl's shoulders（na jie yo wei～wei），（I am）hesitating（that）for（ma ai hai yo wa jie yo wei）getting your answers（na ha en na en）.
女：你有么子话儿嘛，只管说嘛。	F：You have anything to say, just say it out.
男：妹儿（那个）叫我（嘛嗯哪嗯）直管（的）言（哪嗟哟喂～喂），（我）裤儿（那	M：Now that my girl（that）tells me（ma en na en）to say it（na jie yo wei～wei），（my）

---

① 该曲中，男的词是歌词唱出来的，女的词是应答说出来的。

个)烂哒(嘛哎嗨哟嗟哟喂~)(我)无人连(哪哈嗯哪嗯)。

女：那你去找亲戚撒。

男：妹儿(那个)叫我(嘛嗯哪嗯)找亲戚(嗟哟喂~喂)，(我)亲戚(那个)朋友(嘛哎嗨哟嘛嗟哟喂~)(他)不凑成(哪哈嗯哪嗯)。

女：那你去搭个会嘛。

男：妹儿叫我(嘛嗯哪嗯)搭(一)个会(呀嗟哟喂~喂)，(我)搭会(那个)容易(嘛哎嗨哟嘛嗟哟喂~)(我)还会难(哪哈嗯哪嗯)。

女：你这也难那也难，只有去死哦。

男：妹儿(那个)叫我(嘛嗯哪嗯)只有(的)死(啊嗟哟喂~喂)，(我)死在(那个)阴间(嘛哎嗨哟嗟哟喂~)(我)专告你(哟嘛嗯哪嗯)。

女：你告我么子嘛。

男：(我)不告情妹(嘛嗯哪嗯)(你)不凑成(哪嗟哟喂~喂)，专告(那个)妹儿(嘛哎嗨哟嗟哟喂~)(你)狠心肠(哪哈嗯哪嗯)。

女：那你歇一晚再走嘛。

男：妹儿(那个)叫我(嘛嗯哪嗯)歇一(的)晚(哪嗟哟喂~喂)，(我)死在(那个)黄河(哎嗨哟嗟哟喂~)，(我)心也甘(哪哈嗯哪嗯)。

女：我帮你把裤儿缝起来。

trousers are in rags（ma ai hai yo jie yo wei）and to be mended（na ha en na en）.

F：Then you should turn to relative.

M：My girl（that）tells me（ma en na en）to turn to relative（na jie yo wei ~ wei），but they（that）will not help（ma ai hai yo wa jie yo wei）but leave（na ha en na en）.

F：Then you can raise some money.

M：My girl（that）tells me（ma en na en）to raise some money（na jie yo wei~ wei），but paying back（ma ai hai yo wa jie yo wei）will drive（me）crazy（na ha en na en）.

F：If everything is so difficult, then you could go to hell.

M：My girl（that）tells me（ma en na en）to go to hell（na jie yo wei~wei），（I）die in（that）hell（ma ai hai yo jie yo wei）only to sue you（na ha en na en）.

F：What would you sue me for?

M：（I）would not sue you（ma en na en）for not helping（na jie yo wei~ wei），but for（that）your（ma ai hai yo jie yo wei）heart of stone（ma ha en na en）.

F：Then you'd better stay for one night.

M：My girl（that）tells me（ma en na en）to stay（for）one night（na jie yo wei~ wei），then in（that）yellow river（ma ai hai yo jie yo wei）I am willing to die（na ha en naen）.

F：I'll mend it for you.

(二)《绣香袋》

中文版	英文版
一绣香袋开头绣	Firstly, when the sachet is started to be embroidered
绣个狮子滚绣球	On the sachet a lion rolling a silk ball is tailored
绣球滚在花园里	The ball is accidentally dropped in the garden
只见狮子不见球	I can see that lion, but my eyesight to the ball is hindered

二绣香袋丝线长	Secondly, when the silk thread is to be prepared
绣棵板栗岩边长	On the sachet a chestnut at the edge of the rock is tailored
板栗掉在岩脚里	The chestnut is accidentally dropped in the corner
只见板栗不见郎	I can see that chestnut, but my eyesight to my man is hindered
三绣香袋绣桃红	Thirdly, when the pink is to be colored
桃红包在绿叶中	On the sachet a pink peach wrapped in green leaves is tailored
叶儿包着桃花红	The peach is blooming with the leaves covered
哥妹几时才相逢	When the reunion with my man occurred
四绣香袋绣四角	Fourthly, when the corners are to be embroidered
四角香袋绣梭罗	On the corners the Reevesia trees are tailored
哥是牛郎妹织女	My man is as the cowherd and I am as the weaving maiden
牛郎织女过天河	On the Milky Way there will always be reunion
五绣香袋绣过头	Finally realizing that it's almost belated
怀藏香袋门外溜	I rushed out with the sachet decorated
手帕装进香袋里	Put the handkerchief into the sachet
香袋送给我的哥	Which is for my man, my beloved

四、译后鉴赏与评述

(一)向生命致敬：与严酷的自然抗争

从远古的图腾崇拜开始，歌唱已成为表达情感和感受的一种方式。这种无比自由的表达方式充分体现了土家族的本真。爱情是土家族民歌的核心主题之一，数量众多，受众最广。除本文介绍的两首民歌外，《黄四姐》《龙船调》等几首同样具有较高知名度的歌曲都是爱情歌曲。在未受中原封建礼教影响的土家族地区，土家族青年男女对婚姻制度封建化程度加深的反抗，以及不同婚姻形式所渗透的不同甚至对立的道德观的存在，是一种更加无拘无束的人性的真实表现（黄家娟，2014）。在追逐爱情相对自由的少数民族地区，情歌是年轻人传递情感的媒介和工具。因此，没有情歌，就没有土家族地区青年男女之间的爱情与结合。有些情歌还表现出诙谐幽默的特点，如本文中的《双手搭在妹儿肩》，充分表达了青年男女对美好爱情的追求。土家族以民歌为媒介追求爱情自由，这是一种人文关怀和有趣的恋爱婚姻形式。"它自身的文化内涵远远越过了择婚的目的和形式本身，它符合现代人的观念和爱情至上的婚姻观。"（王友富，2009）此外，在土家族民歌中，男性和女性的形象也有所不同。土家族男性勤劳，敢于追求爱情，对爱情忠贞不渝，机智灵活地为爱情动脑筋；女性勤劳善良，抵制包办婚姻，追求婚姻自由（严琰，2017；肖愚，2020）。在本文的两首少数民族民歌中，《双手搭在妹儿肩》展现的是可爱机智的男性形象，《绣香袋》展现的是热情勤劳的女性形象。通过对情歌中人物形象的塑造，土家族人民的淳朴、率真和诚实也得到了淋漓尽致的展现。

土家族偏爱情歌的根本原因在于，为了对抗自然条件的残酷和生命的脆弱，他们必须通过民歌来崇拜生命，鼓励男女结合，以此作为对抗自然的方式。在人类社会从原始社会向现代社会演变过程中，文明形态的变迁是人类从敬畏自然到改造自然，最终征服自然的过程。其中，在原始文明和农业文明时期，人类在自然面前是渺小的，自我保护能力有限，人类生命的脆弱性尤为突出，只能顺应自然。土家族在山林中经历了漫长的原始文明和农业文明，生存条件恶劣，生活艰辛。因此，土家族需要通过唱情歌、提倡繁衍后代、鼓励男女之间多交往等方式来崇拜生命、崇拜爱情，进而通过男女结合、孕育新生命来延续文明的火种。正如 Freud（1981）认为，人类文明是从一切本能力量中升华而来的。性是生命的趋向，力比多（性能量）是正能量的源泉，可以服务于各种文明活动。在土家族民歌中，情歌服务于鼓励生育这一重要的文明活动。通过生育，人类可以繁衍，文明可以传承。因此，土家族民歌中蕴含着对两性互动的赞美，对生命繁衍的推动，对生命脆弱的抗争。在原始文明和农业文明中，男女结合是最庄严的事情。人类正是通过爱情的激励和男女的结合，使生命之火和文明之火得以延续。

（二）摆脱困境：与严酷自然作斗争的策略

土家族民歌与普通人的生活息息相关，许多民歌具有很强的社会功能，土家族创作了许多具有很强实用性和民族特色的民歌，其中最有特色的是劳动歌（李俊文，2009）。土家族生活在大山里，受地理条件的限制，常常隔山呼应，对歌传情。因此，土家族民歌具有解闷、抒情的实用功能。在集体劳动中，劳动者的体力消耗很大，唱同一首劳动歌可以起到提神醒脑、统一节奏的作用，对提高劳动效率非常有效。同时，土家族人民在田间集体劳动时，劳动歌的演唱也是人们的一种娱乐方式（李俊文，2009）。因此，民歌伴随土家族人民的生产生活。

土家族民歌的重要功能是纾解生活困境。在原始文明和农业文明时期，落后的生产和再生产条件使得人们生活艰辛。因此，人类需要寻求纾解这一困境的策略，寻求欢乐。对于土家族来说，民歌就肩负着这一重要使命。Freud（1963）认为，内部或外部的刺激可以缓解身体的紧张，使人感到快乐。与此同时，人们倾向于追求幸福，避免痛苦，但往往不能如愿以偿。这种不幸福感使人类转向其他领域（如文学、艺术等）来创造幸福（Marcuse，2023）。《绣香袋》中描写了许多日常生产场景，如在石缝中拣栗子。面对山区日常劳动的困难、艰辛甚至危险，如果没有正能量的输入、刺激和弘扬，紧张和痛苦可能是难以承受的。因此，人们选择用民歌来创造快乐，缓解痛苦。土家族通过民歌将劳动与爱结合起来，给生活带来爱与希望，使每天重复枯燥的劳动不再只是艰苦本身，而是带着憧憬（戴璐，2015；王友富，2009）。除此之外，还有一种豁达的生活态度，通过寻找希望和快乐，从而在艰辛中获得乐趣。人类在面对苦难时，需要正能量来创造精神财富，如通过控制幻觉在情感上克服恐惧与不安全感（Lopes，1987），抵消痛苦。人类采用这种策略，度过了漫长而危险的原始文明和农业文明时期，并逐渐使这种策略融入了人类的文化基因。在现代，面对各种新的压力，人类仍然采用这种策略来追求幸福，并把感情寄托在各种文学艺术作品上（Sinigaglia，2013）。这种策略的继承恰恰说明了它的有效性和必要性。

（三）追求美丽：与严酷自然抗争的勇气

人类之所以能感受到音乐的美原因有二，一方面从生理上来说，音乐的节奏、旋律、音色能给人带来想象空间，比如节奏快会使人兴奋，音调高会给人带来悠远感，等等；另一方面在心理层面，音乐能给人的内心世界带来满足感。人类在与严酷自然抗争的过程中，不仅需要物质上的支持，更需要心理上的支持，而土家族民歌给予了土家族人民与自然抗争的勇气。

土家族民歌之美，首先在于通俗易懂。口头语言（非书面语言）是土家族的主要语言，这就决定了土家族民歌必须采用大量的方言作为押韵的基础，恩施的民歌亦是如此。虽然民歌都是通俗的口语，看似粗糙生硬，但正是这种粗糙体现了土家族"独特的地域色彩和民族特色"（易小燕，2007）。本文中的两首民歌没有华丽的辞藻，也没有过多的修饰，语言通俗易懂，却让人感觉格外清新、舒适。其次，土家族民歌美在内涵丰富。土家族情歌往往风趣幽默，这反映了生活在大山里的土家族人民乐观、豪爽、豁达、幽默的性格特点。就像本文中的《双手搭在妹儿肩》，让人读后或听后不禁会心一笑，感受到男方的机智幽默和女方的欲迎还拒。最后，土家族民歌之美体现在独特的土家族方言魅力上（杨亭，2011）。无论是《双手搭在妹儿肩》的高亢，还是《绣香袋》的委婉，都体现了演唱者深厚的感情。语言形式是意义的载体，节奏优美的语言形式也有其内涵。土家族民歌的节奏，如《双手搭在妹儿肩》的长短句对唱、《绣香袋》的对仗工整，都体现了对美的追求。

恩斯特·库尔特（Ernst Kurth）认为，音乐是人类的一种自然力量，是意志冲动的动力。心理力量的存在使欣赏者能够从音乐中获得美感（Hsu，1966），当创作者和欣赏者将自己的情感代入艺术作品时，美感就产生了。土家族民歌传承千年，其蕴含的旋律美和文字美让土家族人民感同身受。在艰苦的生产生活条件下，土家族民歌中的爱情和劳动元素赋予了土家族奋斗的勇气，这些元素正是土家族想听的、想说的，并通过歌唱的形式传播开来。一代又一代的土家族人民主动成为这种文化形式的传承者和参与者。对艺术美的追求，赋予了土家族人民面对残酷自然的抗争勇气和精神支撑。土家族人民以艺术的形式传播他们的勇气，让同代人和后代人能够鼓起勇气，从敬畏自然到改造自然，最终征服自然。在这一转变过程中，艺术美发挥着重要作用。

五、批判与讨论

土家族民歌蕴含着丰富的文化信息，是美与智慧的结晶，具有民俗风情和魅力，反映了土家族人民对美好生活的追求和向往。民歌作为一种原始的土家族音乐艺术，承载着土家族历史、风俗、生活等多方面的珍贵文化信息（杨亭，2011）。土家族先民为后世留下了极其丰富的非物质文化遗产，当代土家族人民不仅是本民族非物质文化遗产的传承者和享用者，更肩负着繁荣和创新土家族民歌的重任。

然而，在全球化和现代化的强烈冲击下，我国各少数民族都经历了社会文化转型，土家族也不例外地经历了从传统社会到现代社会的文化转型。正是土家族独特的生产生活方式造就了独特的民歌文化，但同时传统的生产方式也在现代生产方式和文化产品的冲击下逐渐消失。如今，民歌的传承与传播已经发生了巨大的变化。以歌为生、以歌为乐、以歌为媒的文化生态已不复存在，更多的是留存在老年人对过去的记忆中。随着市场经济价值观念的主流化，民歌文化领域再次遭受沉重打击，年轻一代与土家族民歌文化脱节。因此，民歌的传承不再是传统，而是成为了受保护的文化遗产。随着旅游经济的发展，土家族民歌原本植根的自然生态和人文生态发生了巨大变化（Jing，C. et al.，2020）。一些被评为非物质文化遗产的民歌被景区作为旅游项目不断使用，而其余大量的土家族民歌则逐渐被遗忘。土家族民歌作为旅游商品，成为了满足游客休闲娱乐和体验少数民族文化的载体形式。因此，大规模地包装、推广和经营土家族民歌必然会使民歌碎片化。伴随着土家族民歌神秘感、差异感的消失，土家族文化特色随之淡化、消失，这或许就是土家族文化的前景（杨杰宏，2012）。

随着社会经济的快速发展，社会文化呈现出多元化的趋势。新思想、新文化充斥着各种媒体平台，深刻影响着人们的思想观念，尤其是年轻人的思维、意识和行为（Touijar，2020）。有些新文化、新思想代表了时代的步伐，如科技的突飞猛进、大数据的运用等，进一步改善了人类的生存环境，提高了生活质量。然而，新文化、新理念也有消极的部分，如发生了为了给偶像投票而浪费大量牛奶的事件。原本朝气蓬勃、追求理想、勇于拼搏的年轻人受到资本的影响，沉迷于资本制造的游戏中。爱、忠诚、责任、勤劳等优秀的精神品质，面临着被享乐、懒散和放纵消费侵蚀的风险。尽管如此，优秀的精神品质在民歌中依然熠熠生辉，彰显着土家族先民的智慧。今天的人们仍然可以从这些民歌中感受到精神内涵，汲取精神养分，在正确的引导下作出有意义的判断和选择。因此，研究、传承和跨文化传播民歌具有重大意义，值得长期坚持。

土家族民歌的灵活性决定了它不会在静止状态下默默凋零，而是会在现实生活中吸收养分，散发出时代的芬芳。从最初的口口相传时期到如今的融媒体时代，人们了解土家族民歌的方式也更加多样（田永红，2010）。我们的时代大力提倡发展民族文化，这为土家族民歌的传承与传播提供了帮助。土家族精神通过经久不衰的民歌实现着真正的传承，它保留了土家族精神领域中最积极的部分，充满着民族气息，蕴含着灿烂的人性。在许多民俗活动中，人们从民歌中获得了丰富的知识。同时，土家族民歌在生产发展和社会进步方面起着重要的促进作用，具有深远的社会意义。

六、小结

本文通过对两首土家族民歌的翻译和赏析，分析了土家族民歌的文化因素和现实意义，并针对当今社会精神支柱缺失的现状，总结出了土家族民歌的精神意义。在全球化时代，保护、传承和弘扬民族文化的重要性日益凸显。只有从历史文化中汲取养分，才能在消费主义的浪潮中为自己的灵魂筑起一道坚固的城墙，避免被资本裹挟而失去精神自由。随着社会的发展和时代的变迁，土家族民歌蕴含的文化精神将继续传承下去。

参 考 文 献

［1］Bennett，Milton J. Intercultural Communication：A Current Perspective［A］. Basic concepts of intercultural communication：Selected readings［C］. Yarmouth，ME：Intercultural Press，1998.

［2］Freud，S. The Standard Edition of the Complete Psychological Works of Sigmund Freud Volume XXI（1927-1931）：The Future of an Illusion，Civilization and Its Discontents and Other Works［Z］. London：The Hogarth Press and the Institute of Psycho-Analysis，1981.

［3］Freud，S. The Standard Edition of the Complete Psychological Works of Sigmund Freud Volume XVI（1916-1917）：Introductory Lectures on Psycho-Analysis（Part Ⅲ）［Z］. New York：W. W. Norton，1963.

［4］Hsu，D. M. Ernst Kurth and His Concept of Music as Motion［J］. *Journal of Music Theory*，1966，10（1）：2-17.

［5］Jing，C.，Zehui，W.，Yan，L. & Hua，W. Inheritance and Protection of Intangible Culture in Minority Areas—Take Enshi Tujia Nationality "Ba Bao Tongling Dance" into the Campus as an Example［A］. 2020 12th International Conference on Measuring Technology and Mechatronics Automation（ICMTMA）［C］. IEEE，2020：890-894.

［6］Liu，W. Research on multi-dimensional translation of Chinese folk songs［J］. *Learning & Education*，2020，9（4）：40-41.

［7］Lopes，L. L. Between Hope and Fear：The Psychology of Risk［J］. *Advances in Experimental Social Psychology*，1987，20：255-295.

［8］Marcuse，H. *Eros and Civilization：A Philosophical Inquiry into Freud*［M］. London and New York：Routledge，2023.

［9］Sinigaglia，J. Happiness as a Reward for Artistic Work［J］. *Societies Contemporaries*，2013（3）：17-42.

［10］Spivak，G. C. Translation as Culture［J］. *Parallax*，2000，6（1）：13-24.

［11］Touijar，W. The Impact of Modernity on Youth Culture：Their Linguistic Choices，Thoughts and Attitudes［J］. *The International Journal of Applied Language Studies and Culture*，2020，3（2）：25-34.

［12］Xu，H. A Study of Translation and Dissemination of Tujia Folk Songs in Western Hubei Province［J］. *DEStech Transactions on Social Science，Education and Human Science*，2018a：385-391.

［13］Xu，H. The Application of Multi-modal Discourse in English Translation of Tujia Folk Song Long Chuan Diao in Western Hubei Province［J］. *MATEC Web of Conferences*，2018b，232，02010：349-352.

［14］戴璐. 恩施五句子歌的源流及民俗文化内涵［D］. 恩施：湖北民族学院，2015.

［15］黄家娟. 论土家族情歌的审美特征［D］. 恩施：湖北民族学院，2014.

［16］姜学龙. 西北民歌"花儿"英译探析［J］. 连云港职业技术学院学报，2016，29（4）：13-16.

［17］李俊文. 简析武陵地区土家族薅草锣鼓艺术的特点［J］. 贵阳学院学报（社会科学版），2009，4（3）：68-71.

［18］刘艺. 新媒体对恩施自治州土家族民俗文化的影响研究［D］. 成都：西南交通大学，2015.

［19］芦文辉. 功能主义视域下英文民歌翻译探析［J］. 山西大同大学学报（社会科学版），

2017，31(4)：81-84.

[20]谭志国．土家族非物质文化遗产保护与开发研究[D]．武汉：中南民族大学，2011.

[21]田永红．土家族山歌的命名、文化内涵及其艺术特征[J]．铜仁学院学报，2010，12(4)：1-6.

[22]王文铃，楚瑛．生态翻译视角下的中国传统民俗器物英译[J]．合肥工业大学学报(社会科学版)，2011，25(5)：87-90.

[23]王友富．土家族情歌文化及其民族性格研究[J]．湖北民族学院学报(哲学社会科学版)，2009，27(4)：18-20，40.

[24]王智杰．文化全球化时代少数民族传统文化的英译[J]．贵州民族研究，2018，39(12)：141-144.

[25]肖愚．鄂西南土家族民歌男性艺术形象研究[D]．武汉：华中师范大学，2020.

[26]谢亚平，王桓清．鄂西歌谣与土家民俗——以中国"民间艺术之乡"恩施三岔为例[J]．湖北民族学院学报(哲学社会科学版)，2007(3)：73-76.

[27]熊秋萍．制度、内容、媒介：恩施州政府土家族民俗文化传播活动研究[D]．锦州：渤海大学，2018.

[28]徐锦子．湖南土家族民歌传承的传播学研究——以石门县土家族为例[D]．武汉：华中师范大学，2013.

[29]严琰．论恩施民歌中的女性观[D]．恩施：湖北民族学院，2017.

[30]杨杰宏．现代性情境中口头传统的传承与变异——以恩施土家族民歌为研究个案[J]．民间文化论坛，2012(4)：13-21.

[31]杨亭．土家族审美文化研究[D]．重庆：西南大学，2011.

[32]杨雅君．桑植土家族民歌与生境适应性研究[D]．吉首：吉首大学，2016.

[33]易小燕．土家族山歌的音乐风格与特征[J]．南通航运职业技术学院学报，2007(1)：11-14.

《诗经·国风》"悲伤"意象的情感隐喻及其英译分析

罗潇枭

（云南民族大学）

一、引言

隐喻，作为一种深植于人类交际与认知领域的关键方式，承担着对语言修辞的润色、对感知想象及心理行为的塑造以及对文化实践的表征等多重重要角色。其研究历史悠久，可追溯至古希腊时期，亚里士多德关于隐喻的定义与研究奠定了西方隐喻理论的基础。亚里士多德认为，隐喻是日常交流中不可或缺的元素，通过一种实体到另一实体的意义转移，完成了修辞学的一种重要功能。随着认知语言学的兴起和概念隐喻理论的提出，隐喻研究迈入新纪元。此理论揭示隐喻反映人类认知结构，使复杂概念通过具体映射被理解。特别在情感表达上，隐喻将抽象情感具体化。因此，情感隐喻不仅仅是一种语言现象，更是一种反映人类思维模式和世界观的镜像。

在汉语文化背景下，情感隐喻广泛存在于典籍之中，尤以古典诗词为甚。古典诗人借助隐喻手法传递情感，构建了丰富多彩的意象世界，赋予诗词独特的魅力与感染力。《诗经》作为中国古代诗歌的奠基之作，反映了周王朝时期的社会生活全貌，从先祖颂歌到民间劳动，从贵族宴饮到社会习俗，展现了当时社会的各个层面。《诗经》以四言为主，手法上分为赋、比、兴，作者寄情于山水自然、花鸟走兽之间，结合所见所感，创造了诸多意象，当中很多情感隐喻一直沿用至今，对中国文化产生了深远影响。本文试图将概念隐喻理论引入研究之中，选取《诗经》中的《国风》篇章为研究对象，对其中的情感隐喻实例进行分析，并通过其英译文本的对比分析，探索典籍中"悲伤"情感隐喻的翻译策略，以期对隐喻翻译在跨文化交流中的应用提供理论参考。

二、概念隐喻理论

近现代的隐喻观认为，隐喻是人类思想和行为的体现，也是人类对客观世界的一种感知。隐喻在人类生活中普遍存在，英国修辞学家理查兹（Richards，1936）指出，我们的口头交际中平均每三句话中就会出现一个隐喻。1980年莱考夫和约翰逊（Lakoff & Johnson）的著作《我们赖以生存的隐喻》（*Metaphors We Live By*）出版，标志着隐喻研究进入新阶段。他们首次提出概念隐喻理论，认为隐喻是一种概念性的认知手段，是从一个具体概念域到另一个概念域的系统映射。该理论强调人类的概念系统和抽象思维本质上是具有隐喻性的（蓝纯，2005），因而在很大程度上影响人们的日常思维、经验和行为。换句话说，隐喻构建了人们的感知、思维以及行为方式（Lakoff & Johnson，1980）。莱考夫和约翰逊还探讨了情感在隐喻中的作用，指出情感难以直接用言语表达，需借助情感概念化的隐喻。情感作为人类基本体验，其抽象性要求依靠隐喻进行表达。随着概念隐喻理论的发展，越来越多学者将研究焦点转向情感隐喻，促进了该领域的进步。

概念隐喻理论将隐喻结构解构为三个核心要素：始源域、目标域和映射。在此框架下，始源域（喻体）和目标域（本体）之间通过映射关系实现概念转移，这种转移不仅包括属性的迁移，而且涉及整个概念域中的特征、逻辑结构和关联性的转换。概念隐喻理论将隐喻界定为以一个相对具体、直观和较为人熟知的始源域来理解和构建一个相对抽象难解的目标域（Kövecses，2010）。情感隐喻是对此理论的一个应用，涉及将始源域的特征转移到情感的目标域，形成特定的情感表达。这一过程中，同一始源域可映射至多个目标域，反映出事物固有的复杂性，同样，一个目标域也可能由多个始源域来共同构建其概念化表示。以《诗经·国风》中收录的诗文举例：

（1）山有扶苏，隰有荷华。不见子都，乃见狂且。（《郑风·山有扶苏》）

（2）彼泽之陂，有蒲与荷。有美一人，伤如之何？（《陈风·泽陂》）

在这两个示例中，相同的始源域"荷"被映射到不同的情感目标域。例句（1）中，诗人用娇美的荷花向心上人传达自己的爱恋之情，此处"荷"映射诗人的欣喜和爱慕。而例句（2）中，诗人初始只是观赏池塘中盛开着的荷花，却因此景想到自己的恋慕之人，不免觉得心烦意乱，情迷神伤，这时的荷花转化为悲伤与思念的情感载体。同样地，《诗经》中也有不少一个目标域却拥有不同始源域的例子，比如：

瞻彼淇奥，绿竹如箦。有匪君子，如金如锡，如圭如璧。（《卫风·淇奥》）

在上句诗句当中，诗人将"金""锡""圭""璧"四个不同的始源域都用于比作"君子"这一目标域。此处的"金"和"锡"指的是黄金和青铜两种贵重物品，而"圭"和"璧"指的是制作精细的玉制礼器，均是身份尊贵和品德高洁的标志。诗人将这四个始源域用于诗中，寓意着君子身上的高贵品质，这个隐喻也开启了以金属和美玉喻君子的先河。

三、《诗经·国风》中的情感隐喻

概念隐喻与文化有着密切关系。通过对《诗经》中概念隐喻的全面梳理，可以窥见周朝的自然、社会和文化环境如何影响了周人的隐喻思维及表达（蓝纯、尹梓充，2018）。由此可见，文学作品不仅是文化的载体，更是历史与思想的镜鉴，揭示着人类智慧的传承与创新。本文采用概念隐喻理论分析《诗经·国风》中涉及"悲伤"情感的诗句，并按照书中示例特征划分隐喻类别，将其分为了四个核心始源域：物品（如表1所示）、植物（如表2所示）、动物（如表3所示）及自然现象（如表4所示）。这些类别在文本中频繁出现，代表性强，源自自然现象与社会生活，其在隐喻转换至目标域时显示出广泛的普适性。

表1	悲伤与物品
序号	例 句
1	我姑酌彼金罍，维以不永怀。（《周南·卷耳》）

续表

序号	例　　句
2	我姑酌彼兕觥，维以不永伤。(《周南·卷耳》)
3	泛彼柏舟，亦泛其流。耿耿不寐，如有隐忧。(《邶风·柏舟》)
4	心之忧矣，如匪浣衣。静言思之，不能奋飞。(《邶风·柏舟》)
5	绿兮衣兮，绿衣黄里。心之忧矣，曷维其已！(《邶风·绿衣》)
6	匪风发兮，匪车偈兮。顾瞻周道，中心怛兮。(《桧风·匪风》)

注：着重号为始源域，下同。

在《诗经》中，将物品作为情感隐喻的应用案例屡见不鲜，诗人往往会借身边熟悉之物来表达其深层情感。本段选取的实例都映射了"悲伤"情绪，涉及的始源域实体均为人们日常生活中熟识的物品，如饮酒所用的金罍与兕觥、河上漂浮的柏木舟、路上奔驰响彻的马车，乃至尚未清洗的脏衣物。这些平凡物品，经诗人巧妙赋予悲伤情感后，转化为充满特殊象征意义的意象。例如，《周南·卷耳》中提到的这两句，诗中人物舟车劳顿，心中满是对爱人想见却不能见的悲伤，姑且以饮酒来慰藉心中的悲伤；《桧风·匪风》则通过快速驶离的马车，映射出诗人眷恋故园而心生悲伤的情景，这辆不会因人的留念而停歇的车映射着诗中人的悲哀情绪。

表2　　　　　　　　　　　　　悲伤与植物

序号	例　　句
1	蒹葭苍苍，白露为霜。所谓伊人，在水一方。(《秦风·蒹葭》)
2	中谷有蓷，暵其干矣。有女仳离，慨其叹矣。(《王风·中谷有蓷》)
3	山有榛，隰有苓。云谁之思？(《邶风·简兮》)
4	彼泽之陂，有蒲与荷。有美一人，伤如之何？(《陈风·泽陂》)

植物，作为人类可直接接触的一种生命形态，自古便被用于象征人类或其他实体的特质。例如，竹子常用以象征君子之风范，桃花则喻指少女之纯洁。在《诗经》中，诗人巧妙地利用植物固有的特性，并将之融入其塑造的情感语境之中，借物抒情，赋予引用植物以朦胧的象征意义。有学者表示，诗人并非将自己的情感直接喻为某种植物，而是与植物自身属性和约定俗成的消极或积极评价有关(杨文进、王斌，2020)。以《王风·中谷有蓷》为例，诗句中的"蓷"(即益母草)，因其与女性健康密切相关，提及时便自然引发读者对女性婚恋、生育、家庭和夫妻关系的联想。尽管单独提及益母草时并不明显带有情感色彩，但诗中把因旱灾而枯萎的益母草与被丈夫遗弃的妇人相对比，便巧妙映射出妇人心中的悲伤情绪。

表3   悲伤与动物

序号	例　　句
1	交交黄鸟，止于棘。谁从穆公？子车奄息。（《秦风·黄鸟》）
2	雄雉于飞，泄泄其羽。我之怀矣，自诒伊阻。（《邶风·雄雉》）
3	陟彼砠矣，我马瘏矣。我仆痡矣，云何吁矣！（《周南·卷耳》）
4	喓喓草虫，趯趯阜螽；未见君子，忧心忡忡。（《召南·草虫》）
5	肃肃鸨羽，集于苞栩。王事靡盬，不能蓺稷黍。（《唐风·鸨羽》）
6	蜉蝣掘阅，麻衣如雪。心之忧矣，于我归说。（《曹风·蜉蝣》）

在此分类中，动物作为象征的始源域，在原诗中均映射出同一目标域——悲伤。以"黄鸟"为例，其在诗中的悲鸣引发对子车奄息殉难的回忆，整首诗萦绕着悲伤的主题。黄鸟的鸣叫在诗人耳中变成了凄凉痛苦的象征，反映了诗人内心深处的悲哀。《邶风·雄雉》与《召南·草虫》这两首诗的背景故事相似，皆描绘了妻子对远行丈夫的深切思念。在《邶风·雄雉》中，诗人看着天空中的雄雉展翅高飞，正舒展着自己五彩斑斓的羽毛，这却让自己想起了远役的丈夫，心中无比悲切。而《召南·草虫》中，远方的草虫(蝈蝈)与阜螽(蟋蟀)在不停地鸣叫和跳跃，秋景伴随着秋虫和鸣相随的撩拨，挑动了诗人对丈夫深埋于心的思念，与此同时，诗人感受到了自身孤独的凄凉，从而激发了无尽的悲哀。

表4   悲伤与自然现象

序号	例　　句
1	日居月诸，胡迭而微？心之忧矣，如匪浣衣。（《邶风·柏舟》）
2	月出皎兮，佼人僚兮。舒窈纠兮，劳心悄兮。（《陈风·月出》）
3	终风且暴，顾我则笑，谑浪笑敖，中心是悼。（《邶风·终风》）
4	曀曀其阴，虺虺其雷，寤言不寐，愿言则怀。（《邶风·终风》）
5	习习谷风，以阴以雨。黾勉同心，不宜有怒。（《邶风·谷风》）

自然现象是《诗经》里常见的意象之一，代表了一种超越人类控制的力量，如月亮的盈缺、四季变换及日夜交替等永恒的自然循环。这些不断变化的自然现象，隐喻了人类情绪的无常和多变。《邶风·终风》一诗中，作者借助各种动人心魄的自然景观——狂风急驰、尘土飞扬、日月失色、雷声低吼，来深刻描绘女主人公的悲惨遭遇。本文选取该诗的首章与终章作为分析对象。首章通过将狂暴呼啸的风与爱人轻薄傲慢的态度并置，映射出诗人对被遗弃的恐惧与悲痛。终章则描绘了遥远而含蓄的雷声令诗人从梦中惊醒，而醒来后的深切悲伤源于意识到爱人已离去，使其难以再次入眠。这两种始源域虽不同，但均被诗人用以表达内心的悲伤情绪。

四、《诗经》中"悲伤"隐喻的英译分析

隐喻具有形成新意义的作用，这一点在翻译涉及隐喻的内容时尤为重要。《诗经》富含隐喻，这些隐喻在不同的语境下可能拥有各异的含义。因此，在翻译《诗经》的过程中，译者需深入考虑诗篇的上下文、作者的意图及其背后的文化寓意，以确保将诗中描绘的意象和情绪准确地译出。与此同时，诗歌翻译与普通文本翻译有所区别，前者更注重语言的凝练性和韵律感。这要求译者在翻译时保持诗歌的形式和结构，同时重现原作的韵律美感，这无疑对译者的能力和翻译策略选择提出了更高要求。《诗经》的英文翻译众多，其中以许渊冲和理雅各（James Legge）的版本最为著名。许渊冲的翻译以"三美"（音美、意美、形美）为原则，其翻译作品不仅忠于原文的内容美，而且译文流畅、押韵悦耳，保持了诗歌的行列整齐和句式对仗。理雅各作为著名的英国汉学家和传教士，其翻译强调对原文的忠实度，采取了直译的方法，并在翻译中加入了详尽的注解，对后来的翻译工作，包括海伦·华德尔（Helen Waddell）的版本，产生了深远的影响。本文将以许渊冲和理雅各的《诗经》英译本为基础，进行详细分析。

（一）直译始源域

例1：喓喓草虫，趯趯阜螽；未见君子，忧心忡忡。（《召南·草虫》）

译文1：Hear grassland insects sing/ And see grasshoppers spring！/ When my lord is not seen，/ I feel a sorrow keen. （许渊冲译）

译文2：Yaou-yaou went the grass-insects，/ And the hoppers sprang about. / While I do not see my lord，/ My sorrowful heart is agitated. （理雅各译）

例2：曀曀其阴，虺虺其雷，寤言不寐，愿言则怀。（《邶风·终风》）

译文1：In gloomy cloudy sky/ The thunder rumbles high/ I cannot sleep again/ O would he know my pain！（许渊冲译）

译文2：All cloudy is the darkness，/ And the thunder keeps muttering. / I awake and cannot sleep；/ I think of him，and my breast is full of pain. （理雅各译）

在选择翻译《诗经》情感隐喻的策略上，译者通常会直接翻译诗中的具体意象，将情感始源域直接映射到翻译文本中。前文已提到，诗人在写诗时并不会将情感直接比作某种生物或事物，而是通过营造情感氛围来将物象融入情感之中。上文选用的两个例子均采用了经典的直译方法，诗人在第一个例子中通过"草虫"和"阜螽"这两个情感意象表达内心悲伤，译者选择直接翻译出这些具体名词。不过，在译文的第三章和第四章中，译者仍然把诗的感情基调翻译出来了，并不影响读者的判断。另一个例子中的情感隐喻是"雷"，译者同样将其直接翻译为名词，但两位译者的译文均体现了上下文之间的关联性：诗中人因雷声而惊醒，思及爱人离去的悲伤令其难以入眠。即使直译意象，读者仍能感受到诗中人物情感的流露，这并未背离原作意图，同时保留了中国传统意象的特色，对传播中华文化具有重要意义。两位译者的翻译倾向在其译文中得以展现，许渊冲的译本流畅易读，注重韵律感，且对仗工整，字词选择慎重；而理雅各的译文忠实于原文，即使单独阅读译文也能基本理解原文的含义。两位译者的翻译方法尽管各有不同，但最终均通向相同的结果。

(二)映射词的运用

例1：日居月诸，胡迭而微？心之忧矣，如匪浣衣。(《邶风·柏舟》)

译文1：The sun and moon/ Turn dim so soon, /I'm in distress/ Like dirty dress. (许渊冲译)

译文2：There are the sun and the moon, —/ How is it that the former has become small, and not the latter? / The sorrow cleaves to my heart, / Like an unwashed dress. (理雅各译)

例2：蜉蝣掘阅，麻衣如雪。心之忧矣，于我归说。《曹风·蜉蝣》

译文1：The ephemera's hole/ Like robe of hemp snow-white/ It brings grief to my soul：/ Where may I go today？(许渊冲译)

译文2：The wings of the ephemera/ Are robes, bright and splendid. / My heart is grieved；—/ Would they but come and abide with me！(理雅各译)

翻译是在理解原文的基础上进行的，了解原文的背景和感情色彩都是译者的工作内容。在处理情感隐喻的翻译时，译者会面临不同的选择，根据对译本的细致分析和总结，译者通常会采用不同的映射词来实现诗句的效果。例如，在第一个例子中，诗歌最后一章中的主人公对自身遭遇感到无奈，转而将目光投向日月，其实是因为内心悲伤太过，以至于日月失辉。两位译者都用了"like"这个词，将主人公的情感比作未洗净的脏衣，通过明喻的修辞手法使诗人的情感跃然纸上。在第二个例子中，两位译者的译文存在一定的偏差。原诗句以刚刚破土的蜉蝣为引子，其薄如麻丝的翅膀如初雪一般洁白，却引发诗人对生命短暂的感叹。许渊冲在译文中将蜉蝣破土而出的形象比作洁白如雪的麻衣，下半部分则巧妙运用"bring"一词将上半部分的意象与诗人的悲伤联系起来，呈现了诗中始源域和情感目标域的对应关系。而理雅各的译文则用了"are"将蜉蝣的翅膀比作麻衣，直接传达诗人的悲伤情绪，并引发了关于生命短暂的疑问。译者对映射词的巧妙运用有助于读者理解诗中的意象，更有效地传达诗人内心情感。他们的选择在一定程度上影响着读者对原作的理解和感知，体现了翻译的复杂性和艺术性。

五、结语

通过分析《诗经·国风》中的诗歌，我们能发现中国古典诗歌常使用寄情于物、借物抒情的手法，构建多种类型的情感隐喻。本文将情感隐喻分为四类：物品、植物、动物和自然现象情感隐喻，揭示了始源域和目标域之间的映射关系如何反映诗歌中的文化内涵和思维方式。翻译作为文化传播的重要方式，在古籍作品的翻译中具有重要意义，可助力提升中华文化的国际影响力。在翻译《诗经》时，对情感隐喻的处理至关重要，既可保留原有的始源域以传递中国独特意象，也可运用映射词等解释性词语直接传达原诗的隐喻意义，以更好地迎合读者的理解需要。这种翻译策略旨在传承和弘扬中国古典文学的精髓，促进跨文化交流与理解。

参 考 文 献

[1] Kövecses, Z. *Metaphor：A Practical Introduction*（2nd ed.）[M]. Oxford：Oxford University Press，2010.

[2] Lakoff, G., Johnson, M. *Metaphors We Live By*[M]. Chicago：The University of Chicago Press，1980.

[3] Richards, I. A. *The Philosophy of Rhetoric*[M]. Oxford：Oxford University Press，1936.

[4] 蓝纯. 认知语言学与隐喻研究[M]. 北京：外语教学与研究出版社，2005.

[5] 蓝纯，尹梓充.《诗经》中的隐喻世界[J]. 中国外语，2018，15(5)：42-50.

[6] 杨文进，王斌.《诗经·国风》情感隐喻和英译策略分析[J]. 考试与评价(大学英语教研版)，2020(4)：49-53.

《道德经》的三波英译潮

庄 晴

（广东外语外贸大学）

一、引言

中国文化思想精髓的经典著作《道德经》，又名《老子》《五千言》《老子五千文》或《道德真经》。它是人类历史上除《圣经》之外译本最多的文化著作，在英语世界的发行量仅次于《圣经》和《薄伽梵歌》（*Bhagavad-Gita*）（辛红娟，2008）。哲学家莱布尼茨、海德格尔，科学家爱因斯坦、文学家托尔斯泰，都表示曾受过《道德经》的启发。因此，它对人类历史和社会的影响可见一斑。从 1868 年出现的第一个英译本算起，在过往的150 多年间，《道德经》在英语世界的翻译活动经历了三次热潮。与中华典籍英译的整体发展状况相比较，除了开端时间晚了两个世纪（即不是从 17 世纪而是从 19 世纪开始），《道德经》英译热潮与中华典籍英译的三个发展时期大致吻合。《道德经》不断地吸引着中外学者对其进行反复的翻译和阐释，截至 2020 年 5 月已有 553 种英语译本（武志勇，2020）。

每一波英译热潮的出现，都分别呼应着亟待解决的重大难题：西方精神世界的宗教信仰危机、恶化的自然生态与社会人文环境以及当下世界文明文化的急剧转型。基于变化的社会历史情况，每一波热潮表现出不同的重点和各自的特征，并在各个时期的译本上留下了时代印记，为世人提供了窥视和研究这些特点的窗口。因此，从时间维度来考察《道德经》的英译潮及其相应的英译本，具有一定的研究价值。

二、第一波英译潮："道"的引领

学界公认的《道德经》第一个英译本是 1868 年英国牧师湛约翰（John Chalmers）在伦敦图伯纳出版社出版的《老子玄学、政治与道德律之思辨》（*The Speculations on Metaphysics, Polity, and Morality of "The Old Philosopher", Lau-Tsze*）。从此，《道德经》在英语世界打开了翻译和传播的篇章，其英译的第一波热潮从 1868 年一直延续到 1905年。西方世界对这部东方思想文化巨著的兴趣转向，并非毫无历史缘由可循。

19 世纪下半期的西方世界，正逐步由自由资本主义过渡到垄断资本主义。社会矛盾的复杂化也带来了精神上的大变革。作为 19 世纪最重要的自然科学家之一，达尔文（1997）在 1859 年首次出版了其主要作品《物种起源》，提出了自然选择的进化论思想："物种不是被独立创造出来的……是从其他物种传下来的。"他的自然选择论颠覆了长久以来占统治地位的基督教的上帝创世之神本世界观和上帝造人说，引发了一场革命性的思想运动。尼采受到"达尔文物种进化的无情信仰"的影响（斯通普夫，2009），1882 年在其著作《快乐的科学》第三卷中向世人明确地提出"上帝死了"这句话(尼采,2007)。①

受到冲击和挑战的基督教义使人们,尤其是基督信徒与传教士们,迫切地希望从其他宗教和思想获取新的经验和灵感,以巩固自身关于世界本原的前见。因此,西方的传教士成了本时期研究和翻译包括《道德经》在内的中国经典文化思想的主要力量。由于以《道德经》为代表的道家思想被认为比儒家学说更具有普世性,不少译者将眼光瞄准了《道德经》,在翻译活动中以基督教作为类比与参照,在译文中频繁地以本宗教的主要概念和理念去翻译《道德经》中的相关概念和思想,如道、帝和神的相互关系,将"道家哲学体系偷换成关于上帝的宗教哲学"(辛红娟,2009)。正因为如此,第一波英译潮时期也被称为《道德经》的基督化时期。本时期一共诞生了 14 个英译版本,"大都是在当时的英帝国殖民势力范围内刊行"(董娜,2014)。除了上文提到的湛约翰版本,还有影响范围较广的理雅各(James Legge)的《道德经》英译本(*Tao Te Ching or the Tao and Its Characteristics*),由牛津大学出版社在 1891 年出版。本时期的其他英译本还包括翟理斯(Herbert Allen Giles)于 1886 年出版的译本《老子遗集》(*The Remains of Lao Tzu*)、亚历山大(George Gardiner Alexander)于 1895 年出版的《老子,伟大的思想家:关于上帝的本质和表现的思想》(*Lao Tsze the Great Thinker: With a Translation of His Thoughts on the Nature and Manifestations of God*)和卡鲁斯(Paul Carus)于 1898 年出版的译本《老子〈道德经〉》(*Lao-Tsze's Tao Teh King*)等版本。

以上关于对上帝的宗教体系的替换,可以从以下两个例子略见一斑。首先看《道德经》中"吾不知谁之子,象帝之先"(第 4 章)的翻译:

译文 1:I know not whose son it is. It appears to have been before God. (湛约翰译)(Chalmers,1868:4)

译文 2:I do not know whose son it is. It might appear to have been before God. (理雅各译)(Legge,2008:14-15)

译文 3:I know not whose son it is. Before the Lord, reason takes precedence. (卡鲁斯译)(Carus,1898:99)

本时期的译文 1 和译文 2 都把"帝"翻译为与《圣经》中上帝直接对等的大写的 God,而不是泛指神的小写的 god。译文 3 则将帝译成 the Lord。无论是 God 还是 the Lord,对应的都是基督教《圣经》中上帝的对等或衍生词汇②,与原文的帝"统治天下的称号"含义的外延有一定的出入,可以明显察觉到对基督教体系的倾向性。

再看一例。对"神得一以灵"(第 39 章)的翻译:

译文 4:Spirits, which by Unity is spiritual. (Chalmers 译)(Chalmers,1868)

译文 5:Spirits with powers by it supplied;(Legge 译)(Legge,2008)

---

① 早在尼采说出"上帝死了"之前,青年时期的黑格尔在 1802 年已经在《信仰和知识》表达过类似的想法。他说:"新时代的宗教赖以建基的那种情感——就是:上帝本身死了……"(引自海德格尔:《林中路》,上海:上海译文出版社,2004 年,第 228 页)。

② 在《圣经》中 God 和 the Lord 都是对上帝的专有称谓,如以下典型例子:Thou shalt worship the Lord thy God (Matthew 4:10)(当拜主——你的上帝),详见 *Holy Bible*,Grand Rapids:Zondervan,2000.

译文 6：Minds through oneness their souls procure. （Carus 译）（Carus，1898）

《说文解字》对"神"的解释为"天神，引发出万事万物的神"，在没有特指的情境下可泛指天神、地神、祖先神。而 Spirits 或 Spirit 在《圣经》中为"灵"之意，与上文的主（the Lord）同义①，仍旧是一种对基督教词汇的借用。

由以上例子可见，一方面译者们带着传播基督教义的目的进行翻译活动，主观上欲在《道德经》和《圣经》之间建立关联，这种主观的个人理解体现在译文蕴含的基督教立场与思想上；另一方面，对道的宗教化解释也体现出第一波英译潮迫切需要首先解决的求真的本体论问题。求真，体现的是对知识进步的追求。宗教本原是人们对世界的产生、存在及发展的现象和规律的解释，对自然之道的探索。安伦（2016）在《老子指真》中指出，道家、道学以求真作为其追求目标，老子学说是"一套优秀的揭示宇宙本原、本体、运行法则以及人如何为人、如何安身立命等终极真理的哲理洞见。"因此可以说，第一波英译热潮重在对道是否是上帝之道、道到底是什么的追问和探索，可见《道德经》中的道在本时期发挥的引领作用。

三、第二波英译潮："德"的救赎

欧洲从 1914 年到 1945 年一直笼罩在两次世界大战的阴霾之下。"一战"的爆发和席卷范围深深震撼了很多人的心灵，冲击和挑战了西方文化价值观和理性主义文化模式。在此背景下，斯宾格勒的《西方的没落》第一卷于 1918 年出版，他以一种宿命的历史观预言西方文化终将与其他文化走向没落。历经"一战"和"二战"的西方学者对此有更直观的感受，导致他们对西方文明感到近乎绝望，希望能在别处——例如从东方思想中——找到解决国家和社会问题的救治方案。于是，作为一种反思和重新审视的活动，西方学者又一次将目光转向了古代中国的《道德经》，尝试从"反对战争、主张和谐"的老子哲学中寻找解救欧洲危机的良方。这逐渐演变成《道德经》的第二波翻译热潮。

第二波英译热潮出现于 1934 年到 1963 年。亚瑟·韦利（Arthur Waley）于 1934 年在伦敦出版了《道德经》英译本《道与德：〈道德经〉及其在中国思潮中的地位研究》（*The Way and Its Power：A Study of the Tao Te Ching and Its Place in Chinese Thought*），成为第二波《道德经》英译热潮开始的标志。这一时期被学者称为西方救治时期，或"西方哲学化"时期（董娜，2014）。整个英译热潮期间共出现了 54 版新译本，其中 1943 年到 1963 年这 20 年几乎每年有一本新译本面世。本时期开始有中国译者加入《道德经》的翻译队伍，如胡子霖在 1936 年出版了第一本中国人的《道德经》译本——*Lao Tsu，Tao Te Ching*。紧随其后，在 1936 年初大告带着其译本 *Tao Te Ching* 成为《道德经》英译的第二人。由于译者学者们开始反思欧洲中心主义和西方文化优越论，这次热潮的译本主要从文化比较学的立场出发，基督教的成分被大大削弱，"阐释中少了一些有意为之的改写，多了一些理性的因素"（董娜，2014）。例如亚瑟·韦利的英译本摒弃了第一波热潮的做

---

① 基督教义中"三位一体"之一就是圣灵（Holy Spirit），是上帝 God 的一个位格。例证如：Now the Lord is the Spirit, and where the Spirit of the Lord is, there is freedom. （2 Corinthians 3：17），详见 *Holy Bible*.

法，注重阐释原文的内核思想，主动贴近原文的语义，影响较大，传播范围较广，得以被西方学术界普遍接受。本时期的译者们采取了相对客观的文化态度，但缘于其固化的思维模式与价值观，译本依旧存在不少对原文误读与误译的情况。

本次英译热潮的一个重要历史使命是挖掘《道德经》中有助于应对西方现代文明失德危机的新启示，对其中蕴含的以德治国的思想的偏重可从译本中窥见。此处以两句与"德"相关的句子为例。首先看世传本《道德经》的开篇之句"上德不德，是以有德。"（第38章）的翻译：

译文7：The man of highest 'power' does not reveal himself as a possessor of 'power'；Therefore he keeps his 'power'.（Waley 译）（Waley，1958：189）

译文8：A man of highest virtue will not display it as his own；His virtue then is real.（Blakney 译）（Blakney，1955）

译本9：A man of the highest virtue does not keep to virtue and that is why he has virtue.（刘殿爵译）（Lau，1963）

德是《道德经》中最重要的概念之一，在上述译文中作为名词使用时分别被译为power 和 virtue。据安伦（2016）所言，《道德经》中德的含义"不同于人们通常所说的德"，即现代汉语中的道德之意，而应该是"形而上之道在形而下世界的体现，又是道在形而下的作用"。韦利将其译为 power，强调的是德的强大力量，Blakney 和刘殿爵选择的 virtue，直接对应现代汉语道德的含义，强调的是社会伦理和品行操守。引文中第二个德是作为动词使用，译文7和译文8意思相近，皆为持上德的人不展示外露自己的德；译文9则体现了德与道同具有"正言若反"的特性。这几处的译法皆体现出译者对德的崇高的认可。

再看一段包含对德的论述的句子译文："上德若谷，大白若辱，广德若不足，建德若偷。"（第41章）。

译文10：The 'power' that is really loftiest looks like an abyss，／What is sheerest white looks blurred.／The 'power' that is most sufficing looks inadequate，／The 'power' that stands firmest looks flimsy.（Waley 译）（Waley，1958）

译文11：And lofty virtue like a chasm；／The purest innocence like shame，／The broadest power not enough，／Established goodness knavery.（Blakney 译）（Blakney，1955）

译文12：The highest virtue is like the valley；／The sheerest whiteness seems sullied；／Ample virtue seems defective；／Vigorous virtue seems indolent.（刘殿爵译）（Lau，1963）

对上德、广德和建德三个词，译文10没有作区分，一律译为the "power"。译文11则定义为三个不同的概念，分别是 virtue（德）、power（力）和 goodness（善）。译文12以 virtue 为核心词，前面缀以不同的形容词进行修饰来表示原文的三个概念，或曰一个概念的三个程度。这些对德的不同阐释，折射出译者们对《道德经》关于人与他人及社会紧张关系之德的思想的关注，和其对克制人欲的呼吁。

四、第三波英译潮："无"的启示

第三波英译热潮无疑是延续时间最长、影响最大的一个时期，涌现的《道德经》英译本也是数量最多的。1973 年，长沙马王堆汉墓出土了帛书版《道德经》，引发了世界范围的老子研究热潮。1993 年，湖北郭店一号楚墓 M1 发掘出竹简版《道德经》，更是促使这次浪潮热度不减，延续至今。纵观 20 世纪 70 年代到今天的全球历史状况，世界在美苏两大极的冷战中继续向前推进。在 1991 年苏联解体后美国一家独大，慢慢形成了"一超多强"世界格局下的后冷战世界秩序。民族主义思潮盛行，区域战争频发，经济制裁成为争夺霸权的手段。人类似乎并未能从两次世界大战中吸取教训，生活在前所未有的自我毁灭的可能性之中。

本时期中外学者对《道德经》关注和翻译的持续热度，同样体现着面对当下世界文明文化的急剧转型、人们亟待寻求人类社会的高级追求和发展方向的迫切心态。有学者将第二次英译潮命名为本土文化觉醒时期，究其原因是本时期最主要特征之一是更多的中国学者加入和壮大了翻译和研究的队伍，他们会尽量"避免用西方的名词术语来表达中国的哲学思想"（张文莉，2017），使得更贴近原文思想的阐释成为可能，更客观地再现《道德经》哲学思想的原貌，促进了中西方文明的交流和融通。这个时期涌现出了大量的译本，几乎每年都有新版本面世。作为"道家哲学乃至中国哲学重要范畴之一"的"无"（周春兰，2021），在这个时期受到越来越多的关注，引发众多学者译者对其进行研究。对"无"这一概念的讨论，也促进人们对《道德经》其他重要概念的对比性研究，例如道、德、有，等等，以促进对"无"的正确理解。第三波英译热潮是由中外学者和文人志士共同推动的，展现了大家对全球人类命运共同体之下共同生存和发展问题的关注。

此处还是以两个句子的几个译文为范例展开讨论。首先看"为无为，则无不治。"（第 3 章）的翻译：

译文 13：It is simply in doing things noncoercively, /that everything is governed properly.（Ames 译）（Ames，2004）

译文 14：When there is no interference, there is order.（许渊冲译）（许渊冲，2003）

译文 15：By governing without contrived actions, all will be well governed.（安伦译）（安伦，2016）

三个译文的译法不尽相同，体现了译者对"无"和"无为"不同的理解。译文 13 使用了 noncoercively（非强迫性地）一词，强调的是做事应是自发行为，不受外界之力的影响。译文 14 着重的是引申之意，认为没有了外来的干涉或妨碍则能获得社会条理与秩序。译文 15 从治理、管理的角度出发，将无和为分别译为 without 和 contrived actions，将"无不治"看作是双重否定，因此从正面表述则成了"一切可治"。此处的无体现的是为与无为的辩证转化关系，即"按照道的方式来作为"，以无为的方式达到无不为的效果（韩鹏杰，2019）。

再看第二个例子："为无为，事无事，味无味。"（第 63 章）

译文 16：Do things noncoercively, /Be non-interfering in going about your business, /And savor the flavor of the unadulterated in what you eat.（安乐哲译）（安乐哲，2004）

译文 17：Do nothing wrong! Do a deed as if it were not a deed; take the tasteful as if it were tasteless.（许渊冲译）（许渊冲，2003）

译文 18：Act without contrived actions；accomplish without contrived pursuits；savor without flavors.（安伦译）（安伦，2016）

第 63 章的首句再次提及"为无为"，可见其在《道德经》中的意义不容忽视。译文 16 对原文的三个"无"用英文表示否定的前缀来表示，分别是 non- 和 un-，强调的是不受强制、没有干扰、未加掺杂。译文 17 对"为无为"进行了反义表述：不做错误之事，即所做之事皆正确，亦即为该为之事，不要妄为；对后两句则比较贴近原文的排比结构，译文也较有哲学意味。译文 18 对三个"无"统一采用 without 一词来处理，完全符合原文结构，意义上也保留了思考的余地，跟原文一样将阐释的空间留给读者，从翻译行为上体现了"为无为"的哲学思想。由此可见，《道德经》的"无"透露出积极入世而非消极避世的思想，对当代直面人类文化文明急剧转型的我们可以提供智慧的启示。

五、结论

正如陈开举（2023）所言，文史哲的经典作品"充满了独特的民族文化价值观、世界观和思维方式的内容，含义丰富，翻译难度大"。正是这些翻译中的障碍给译者提供了不断反复阐释的空间，以及优化解决策略的可能。可以预见，在文化交流变得越来越重要的未来，会出现新一波的翻译热潮，继而涌现出更多的《道德经》英译本，不断地对其进行重译和反复阐释。从《道德经》的三次英译潮可以看到，近代以来，每逢社会出现重大危机之际，人类会不自觉地转向文化典籍，来寻找化解危机、继续发展的智慧与良方，《道德经》这部中国文化思想经典就是一个很好的范例。除了对各版英译本进行平行研究，更多的研究可以"放在《道德经》深厚文化底蕴和哲理思想的转换上"（文军、罗张，2012）。在世界大变局的当下及未来，更准确传播《道德经》集中体现的顺势而为、因循守道的道家哲学思想，倡导的以和为贵的价值理念，对如何促成社会和谐乃至世界和平应能带来更多的启示。这值得我们从翻译学和阐释学的角度对《道德经》及其译本进行更为深入的研究。

参 考 文 献

[1]Blakney，R. B. *The Way of Life*：*Lao Tzu*［M］. New York：The New American Library，1955.

[2]Carus，Paul. *Lao-Tsze's Tao Teh King*［M］. Chicago：The Open Court Publishing Company，1898.

[3]Chalmers，John. *The Speculations on Metaphysics*，*Polity*，*and Morality of "The Old Philosopher"*，*Lau-Tsze*［M］. London：Trubner & Co.，1868.

[4]Lau，D. C. *Lao Tzu Tao Te Ching*［M］. London：Penguin Books，1963.

[5]Legge，James. *Tao Te Ching or the Tao and Its Characteristics*［M］. Auckland：The Floating Press，2008.

[6]Waley，Arthur. *The Way and Its Power*：*A Study of the Tao Te Ching and Its Place in Chinese Thought*［M］. New York：Grove Press，1958.

[7][美]安乐哲，郝大维. 道不远人——比较哲学视域中的《老子》[M]. 何金俐，译. 北京：学苑出版社，2004.

[8]安伦. 老子指真[M]. 北京：社会科学文献出版社，2016.

[9]陈开举. 文化语境、释义障碍与阐释效度[J]. 中国社会科学，2023（2）：184-203，208.

[10][英]达尔文. 物种起源[M]. 周建人等，译. 北京：商务印书局，1997.

[11]董娜.《道德经》英译史的描写性研究[J]. 广东外语外贸大学学报，2014，25(5)：36-41，51.

[12]韩鹏杰. 道德经说什么[M]. 南昌：江西人民出版社，2019.

[13][德]尼采. 快乐的科学[M]. 黄明嘉，译. 上海：华东师范大学出版社，2007.

[14][美]斯通普夫，菲泽. 西方哲学史：从苏格拉底到萨特及其后[M]. 匡宏，邓晓芒等，译. 北京：世界图书出版公司北京公司，2009.

[15]文军，罗张.《道德经》英译研究在中国[J]. 上海翻译，2012(1)：19-23.

[16]武志勇，刘子潇.《道德经》在西方世界传播的历史[J]. 湖南大学学报（社会科学版），2020，34(5)：15-22.

[17]辛红娟.《道德经》在英语世界：文本行旅与世界想像[M]. 上海：上海译文出版社，2008.

[18]辛红娟."文化软实力"与《道德经》英译[J]. 外语与外语教学，2009(11)：50-52.

[19]许渊冲. 英汉对照老子道德经[M]. 北京：高等教育出版社，2003.

[20]张文莉. 中华文化如何走出去：以《道德经》英译史为例[J]. 中国宗教，2017(9)：66-67.

[21]周春兰."无"的智慧——基于道家哲学的研究[M]. 长春：吉林大学出版社，2021.

基金项目：本文为广东外语外贸大学外国文学文化研究院 2023 年度青年创新人才培植课题（项目编号：23QNCX09）和 2023 年度广东外语外贸大学特色创新项目（项目编号：23TS13）的阶段性成果。

《英伦见闻录》中美利坚民族性的汉译研究

余子仟

（中央民族大学）

一、引言

华盛顿·欧文（Washington Irving，1783—1859）被誉为美国文学之父。他的创作突破了古典主义的束缚，为美国"童年"时期描绘出浪漫主义的画像。他的作品反映了民族意识的觉醒，对后来的美国文学产生了重要影响。1819 年，欧文的《英伦见闻录》（*The Sketch Book of Geoffrey Crayon, Gent.*）出版，引起欧洲和美国文学界的重视，这部作品奠定了欧文在美国文学史上的地位。书中共有 32 个篇章，主要描绘了作者在英国的所见所闻，同时这部作品也涉及了西班牙、美国等国家。

人类划分为不同的民族集团之后，人类所创造的所有文学作品——作家的个人创作或民众的集体创作，都无一例外地首先是属于特定民族的（朝戈金，2014），这种特征反映了作品作者的文化身份所指向的民族性。欧文的《英伦见闻录》能在短时间内风靡全美的主要原因就是其体现出了美利坚民族性特征，以美国意识和美国精神为核心的本土意识就是欧文作品一以贯之的精神内涵（关晶，2015）。尽管《英文见闻录》中主要涉及美国的章节仅有两篇，分别为《瑞普·凡·温科尔》（*Rip Van Winkle*）和《睡谷传奇》（*The Legend of Sleepy Hollow*），但这两篇小说以荷兰殖民地时期的美国乡村为背景，是欧文所有作品中影响范围最广的两篇，至今仍脍炙人口，被称为"最早的现代短篇小说"。美利坚民族属于国族概念，这两篇中涉及印第安民族、荷兰民族和美国本土民族。在书中，欧文通过对印第安风俗习惯、荷兰人殖民时期文化和新大陆本土文化的描绘展现了独特的美利坚民族性，故这两篇小说所体现的美利坚民族性具有典型性。在汉译的过程中，精确再现原文的美利坚民族性至关重要，如果在翻译过程中忽视了这些元素，会导致译文失去原文的民族文化色彩。故本文将评估《英伦见闻录》汉译本在体现原文美利坚民族性方面的表现。

本文评价的译本是刘荣跃译本。刘荣跃是中国翻译协会专家会员，出版个人译著 19 本，主编合译 15 本。其翻译作品以直译为主、意译为辅，用词简洁，忠实原著原意的特点。他集中翻译了多本欧文的作品，包括《英伦见闻录》《纽约外史》和《征服格拉纳达》等，最终形成了"由一位译者独立翻译的国内最系统、最全面的欧文著作"。为了更好地翻译欧文的作品，他曾亲赴体验欧文书中记载的景色，由此可见刘荣跃极其追求汉译欧文作品时的忠实和精确。故刘荣跃在汉译时是否能精准再现《英伦见闻录》中的美利坚民族性值得讨论。

二、译例分析

此两章节的背景环境都设置在荷兰殖民地时期的美国乡村，出现了大量美国本土植物描写和荷兰服饰描写，同时也有颇具民族特色的集体活动。故本文将结合植物类、服饰类和集体活动类名词的汉译实例具体分析，译文是否将原文用词中反映的民族性精准再现。

（一）植物类

美国和中国的植物种类大有不同，甚至一个英文植物名可以对应多种中文植物名。欧文以哈德逊河畔的自然景观为创作灵感，特别注重描绘本土植物（关晶，2016）。通过精湛的笔触，他生动描绘了原野中丰富的植被，强调人与自然的紧密联系。译者在翻译时应该结合原文中的地理分布和产量等因素综合考量，选择合适的译名。

原文1：…a neighboring brook that bubbled along among **alders** and dwarf willows.

译文1：小溪潺潺，从**接骨木属植物**和矮柳树中悠然流过。

接骨木属植物有 20 余种，并不是所有种类都在原文环境中有分布。结合地理位置分析，此处所指应是金叶美洲接骨木，其原生于加拿大东部和美国东北部（侯元凯、唐天林，2016）。原文地理背景"睡谷"位于美国纽约州赫德森河畔，纽约州位于美国东北部，与分布地区相符合。故此处将 alder 译为"接骨木属植物"不太精确，译为"金叶美洲接骨木"更能准确体现文本的美利坚民族性。

原文2：It stands on a knoll surrounded by **locust trees** and lofty **elms**, from among which its decent whitewashed walls shine modestly forth, like Christian purity beaming through the shades of retirement.

译文2：它伫立于一座小山上，周围是**洋槐**和高大**榆木**，其白色外墙一如纯洁的基督那么高尚庄严……

Locust tree 对应的中文植物名为刺槐，别称洋槐，原生于北美东南部，广泛分布于北美温带地区（Barret，1990）。洋槐是一种常见的北美本土树木，它的存在可以更好地体现故事所发生的地理背景为美国，体现了美利坚民族性。然而此句中 lofty elms 的翻译却并不精确，榆木有多种种类，美国榆树（U. americana）是在北美最常种植的榆树树种，可以长到超过 30 米（100 英尺）（Neeland，1973），符合原文中对其"高大"的描述。故这里的"榆木"译为"美国榆树"更加准确。

原文3：In the centre of the road stood an enormous **tulip tree** which towered like a giant above all the other trees of the neighborhood and formed a kind of landmark.

译文3：路中央有一棵巨大的**鹅掌楸树**，形如巨人，高耸于邻近的树木之上，形成一种界标。

Tulip tree 也称 Yellow Poplar、Tulip Poplar 或 Tulip wood，对应的中文植物名为鹅掌楸属，下分两种物种，分别是原产于中国和越南的鹅掌楸及原产于北美东部的北美鹅掌楸（贺善安、郝日明，1999）。北美鹅掌楸外形更为高大，是美国东部地区的主要树种，结合原文地理背景为美国纽约和原文形容词"巨大"，此处译为"北美鹅掌楸树"更能体现其美利坚民族性。

(二)服饰类

服饰具有鲜明的民族性,是一个民族的重要标志之一,也是最为直观的民族文化特征。17 世纪时的荷兰先祖深受新兴共和体制下的纽约人的留恋,并引以为荣(关晶,2015),欧文对荷兰也有非常强的怀旧情结。此两篇小说中详细描写了荷兰服饰的细节,在汉译中体现出荷兰民族性至关重要。译者在翻译时需要仔细查证服饰对应译名,体现出服饰中蕴含的民族性。

原文 4:His dress was of the antique Dutch fashion —a cloth **jerkin** strapped round the waist—several pairs of breeches, the outer one of ample volume, decorated with rows of buttons down the sides, and bunches at the knees.

译文 4:他衣服系古代荷兰式样,一件布的**短上衣**紧勒腰部,穿着几条马裤,最外一条颇为鼓胀,两侧及两膝饰有排扣。

Jerkin 一词的来源通常被认为是荷兰词语 jurk,结合原文设定此老者穿的是荷兰式样的服装,故 jerkin 是具有荷兰风格的服饰。其外形类似无袖紧身背心、马甲(Arnold,1985)。Jerkin 的最大特点就是无袖紧身,译者此处将 jerkin 译为"短上衣"容易让读者误以为是短袖或普通的短衣,失去了其暗含的荷兰民族性。此处根据其特色外形特征,译为"无袖紧身马甲"更能体现其民族性。

原文 5:They were dressed in quaint outlandish fashion; some wore short **doublets**, others jerkins, with long knives in their belts, and most of them had enormous breeches, of similar style with that of the guide's.

译文 5:他们个个奇装异服——有的穿古老的短**马甲**;有的穿紧身上衣,皮带上别着长刀;大多穿着类似领路老者的宽大马裤。

这里的"古怪的人"根据原文设定是荷兰人,他们身上的服装也体现了荷兰的民族性。这里的 doublets 指的是荷兰男装"达布里特骑士装",肩部为大斜肩,有的骑士装有裂口装饰。达布里特骑士装通常穿在无袖紧身马甲(jerkin)里或衬裙外(Maria Hayward,2007)。这里译作"短马甲"并不妥帖,一是不符合其有袖的特征,二是容易让读者误以为是普通马甲,未体现出其荷兰民族性。

原文 6:the face of another seemed to consist entirely of nose, and was surmounted by a white **sugar-loaf hat**, set off with a little red cock's tail.

译文 6:另一人鼻大无朋,头戴白色**锥形帽**,其上饰有一支公鸡红尾。

原文中的 sugar-loaf hat 是 capotain 的别称,是一种高冠、窄边、略呈圆锥形的帽子,这种帽子通常会用丝带、羽毛或其他装饰品进行点缀,以增加其华丽感(Janet Arnold,1985),原文中的荷兰人就用公鸡的雄翎做装饰。Sugar-loaf hat 的流行期主要集中在 17 世纪和 18 世纪,这是荷兰黄金时代,艺术、商业和科学等领域都繁荣发展的时期。荷兰黄金时代画家 Willem Pieterszoon Buytewech 在他的画作 *Elegant Couples Courting*(1615)中就画出了这种帽子。这里译者译为"锥形帽",抓住此帽子最主要的特征,即圆锥形作为译名,体现了其特点。

原文 7:the tempting **stomacher** of the olden time, and withal a provokingly short petticoat to display the prettiest foot and ankle in the country round.

译文 7：另戴着古时迷人的**兜包**，穿一件诱人的短裙，露出一双在周围乡下最漂亮的脚。

从原文可知，此句描述的女子的名字里有 van，为典型荷兰名，并且介绍她为一位荷兰农夫的女儿可知她身上也具有荷兰民族性。Stomacher 是一种装饰性的三角形布料，用于填补女性礼服或紧身胸衣的前部开口，这块布料可能带有骨架，作为束腰的一部分（Arnold，1985）。译者在此处译为"兜包"并不能体现此服饰的外形和穿戴部位，也未能体现出荷兰民族性。此处译为"荷兰女性三角胸衣"更妥帖。

（三）集体活动类

集体活动是一种表达民族性的重要方式，如宗教仪式和庆祝传统节日的活动等，其可以传承和体现特定文化和身份认同。这两篇中出现了特色的荷兰、印第安和美国集体活动，体现了美利坚民族性"多元一体"的特点。

欧文将荷兰"奠基者"定位为"纽约"的祖先（关晶，2015），荷兰的传统活动后来也流传、改良到了美国。印第安人是美洲的原住民，欧文在建构美利坚民族性格、文化身份和国家精神的时候，非常赞美印第安民族捍卫领土主权时的坚强不屈的品性，而这种不屈不挠的精神对于美国这个发生于艰难困苦的新兴国家来讲是非常重要的（关晶，2015），故精准再现印第安民族性对体现美利坚民族性至关重要。除此之外，欧文也描绘了极具美国本土色彩的集体活动。

原文 8：On a level spot in the centre was a company of odd-looking personages playing at **ninepins**.

译文 8：中间的一小块平地上，有些模样古怪的人正玩着**九柱地滚球**①。

译注：①地滚球的一种，可能源于中世纪欧洲大陆，早期德国九柱地滚球道用泥土或煤渣铺成。

九柱地滚球也被称为九柱保龄球，主要在欧洲流行，最初是一种宗教典礼活动，教徒以球击柱，竖着的柱子代表罪恶，球代表正义，寓意消灾赎罪。在 4 世纪前，来源于德国和荷兰。16 世纪，荷兰移民将九柱地滚球带到了美国（岚斋，1996）。结合原文背景，这是一群穿着荷兰服饰的人在玩地滚球，译者在脚注中只说明了其起源于欧洲和早期的德国九柱地滚球，忽略了其内在荷兰民族性。故在脚注中说明"源于德国和荷兰"更能体现其荷兰民族性。

原文 9：…others, that an old Indian chief, the prophet or wizard of his tribe, held his **powwows** there before the country was discovered by Master Hendrick Hudson.

译文 9：又有人说，一位印第安人长老（他是部落的先知或术士），在哈德逊少爷发现这里前，曾于此处举行"**帕瓦仪式**"①。

译注：①帕瓦仪式，北美印第安人祈求神灵治病或保佑战斗、狩猎等胜利而举行的仪式，通常伴有巫术、盛宴、舞蹈等。

Powwow 一词来源于纳拉甘塞特语的"powwaw"，意为"精神领袖"（Frank Waabu O'Brien，2014），是由众多印第安人定期举办的集会，其间有各种歌舞活动，以庆祝、比赛、教育为目的。类似 powwow 的歌舞集会最早在美国中部大平原印第安族群之间流行，是北美印第安人重要的非物质文化遗产（彭雪芳，2013）。汉译名有"保沃""俳舞"，

20 世纪 30 年代后统称为"帕瓦"。此处译者对于 powwow 的翻译选择音译"帕瓦"，保留了原文中的特有术语。再增译"仪式"进行说明，并添加译注进一步解释了"帕瓦仪式"的含义，使读者更详细了解这一印第安集会的文化背景。此处翻译既尊重了原文环境的文化特性，又提供了足够的信息，更好地体现了原文的印第安文化和地理背景为北美。故此处翻译很好地突出了印第安民族性。

原文 10：He came clattering up to the school door with an invitation to Ichabod to attend a merry-making or "**quilting frolic**" to be held that evening at Mynheer Van Tassel's…

译文 10：他骑马来到校门口，请伊卡博德参加当晚在迈希尔·凡·塔塞尔家举行的欢聚，或叫"**缝聚会**"②。

译注：②妇女聚在一起缝被子的欢乐聚会。

Quilting frolic 也被称为 quilting bee，常见中文译名为"大家缝聚会"，是一群妇女聚集在一起手工缝制被子的集会。对于社区来说，这也是一次重要的社交活动，妇女们会带着食物去参加，并作为在某个场合之前完成纪念被子的机会（例如婚礼被子）。Francis Trollope（1949）曾在她的观察著作 *Domestic Manners of the Americans* 中描述："美国联邦的女性是出色的劳动者，在各种巧妙工艺的事业中，她们经常制作拼布被。当其中一床被子的外部构造完成时，通常会召集邻里和朋友一起来观看并参与拼布，这是完成这项复杂工作的最后步骤。这些聚会被称为'大家缝聚会'，总是充满着欢笑和喜庆。"译者在这里的翻译和脚注并没有体现出这是美国妇女的特色活动，失去了其暗含的美利坚民族性。在译注里修改为"美国妇女聚在一起缝被子的欢乐聚会"更能体现其美利坚民族性。

三、结语

精准再现民族性要求在研究方法上跨涉民族学、历史学、植物学、翻译学等多个学科。通过对华盛顿·欧文的《英伦见闻录》汉译本的深入研究，本文发现译者刘荣跃在体现原文民族性方面表现出一定的关注，但同时也存在一些忽略了民族性的问题。在美国本土植物名的翻译中，译者忽略了其民族性，未考虑到地理位置特征进行翻译；在服饰类名词翻译中，译者有一定的意识去体现荷兰族裔的民族性，但并没有做到精准再现；在集体活动名词的翻译中，译者对印第安族裔民族性的传达较为成功，但对美国本土活动和荷兰族裔活动的民族性再现存在忽略。

总体而言，刘荣跃译本在体现原文民族性方面有一定的亮点，但也存在民族性忽略的地方，尤其是对于特定地域或文化背景下的体现民族性的词汇选择要更加精准。同时，对于一些特定的文化活动和习俗，要勤于查证，确保翻译能够准确传达原文所蕴含的民族性信息。本研究不足之处在于选取的译例较少，未来的研究可以选取多版本译本，扩大译例数量，以进一步得出更客观的结论。

参 考 文 献

[1] Arnold, Janet. *Patterns of Fashion：The Cut and Construction of Clothes for Men and*

Women C. 1560-1620[M]. London：Macmillan，1985.

[2]Barrett，R. P.，Mebrahtu，T. & Hanover，J. W. Black Locust：A Multi-purpose Tree Species for Temperate Climates[J]. 1990.

[3]Hayward，Maria. Dress at the Court of King Henry Ⅷ[M]. Leeds：Maney，2007.

[4]Hallauer，Arnel R. Sweet Corn[J]. *Specialty corns*，2000：160.

[5]Neeland，R. W. Important Forest Trees of the Eastern United States[M]. United States Department of Agriculture Forest Service，1973.

[6]O'Brien，Frank Waabu. "Chapter 10：Spirit Names and Religious Vocabulary". 2014.

[7]Trollope，Francis. *Domestic Manners of the Americans Edited with an Introduction by Donald Smalley*[M]. New York：Vintage，1949.

[8][美]华盛顿·欧文. 英伦见闻录[M]. 刘荣跃，译. 上海：上海文艺出版社，2008.

[9]朝戈金. 文学的民族性：五个阐释维度[J]. 民族文学研究，2014(4)：5-10.

[10]关晶. 华盛顿·欧文的创作与"美国精神"的建构[D]. 长春：吉林大学，2015.

[11]贺善安，郝日明. 中国鹅掌楸自然种群动态及其致危生境的研究[J]. 植物生态学报，1999(1)：89-96.

[12]侯元凯，唐天林. 世界彩叶树木1000种[M]. 武汉：华中科技大学出版社，2016.

[13]岚斋. 保龄球源于宗教仪式[J]. 上海体育学院学报，1996(1)：81.

[14]彭雪芳. 北美印第安人非物质文化遗产：帕瓦仪式[J]. 世界民族，2013(6)：36-45.

中医药文化在泰国的翻译现状、问题与对策研究

唐旭阳

（广东外语外贸大学）

一、引言

中医药凝结了中华民族几千年的健康养生智慧，是我国优秀传统文化的重要组成部分。中医药文化是指中华优秀传统文化中体现中医药本质与特色的物质文明和精神文明的总和（王祚桥，2015）。它既包含中医独特的理论体系、诊疗方法，还体现了医、哲、文相融的平衡养生哲学。在"一带一路"倡议和"健康海上丝绸之路"的推动下，中医药正迎来难得的海外传播机遇。中国与泰国山水相连，文化渊源深厚，早在13世纪泰国素可泰时期（1238—1438年），中医药文化就传入泰国，长期以来，中医药与泰国本土医学并行发展，成为泰国替代医学体系的重要组成，并在养生保健领域发挥着独特作用。2000年，泰国政府宣布承认中医药及中医从业者在泰经营合法化，且颁布中医执业医师法规，正式将中医纳入卫生服务系统，泰国也成为第一个以法律形式批准中医合法化的海外国家（唐旭阳，2023）。近年来，随着泰国医疗卫生体制改革的深化和民众健康意识的提升，中医药在泰国的影响力持续扩大。然而，中医药知识体系的跨语言转换是其海外传播的重要前提。目前泰国的中医药文化翻译事业尚处于初级阶段，经典著作泰译本匮乏、术语标准不一、文化负载词翻译困难等问题突出，在一定程度上制约了中医药知识在泰国本土的传播与应用，凸显了加强中医药泰译研究的紧迫性和必要性。

近年来，国内学者对中医药在泰国的跨文化传播进行了多维探索。研究主要集中在三大领域：一是梳理中医药在泰国的发展脉络、文化适应现状及面临的壁垒；二是考察中泰两国在医学教育、人才培养等领域的合作情况；三是分析中医药在泰国的政策环境与产业发展前景。泰国与西方学界的研究则侧重分析中医药在泰国医疗体系中的地位、作用与局限。现有研究虽在宏观层面上勾勒出中医药在泰国传播的总体图景，但缺乏对中医药知识及其文化内涵跨语境转换与传播的微观考察，尤其是聚焦于中泰文化差异下翻译实践的困境和破解之道方面，尚缺乏深入剖析。本文以泰国为例，从跨文化视角出发，重点考察中医药在泰国的翻译现状和存在的问题与不足，并提出对策建议，为中医药"走出去"过程中的跨语言、跨文化传播提供实践样本和策略建议，以推动中医药在泰国乃至东南亚的传播。

二、中医药在泰国的翻译现状与问题

翻译作为跨文化交流最根本的实现形式，对中医药国际化进程具有不可或缺的作用。尽管中医药文化源远流长，但其知识体系高度依赖于汉语母语的表述。将中医药经

典系统地译为泰语,是泰国中医从业者和受众理解中医理论与实践的基础。据不完全统计,目前泰国市面上的中医药泰译著作不到 70 种,且主要集中于中医理论书、养生保健书和针灸推拿书籍等,其翻译现状与存在问题有以下几个方面:

(一)中医经典泰译匮乏,难以满足教学和临床的需求

虽然中医药在泰国传播的历史悠久,但中医药泰语翻译事业尚处于起步阶段,1997 年至 2006 年是泰国中医药泰语书籍发展的初级阶段,主要以通晓泰文的泰国中医师或教师自编为主,主要书目有《中医理论》《中医基础理论》《中医历史》三部书及少量中医介绍性的论文和自用教材。自 2005 年起,泰国卫生部下属的替代医学发展司牵头成立了东南亚泰中医学研究院,并与曼谷朱拉隆功大学药学院展开积极合作。此外,中泰双方还开展了一系列的教材翻译和出版合作项目,其中包括成都中医药大学和天津中医药大学参与中医书籍的编撰和翻译工作(唐旭阳,2023)。例如《泰国常见中药方剂》《中医历史》《中医基础学》《实用草药》等(李诚敏、沈琴峰,2020)。这些书籍大多以中文教材为蓝本,经修订汇编成中文稿后再译成泰文。泰国中医药教材和词典往往采用中泰学者合作编写,以固定泰国中医师团队和专家翻译为主。对于中医基础理论经典,如《黄帝内经》《伤寒论》等的经典医药翻译尚属空白,仅有部分章节存在泰译,且译本年代久远,缺乏规范权威的译本,导致中医药知识在泰国的传播带有一定片面性。此外,泰国现有的中医药译著中,不乏从英文或日语转译而来的二手译本,折射出精通中泰双语的中医药领域专业人才相对匮乏的现状。中泰两国在语言文字、思维方式等方面存在较大差异,直接从中文译为泰文有助于减少信息失真,提高翻译质量。然而,受限于中泰两国中医药教育交流的深度和广度,目前既精通中医药又熟稔中泰双语的高层次复合型人才尚不足以满足中医药本土化的迫切需求。总体而言,中医药图书在泰国的译本数量稀缺,高质量的全译本更是凤毛麟角。

(二)中医药泰译术语标准化程度不高

中医翻译的术语面临标准化困境,包括文字转化困难、翻译标准不统一、翻译语境复杂等一系列长期存在的翻译问题,它们深刻影响着中医药文化的国际传播与发展(常馨月、张宗明、李海英,2020)。目前,中药的功效和适用症状的翻译还要按照泰国对传统草药的规定和界定进行翻译。这反映出跨语言跨文化传播中译介的局限性,也制约了中医药在泰国的发展(李湘纯,2007)。由于缺乏官方的术语标准,不同的译者对于同一个概念采取不同译名的情况比较普遍。以"气"的翻译为例,作为中医学的核心概念,"气"囊括了生命活动的各个方面,涵盖了先天之气、后天之气、营气、卫气、宗气等不同范畴,但在泰语中却难以找到一个涵盖所有内容的对等词汇。"气"一词在不同译本中或称"ลม",或称"พลัง",也有直接音译为"ชี่"。再如"肺经"一词,有译作"ลมปราณปอด"者,也有译为"เส้นลมปราณปอด",包括地道药材的翻译也存在多个不同版本。术语使用不统一必然影响学术交流,增加学习难度。在中医药药名的翻译上,一方面,许多道地中药材如橘红、橘白、陈皮等在泰语中并无对应词汇,只能采取音译的策略,但译名发音往往晦涩难记,不利于泰国民众的识别和使用;另一方面,一些药材如甘草、生姜等在泰语中已有约定俗成的译名,但与其药用部位和炮制方法可能相悖,容易引起混淆。2011 年,泰国卫生部泰医及替代医学发展司与中国相关学者通力合作,编撰出

版了《中医术语词典》（中泰英）。该词典系统收录了 800 余条中医药术语，并提供规范的泰语定义，标志着中医药术语在泰语翻译中迈出了规范化、标准化的重要一步，有助于提升中泰双语学术交流的效率与质量，推动中医药知识体系在泰国的系统传播。但也应看到，词典的覆盖范围仍较有限，对许多源自古籍的特色词汇缺乏规范译法，亟待在实践中不断补充完善。此外，词典对部分文化负载词的释义尚欠深度，对词汇蕴含的中医药文化内涵挖掘不足，有待进一步丰富。

（三）文化负载词翻译缺失

目前泰译本在应对文化负载词时主要采取音译和直译策略，忽视了词汇所承载的文化意蕴，使得译文晦涩难懂。"五行"一词泰语中有译为"ห้าธาตุ"或"ปัจธาตุ"，其实上"ปัจธาตุ"（意为五大元素）一词源自佛教医学，虽与五行理论有相通之处，但其内在属性与作用机理并不完全对等，直接套用易引起误读。"阴阳"的翻译也普遍存在翻译混乱现象，如"หยินหยาง""ยินหยาง"等译法，目前学术界标准的译法为"อินหยาง"，然而，即使是"อินหยาง"这个标准译法，也难以完全准确地表达"阴阳"在中医理论中的深层含义。"阴阳"不仅指宇宙中相互对立又相互依存的两种力量，更体现了中医理论中"平衡"和"和谐"的思想。此外，中药术语中的"主""藏""开窍""虚""邪"等词蕴含丰富文化内涵的词汇，都存在翻译乱象。中医药作为一种深受中国哲学体系影响的学科，在进入以佛教文化主导的泰国时，遇到了显著的文化和语言障碍。文化语境里知识的个体性差异，以及不同文化体之间的差异，构成了理解和翻译中最大的也是最根本的释义障碍。克服文本阐释中的释义障碍，有益于提升翻译的接受度和阐释的效度，从而提升文明、文化体之间的互动、互鉴水平，推动文明、文化的健康发展（陈开举，2023）。所以，如何在不同文化语境下准确阐释其内涵是译者面临的难题，这也在一定程度上制约了中医药知识在泰国的系统性传播与发展。

三、中医药文化泰译的对策研究

综上所述，中医药泰译事业面临诸多挑战，但也蕴藏着巨大的发展潜力。要实现中医药泰译事业的健康发展，需要多方协作，共同努力。

（一）加强中泰翻译人才的培养

文化语境的差异导致对中医经典的理解和阐释困难重重。翻译出忠实原文又顺达雅兼顾的高质量译本需要译者具备中泰双语能力和深厚的中医药理论素养，而目前这样的复合型人才还十分稀缺。针对这一问题，一方面在现有的中泰合作办学项目基础上，可增设小语种中医药翻译硕士教育项目，为高层次翻译人才培养提供制度保障。另一方面，鼓励在校生积极参与中泰合作研究项目，在导师指导下开展中医药文献的翻译实践，在实践中提高语言能力和专业素养。此外，鼓励在职中医师通过进修、培训等方式学习泰语，培养一批精通临床又熟稔语言的复合型人才。

（二）积极运用现代科技与人工校对相结合，优化中医药泰译质量

积极发挥人工智能和大数据的赋能作用，利用神经网络翻译系统，提高翻译效率。中泰高校建设高水平的中医药中泰双语平行语料数据库，推进术语标准化进程，努力提升翻译质量，专业译者在其基础上进行进一步人工校订、润色，才能确保译文的准确

性、专业性与可读性。对于中医药文言文、高深晦涩的术语，仍需以人工翻译为主。在翻译过程中，译者不应拘泥于词句表面的对等，更要注重传达文化内涵，做到信雅达统一。或者在直译的基础上辅以注释，通过阐释词源和文化背景帮助读者理解词汇内涵。对于蕴含丰富文化内涵的概念，可采取意译的方法，用贴近泰国文化、易于当地民众接受的表述方式阐释其精髓。译者可主动向泰医请教，学习借鉴佛教医学的独特视角，用贴近泰国国情、符合泰国民众认知习惯的方式阐释中医理论，化解文化隔阂，实现中医药知识的本土化表达。

（三）着眼本土化，创新图书内容形式

近年来泰国经济增速放缓，传统出版业受到电子书等新媒体的冲击，中医药图书出版明显降温。与此同时，泰国民众对中医药理论的兴趣有限，市场需求不足也影响了相关图书的编译出版。以上因素，一定程度上也导致中医药图书泰译本的出版在数量和质量上的不尽如人意。这一问题亟须引起重视，积极采取应对措施，进一步发挥中泰双方政府、行业组织的引导作用，鼓励中方将优秀中医药专著的泰文翻译版权输出，邀请泰国知名出版机构参与策划出版，扩大优质译本来源。同时，可增加本土化案例分析和泰译，中医药博大精深，单靠理论阐述枯燥乏味且成效有限。不妨采用叙事的方式，以一个个鲜活生动的临床案例为经验，将中医独特的病机分析、辨证论治过程与疗效一一呈现，引导读者在具象的脉络中把握中医抽象的内核，在解决问题的过程中领悟中医"治未病"的远见卓识。同时，创新图书内容形式、拓展数字出版渠道等，才能更好地推进中医药知识在泰国本土的传播。

四、结语

中医药翻译作为中泰文化交流的桥梁，在中医药"走出去"进程中扮演着至关重要的角色。其不仅是语言的转换，更是文化理念的传递，是推动中泰两国医药文化交融的纽带。精准的翻译不仅能确保中医药知识的准确传达，更能有效提升中医药在泰国社会的接受度和认可度。然而，语言的转换仅仅是第一步，更重要的是深化泰国民众对中医药文化的认知和认同。为此，应注重加大文化传播力度，通过高水平学术对话、人文交流，增进泰国民众对中医药理论、诊疗方法、文化内涵的理解。可以组织中医药文化讲座、中医药体验活动，让泰国民众亲身感受中医药文化的魅力。同时，还可以通过影视作品、文学作品等多种形式，将中医药文化融入泰国的社会生活，使其成为一种独特的文化符号，得到泰国民众的认同和喜爱。

相信通过产学研用各界的共同努力，整合政府、高校、企业等各方资源，构建完善的中医药泰译体系，中医药泰译事业能行稳致远。以语言为媒介，架起中泰民心相通的桥梁，增进两国人民之间的相互理解和友谊，谱写中泰世代友好的新篇章，为构建人类命运共同体贡献力量。

参 考 文 献

[1]常馨月，张宗明，李海英. 2014—2019 年中医药文化国际传播现状及思考[J]. 中医

杂志，2020，61（23）：2050-2055.

[2]陈开举. 文化语境、释义障碍与阐释效度[J]. 中国社会科学，2023（2）：184-203，208.

[3]李诚敏，沈琴峰. 中医药在泰国[M]. 北京：世界图书出版公司，2020.

[4]李湘纯. 中医药在泰国发展存在的问题及对策研究[D]. 北京：对外经贸大学，2007.

[5]唐旭阳. "一带一路"背景下中医药在泰国的跨文化传播研究[J]. 杂文月刊，2023（1）：93-95.

[6]王祚桥. 中医文化推动中医药学科走向世界[N]. 光明日报，2015-05-04（7）.

[7]张宗明. 中医药文化是中华文化"走出去"的先锋[J]. 南京中医药大学学报（社会科学版），2020，21（2）：71-77.

基金项目：本文为国家社科基金中华学术外译项目"《思考中药》泰文版"（项目编号：20WZXB009）成果。

从"三美论"视角浅谈汉诗英译
——以《白雪歌送武判官归京》许渊冲英译本为例

喻佳琪

（华东政法大学）

一、引言

自 19 世纪起，一些西方汉学家开始译介唐诗，其中英国外交官弗莱彻（W. J. B. Fletcher，1879—1933）是最早出版唐诗英译专集的译者。20 世纪，美国文学评论家、翻译家埃兹拉·庞德（Ezra·Pound）出版了多部翻译作品，其中有《华夏集》《儒家诗经》等，他的翻译方法独特，注重保留原文的意境以及对意象的运用。还有许多翻译汉语古籍与诗歌的翻译家们，都为中西文化的交流作出了巨大贡献，对中国古典文学融入世界文学宝库具有重要的价值。

然而相比于西方的翻译家，中国的翻译家更加注重"美"在文学翻译，尤其是在诗歌翻译中的体现。刘宓庆曾经提出过："我有一个很深的信念：中国的翻译理论体系，完全不必步西方后尘，东西方可以各有千秋，相互借鉴。我们应该有独特的中国气派、中国气质。翻译美学也许正是中国翻译理论独具风华的特征之一。"（祝一舒，2022）许渊冲一直坚持"翻译是艺术"的观点，并提出了"三美论"的翻译理论，即"意美、音美、形美"。在一生的翻译实践中，许渊冲贯彻了他的"三美论"。他还认为："只有坚持中国文化的美感，才能让中国文化走向世界。"本文选取唐诗《白雪歌送武判官归京》，基于"三美论"来鉴赏许渊冲的英译版本。

二、许渊冲和"三美论"

许渊冲先生是翻译界的泰斗，投身文学翻译事业 80 余年，并形成韵体译诗的方法与理论。许渊冲先后出版译著有 180 余本，其中有《诗经》《楚辞》《论语》《唐诗三百首》《李白诗选》《苏东坡诗词选》《西厢记》《牡丹亭》《长生殿》《桃花扇》等，多为古代经典文学作品。

许渊冲提出的"三美论"，即意美、音美、形美，是翻译界的重要理论，也是对许渊冲追求翻译的"美"的一生最好的注解。意美指的是在翻译过程中体现出原作的内容美；音美指的是译文要做到押韵、朗朗上口；形美则指的是诗歌翻译的句子要长短整齐，对仗工整。"三美论"是翻译界非常重要的诗歌翻译理论，国内外有许多学者研究该理论。同时也是很多翻译批评家来批判诗歌翻译质量的重要标准，也为翻译学习者指明了学习的方向。

对于"三美论"，许渊冲在其文章《三谈"意美、音美、形美"》中重点解释过："'意似'是译诗的低标准,'意美'是译诗的高标准,'三美'才是最高标准。"(许渊冲,1987)相比传统"信、达、雅"的翻译理论,"三美论"对于译者的要求更高,其境界也是更进一步。然而"三美论"中三美的地位并不是完全平等的,有主次之分。其中"意美"是最根本、最重要的一点,译者在进行文学翻译的过程中不仅要忠实传达出原文的内容与含义,还要让译入语读者能够体验到原作的内容美,尽量让读者与原作者能够共情。其次是"音美"(韩成武、张国伟,1995),节奏与韵律是诗歌中非常重要的部分,也是中英诗歌互译重点、难点。最后才是"形美",如果无法兼顾"三美",应先尽量做到"意美"和"音美"。"意美"是根本,是目的,而"音美"和"形美"是服务于"意美"的手段。许渊冲通过大量的翻译实践总结出了"三美论",是对诗歌翻译技巧和目标的高度概括。

三、《白雪歌送武判官归京》

《白雪歌送武判官归京》是唐代边塞诗人岑参的代表作品,既是写景诗,也是送别诗。作者以极其丰富的想象力描绘了边塞八月飞雪瑰丽烂漫的景色,留下了"忽如一夜春风来,千树万树梨花开"的经典名句。同时,该诗以雪景变化为线索,串联起送别友人的过程。作者通过描写雪景和边塞将士的日常活动,例如拉弓与穿铠甲的动作,来表现天气的严寒;随后作者描绘了送别宴上欢乐的场面,所有人伴随着胡地歌舞开怀畅饮;最后的部分,写作者送友人武判官归京,在纷纷大雪中目送着友人的马车,直到马车完全离开视线,仅剩马蹄留下的印迹,徒留作者一人惆怅。本诗既有对边塞生活的翔实描写,也有对雪景绮丽的想象;既描写了宴席的欢乐,也抒发了自己的惆怅之情,形成了鲜明的对比。全诗刚柔并济,有张有弛,是一首难得的边塞佳作(韩成武、张国伟,1995)。

四、"三美论"在《白雪歌送武判官归京》英译中的应用

(一)意美

如前文所说,"意美"在"三美论"中处于最重要也是最根本的地位,先要尽可能做到"意美",再来兼顾"音美"与"形美"。"意美"主要指的是意境美、内容美。既要传达诗歌本身内容的含义,也要传达诗歌中蕴含的感情。意象是中国传统古诗词中的重中之重,诗人通过种种意象来传达自己的内心情感,来达到情景交融的境界,具有中国独特的精炼、含蓄和留白之美。同时,对于一些中国特有的官职、地名和事物,在翻译过程中要格外注意,既要做到准确无误,也要不有损整首诗歌的美感。下文将具体分析"意美"在译文中的运用。

《白雪歌送武判官归京》是一首写景送别诗,主要展现边塞壮丽的雪景,以及送别友人的伤感之情,了解整首诗的写作目的和感情基调有利于译者的工作。全诗中最广为流传的名句"忽如一夜春风来,千树万树梨花开",以春景拟雪景,令人拍案叫绝。梨花与雪本不能同时出现,但因其形神俱似,在岑参的诗中相遇从而造就诗中绝景。许渊冲将其中的比喻以"as if"带出,伴随"vernal breeze"描绘出与苦寒边塞毫不相干的轻柔感,"adorning"一词写出雪似梨花装点树枝,仿佛春天已经来到。可谓诗中原句壮丽浪漫,译文也毫不逊色。视角跟随飘舞的雪花进入军士们的营帐,三四句通过"湿罗幕"

"锦衾薄""角弓不得控""铁衣冷难着"生动形象地表现出北地之冬，将士们严寒难耐。原诗是通过对场景和动作的描写让读者感受到此情此景，十分具体真切，不禁让人感同将士们的艰苦生活。译文中把"珠帘"译作"pearled blinds"，"罗幕"译作"silken screen"，既做到了准确翻译，也不影响读者对整体诗歌的理解。后面的"The general cannot draw his rigid bow with ease; E'en the commissioner in coat of mail would freeze."也是通过翻译具体的动作表现来展示原文内容。诗中最后两句"轮台东门送君去，去时雪满天山路。山回路转不见君，雪上空留马行处。"实在是妙笔，也是全诗情感最浓烈的部分。"去"字的顶针、前一句的"山路"化作下一句的"山回路转"，以及分别两次出现在这两句诗中的"君"与"雪"，不仅充分展现了作者极高的才情，也体现出了作者深深的怅惘之情，感染力极强。"雪上空留马行处"是一句极好的留白，是对友人的不舍，也是对自己归途未定的惆怅，画面定格于此，留给读者很大的思考空间来体验诗歌中感情的美感。许渊冲的译文选择了忠实于原文、描写出了原文中的场景，在"I watch his horse go past a bend and, lost to sight"（许渊冲，2013）这一句中，把"不见君"的"lost to sight"做了分隔的处理，为译入语读者在此处创造了一定的停顿，可以更好地感受作者彼时彼刻的心境，达到共情。

中国传统诗词中的每字每句都有其丰富的内涵与蕴藏其中的情感，如果盲目逐字逐句地英译汉语诗歌，其中的美感只会消失殆尽。许渊冲的这篇译文可谓是诗歌翻译中"意美"的典范，既完好地传达出了原作的内容，同时也通过艺术性的再创造达到了英汉诗歌的共情，尽力做到了看似不可能做到的事。

（二）音美

在"三美论"中，"音美"占据了很重要的地位。"音美"主要指的是将原诗中的押韵、节奏与平仄等内容通过翻译展现出来。中国古诗词的重要特点之一就是韵脚规整、平仄相称，使读者能够获得音律美的感受。本文选取的《白雪歌送武判官归京》以七言为基础，韵律上相对宽松自由。该类古诗采用多种押韵形式，多有"AABBCCDD"或"ABABCCDD"等方式，赋予诗句更多韵律变化。下文将具体分析"音美"在译文中的运用。

该诗第一句"北风卷地白草折，胡天八月即飞雪。"中的"折"和"雪"平仄对应，第二句"忽如一夜春风来，千树万树梨花开。"中的"来"和"开"构成了/ai/的韵脚，第三句"散入珠帘湿罗幕，狐裘不暖锦衾薄"中的"幕"和"薄"平仄对应，第四句的"控"和"着"平仄对应。第五句"瀚海阑干百丈冰，愁云惨淡万里凝"中的"冰"和"凝"构成了/ing/的韵脚。后面几句中的"客"与"笛"，"君"与"处"也是平仄对应的。正是由于这些平仄相应与规整的韵脚，《白雪歌送武判官归京》这首诗呈现出平稳悠长的韵律美，然而如何在译文中最大限度地体现出这种韵律美，是很多译者深思熟虑、仔细推敲的难题。

在许渊冲的英译版本中，他把这种平仄与韵脚处理成了英文诗歌中的押韵："low"和"snow""overnight"和"white""screen"和"green""ease"和"freeze""piles"和"miles""bound"和"resound""gate"和"undulate"。整首诗的韵脚是"AABBCCDDEEFF GGHHII"，每一行的韵脚都十分工整，符合译入语读者的诗歌阅读习惯。同时，许渊冲在翻译的过程中选择了按照六音步抑扬格的英文诗歌形式，例如"As if/the vernal breeze/had come/back/

overnight",极其还原出英文诗歌的节奏和韵律,朗朗上口,使读者在"音美"上感同身受,获得愉快的审美体验。他将中国传统古诗词的音律美最大程度转换成英文诗歌中的音律美,尽最大可能做到了"音美",并且在此过程中,几乎没有折损原文内容的美感。

(三)形美

"三美论"中的"形美"要求译者做到译文在外在形式上整齐有序,行数、字数尽可能一致。鉴于中英文之间的巨大差异,该要求实际上很难做到,所以首先尽可能做到"意美"和"音美",最后再来考虑"形美"。下文将具体分析"形美"在译文中的运用。

《白雪歌送武判官归京》全诗一共 9 句,分为 18 小句,每小句 7 个字,对仗工整,格式整齐。译文中同样也是 18 句,其中有 10 句都是 9 个词,其他句子最多也不超过 12 个词,每一句译文的字数基本上是相当的。译文从视觉上来看也十分整齐有序,给译入语读者传达了中国传统古诗词在格式上的美感。许渊冲的译文在行数上与原文完全相同,字数上也几乎一致,实现了诗歌翻译的"形美",更是贯彻了"三美论"中所有的要求。

五、结语

从上文中对许译《白雪歌送武判官归京》的分析中可以得出,许渊冲在其翻译过程中贯彻了"三美论"的每一个要求,圆满地做到了"意美""音美""形美"。虽然汉诗英译中有许多难以跨越的沟壑与看似无法相通的意象和感情,但许渊冲仍然将这首经典的古诗翻译成了英文,并且最大限度保留了原文的内容、感情、音律、韵脚以及形式。

"三美论"不仅是许渊冲提出并且贯彻一生翻译实践的理论,更是为所有汉诗英译的评判标准和翻译目标。在如今文化软实力越来越重要的时代,如何做好中国传统文化"走出去"、促进中西方文化交流与相互理解成为了译者们的重要课题。在该背景下,译者应尽可能研究并运用"三美论"到诗词翻译中,不断为世界文化交流献出更多优秀的中国传统古诗词翻译作品。

参 考 文 献

[1] 韩成武,张国伟. 唐诗三百首鉴赏 [M]. 石家庄:河北人民出版社,1995.
[2] 毛泽东. 许渊冲英译毛泽东诗词:汉英对照 [M]. 许渊冲,译. 北京:中译出版社,2015.
[3] 许渊冲. 三谈"意美、音美、形美" [J]. 深圳大学学报(人文社会科学版),1987 (2):70-77.
[4] 许渊冲. 唐诗三百首:汉英对照 [M]. 北京:海豚出版社,2013.
[5] 祝一舒. 翻译艺术与翻译创造性——论许渊冲的翻译美学追求 [J]. 中国翻译,2022,43(3):89-97.

目的论视角下英文电影字幕的汉译策略
——以《神探夏洛克：可恶的新娘》为例

许鸿恩

（西南科技大学）

一、引言

随着国与国之间联系的不断加强，国际文化交流也愈发频繁。越来越多的外语电影被引进中国并受到中国观众的喜爱。英文电影作为一种典型的外语片，具有寓教于乐的作用，丰富了观众的精神世界，一直深受中国观众的喜爱。国内英文电影市场的发展需要大量的英文电影被翻译成中文。但事实表明，目前英文电影字幕翻译的质量还有待提高。因此，研究英文电影字幕的翻译具有重要的现实意义。

目前，一些学者对电影字幕的翻译进行了一些研究。如周素文、毛仲明（2004）将目的论运用到英文电影片名的翻译中，他们指出，在翻译英文电影片名时，需在"rebelliousness"的基础与原文内容一致。此外，Liu Yihui（2010）探讨了电影字幕翻译的规范原则，提出电影字幕翻译研究对翻译研究的整体发展具有重要意义。

《神探夏洛克：可恶的新娘》(*Sherlock: The Abominable Bride*)是英国广播公司2016年出品的电影，讲述了夏洛克·福尔摩斯和约翰·H. 华生调查神秘的幽灵新娘谋杀案的故事。该电影本身是对女权主义的一次阐释，也让越来越多的观众开始践行"He for she"，它已经达到了一部电影应有的意义。本文在目的论的框架下，以英文电影《神探夏洛克：可恶的新娘》为例，结合英文电影翻译的目的和特点，总结出英文电影字幕翻译的方法，为英文电影字幕翻译提供一些参考。

二、目的论概述

目的论由德国功能学者汉斯·弗米尔（Hans J. Vermeer）和克里斯蒂安·诺德（Christiane Nord）提出，其核心是"the end justifies the means"（2001）。不同的文化背景会培养不同的受众，这会产生不同的翻译需求，而翻译是在目的语环境中为受众产生的话语。因此，目的论认为原文只是目标受众部分或全部信息的来源（Vermer，1996）。由此可见，原文在目的论中的地位明显低于其在对等论中的地位。

目的论最早由德国学者卡特琳娜·赖斯（Katharina Reiss）在1971年出版的《翻译批评——潜力与制约》(*Possibilities and Limitations in Translation Criticism*)一书中提出。赖斯的学生弗米尔摆脱了以原文为中心的束缚，创立了目的论的基础理论。他提出译者可以根据翻译目的论来决定是保留还是删除原文中的某些内容。后来，霍尔兹曼塔里（Holz-manttari）丰富了目的论。他认为翻译是一种为达到特定目的而设计的复杂行为

（张美芳，2005）。此后，诺德对目的论进行了进一步的分析，发现了目的论的局限性，并总结出忠实原则，从而完善了目的论。

目的论有三个基本原则，即目的原则、连贯性原则和忠实性原则。译文的接受者对翻译目的的影响最大。因此，目的论指出，译者应该明确翻译目标再进行翻译工作。也就是说，翻译的目的决定了翻译方法和策略。连贯性原则是指译文在读者看来是流畅连贯的且在读者的交际语境和文化背景中有意义。忠实性原则是指译文的目的和译者对原文的理解决定了原文与译文的相似程度。在这三个原则中，连贯性原则和忠实性原则必须服从目的原则。

三、目的论视角下英文电影字幕的汉译策略——以《神探夏洛克：可恶的新娘》为例

翻译的目的和功能不同，所采用的翻译方法和策略也会不同。无论采用何种翻译方法，能否有效地实现翻译目的是翻译最基本的原则（贾文波，2002）。因此，在目的论的基础上，英文电影字幕翻译需要把握预期功能、目的和受众三个方面。本文以目的论为基础，以《神探夏洛克：可恶的新娘》为例，总结了英文电影字幕翻译中一些有用的方法。

（一）省译

电影字幕应该相对简洁明了。引进的大部分电影都是能够引起人们的共鸣，有感于生活，与大众的思想密切相关。字幕在电影中的作用是帮助不同文化语境下的观众达到一定程度的感同身受。并且，字幕也需要匹配场景，所以它们不应该太长。因此，一般来说，英文字幕通常为两行或更少，中文字幕为一行或更少。电影是动态的，电影字幕需要与观众阅读的速度同步。字幕作为一种屏幕语言是不可逆的。不同于书中的正文，电影观众遇到一个不认识的句子或单词时，他/她不可以在上下文中重复阅览，以解其意。在观看电影时，观众需要在一定的时间范围内接收到所有的内容，如果他们错过了一些信息，那么他们将无法完整地欣赏电影。这就是电影字幕大多清晰简洁的原因。英文电影的观众以他语母语者为主，没有听力的辅助、阅读速度有限，所以英文电影的字幕翻译更要简洁明了，否则观众可能会因为错过信息而失去观看兴趣。

省译是指删去原文中需要但翻译中不需要的词。省略多是为了避免翻译中的冗余，从而进行句法或语法上的调整，使翻译更加流畅。同时，英文电影需要吸引非英语母语使用者，在翻译过程中也要根据翻译的一些特殊情况，从原文中删除信息。

为了实现英语电影的商业价值，吸引更多观众进入电影院，英文电影的字幕必须具有简洁的特点。因此，英文电影的字幕翻译应该简洁明了，面向大众，使用观众容易理解的文字。

例1：

原文：That's great cesspool into which all the loungers and idlers of the empire are drained.

译文：这是众多游手好闲者及闲散人士的游走之所。

分析：

原文中"great cesspool"和"the empire"在译文里都被翻译成了"所"。由于电影衍生

自著名英国侦探小说家阿瑟·柯南·道尔(Arthur Conan Doyle)的代表作《福尔摩斯探案全集》(*The Complete Sherlock Holmes*)，不难看出这里的"great cesspool"和"the empire"分别指的是主人公夏洛克和华生的活动场所——"伦敦"和"英国"。在此，译者将众所周知的背景省译，避免了语言的冗长、乏味。

此外，译者选用富含一定贬义色彩的词"游手好闲者"和"闲散人士"，翻译原文中出现的"the loungers"和"idlers"，这决定了此句的情感基调，即说话者华生对伦敦的厌恶，对英国参与战争导致自己患病的悲伤情绪。将"great cesspool"(污水坑)省译，既显得译文文雅，又没有重复表达此句的情感基调。

总之，将"That""great cesspool"和"the empire"译为"所"，符合中文读者的阅读习惯，即"所"在中文中作名词时，通常是指某个地方，一些机关或其他办事的名称也通常采用某某所。因此，将两个指代类似的词进行融合、省译，符合英文电影吸引非母语观众的特点，值得在今后的字幕翻译中借鉴。

例 2：

原文：She was positively identified by her own husband, seconds before he died.

译文：她丈夫在死前的几秒，明确地辨认出了她。

分析：

原文中有"她丈夫"含义的词语出现了两次，即"her own husband"和"he"，按照直译，应当译为"她被她丈夫明确地辨认出来了，在她的丈夫死前几秒"。显然，这样的翻译不仅让中文观众在观影中感觉重复、累赘，而且也不符合中文语言习惯。其一，中文是喜好主动语态的语言，而英文是喜好被动语态的语言。其二，英文喜欢变化形式地指代同一个物品，如原文中的"her own husband"和"he"都是指"她丈夫"，而中文则常常不采用此种语言特点。

在译文中，译者将"her own husband"和"he"融合，省译"he"，选择抛弃英语中使用的被动语态，采用中文读者习惯的主动语态，即"她丈夫在死前的几秒，明确地辨认出了她"，符合中国读者的阅读习惯，更有利于提升中文母语使用者观影时的观感。

因此，译者在翻译英语字幕时，可选择将相同指代的人或物融合，精简句型结构，译出通俗易懂的文章。只有这样，才能产出为大众所接受的字幕，让更多的中文观众更好地一览英文电影之风采。

(二) 增译

英语电影字幕必须具有大众化的特点，英语电影的中文字幕是面向中国大众的，需要让中文观众容易理解。尤其是，由于受众文化背景的不同，英文电影与中文电影在字幕上会有所差别。增译是指根据原语境的意义、逻辑关系以及目的语的句法特点和表达习惯，对原文中没有出现，但译文中实际包含的词语进行补充。

如果英文电影中出现一些复杂难懂的专有词汇，译者会在旁处批注、解释。即为了达到吸引中文观众的目的，英语电影字幕的翻译需要采用增译的方法，使译文既忠实地表达原文的意思和风格，又完美地符合目的语的表达习惯。

例 3：

原文：You're speaking like a child.

译文：你像个小屁孩一样胡说八道。

分析：

原文"You're speaking like a child"出现的情节是，夏洛克和华生在停尸间看到新娘的尸体被停尸间的工作人员用锁链死死捆住，感觉荒谬不已。工作人员对此的解释是，他害怕新娘尸变杀人。随后，华生对工作人员脱口而出"You're speaking like a child"。

其实单单把"You're speaking like a child"拎出来，可能会产生歧义。有人会认为这是指对方的遣词造句像小朋友一样幼稚，也有人认为这是指对方的言语简直就是在胡说八道。"You're speaking like a child"放在这个电影情节中，译者很自然地选择了后者，即将"like a child"扩展，增译为"像个小屁孩一样胡说八道"，使观众明确地知道了华生想要表达的具体意思，即工作人员相信尸体会杀人的言论是胡说八道的。

因此，在英语电影翻译过程中，译者不妨采用增译的手法，根据前后剧情，把说话人想要表达的意思，用直白的语言增译出来，使观众在短短的几秒钟内，快速接收信息。

例4：

原文：Because you probably just OD'd.

译文：因为你可能用药过量了。

分析：

由于电影通常以人物间的对话来引出跌宕起伏的故事情节，那么不可避免会出现一些省略表达。譬如，在日常交际的场景中，交谈双方都知道的对象"United State of American"，则谈话双方会在交流过程中使用U. S. A或者the U. S. 来指称。

电影字幕也同理。即便电影字幕是一种文本类型，但是这并不能遮掩其存在人物对话的事实。原文中"OD'd"，对于没有接触过的观众而言，这个词甚难理解。因为"OD'd"并不是一个常见的缩写词，为大众所熟知。因此，笔者在看到这个词时，借助了电子词典，发现"OD'd"是overdose的过去式，overdose是过量的意思。根据剧情，不难推出此处是夏洛克在过量吸食成瘾药物。这个单词的译文符合逻辑，即增译为"用药过量"，而不是直接翻译为"OD'd"，一笔带过。

因此，在英文电影字幕翻译过程中，译者采用增译的手法把电影人物对话中的缩写词翻译出来，能够让观众在短时间内理解人物想要表达的意思。

(三) 改写

适当改写《神探夏洛克：可恶的新娘》中的台词可以提高字幕的可读性。在翻译过程中对字幕进行改写时，应考虑到中西文化背景的不同，选用既不背离原文，同时又贴合目的语读者语言习惯的语言进行改写。

例5：

原文：Needs must when the devil drives, Watson.

译文：没时间换衣服了，华生。

分析：

原文中"Needs must when the devil drives, Watson"，如果按照中文直译，即"魔鬼来了，你就得这么做，华生"，这让观众一头雾水，为什么上一句"Holmes, just one thing, tweeds in a morgue?"（福尔摩斯，有个问题，穿花呢衣服去停尸房吗?），后面紧接着就是"魔鬼来了，你就得这么做，华生"。难道去停尸房穿花呢衣服是英国的一种传统吗? 显然不是。

笔者根据必应词典对"Needs must when the devil drives"的阐释，有了全新的认识，即"情势所迫，只好如此"，也可理解为中文的俗语"天要下雨，娘要嫁人"，强调形势紧迫。根据对话语境，就是译文中的"没时间换衣服了"。

"Needs must when the devil drives"是英文中的一句俗语，类似于中文中耳口相传的谚语。由于中西语言文化背景的不同，这种带有文化色彩的词，在翻译时，需要译者根据电影情节，进行改写，使目的语观众更好地理解该语言的具体内容，因此，译者在进行英语电影字幕翻译时，应该注意英文、中文俗语的区别，如果能够在目的语中找到符合电影情节的俗语来对等源语言中的俗语，那便能更好地服务于目的语观众，扩宽电影受众范围。

例6：

原文：I thought you might be a little out of your depth there.

译文：我觉得你可能有点搞不定。

分析：

笔者见到"be a little out of your depth"时，第一反应是直译的"超出了你的深度"。结合故事情节，夏洛克和华生一起来找夏洛克的哥哥麦考夫，由于夏洛克和麦考夫从小到大都在智商上较劲，因此，麦考夫对于夏洛克处理新娘死而复生谋杀他人一案，态度并不乐观。显然，直译不符合语境。

于是，笔者查找了句中中心词"depth"，但却没有发现它有任何能与剧情相关的中文释义。因此，笔者将"be a little out of your depth"整体进行查阅，在必应字典上发现对其的解释是"in a situation that you cannot deal with because it is too difficult or dangerous"，即译者的译文"你可能有点搞不定"，也可以翻译得更文雅，即"非你力所能及"，符合剧情逻辑。

因此，译者在进行英语电影字幕翻译时，应该注意电影的逻辑情节，如果找不到一个词的释义，不妨将其看作整体进行查阅，得出通俗易懂的译文。

例7：

原文：He's the crack in the lens, the fly in the ointment, the virus in the data.

译文：他就是透镜上的裂痕，粥里的老鼠屎，数据里的病毒。

分析：

原文中"the crack in the lens""the fly in the ointment"和"the virus in the data"是三个并列的词组。翻译时，在力求忠实的前提下，译者可考虑三者语言上的并列。译文中将"the crack in the lens"翻译为"透镜上的裂痕"，将"the virus in the data"翻译为"数据里的病毒"，都是采用了直译的方法。

但是，译者在翻译"the fly in the ointment"时却选择了改写。根据必应词典，"the fly in the ointment"有"蝇在香油中"的意思，更文雅一点的说法是"美中不足"，但是这都与"透镜上的裂痕"和"数据里的病毒"形成不了并列关系。因此，译者结合目的语读者的语言表达习惯，将其翻译改写为中文里的一句俗语"粥里的老鼠屎"，这既与"透镜上的裂痕"和"数据里的病毒"形成了并列关系，又体现了"蝇在香油中"，即坏了一锅粥的含义。

因此，在力求忠实于原文的前提下，译者不妨考虑在目的语中寻找出最切合原文文本的表达，这样既能表达出原文的含义，又符合目标语观众的文化习惯，使电影能够为更广泛的受众所接受。

四、结论

优秀的字幕翻译为中国观众欣赏优秀的外国电影提供了助力。然而，外语电影字幕翻译质量参差不齐，影响了外语电影的传播。因此，在翻译英文电影时，译者需要保持严谨的态度。

英文电影字幕翻译的目的是让观众理解和接受。因此，译者在翻译时必须考虑到这一目的，采用灵活的翻译方法。这样才能实现英文电影的价值。目的论摆脱了原文的束缚，为译者提供了一种更为灵活的翻译方法。在这一理论的框架下，作者总结了一些有效的翻译方法，如增译、省译、改写。希望能为英文电影的字幕翻译提供一些参考。

然而，本文也存在一些不足之处。例如，作者对目的论的理解不够深入。此外，对英文电影字幕方法的总结也不够全面。希望未来有更多的译者积极探索英文电影字幕的翻译方法，有效提高英文电影字幕的翻译质量。

参 考 文 献

[1] Nord, Christiane. *Translation as a Purposeful Activity*[M]. Shanghai：Shanghai Foreign Language Education Press，2001.

[2] Vermeer, Hans J. *A Skopos Theory of Translation：Some Arguments For and Against*[M]. Heidelberg：TEXTconTEXT Verlag，l996.

[3] Liu, Yihui. Norms in the Translation of English Animated Feature Film Subtitles：A Descriptive-Explanatory Approach to Two Chinese Versions of the Alice in Wonderland[D]. Changsha：Gentral South University，2010.

[4] 贾文波. 原作意图与翻译策略[J]. 中国翻译，2002(4)：32-35.

[5] 张美芳. 翻译研究的功能途径[M]. 上海：上海外语教育出版社，2005.

[6] 周素文，毛忠明. 英语电影片名汉译中的"叛逆"性[J]. 上海大学学报(社会科学版)，2004(3)：102-106.

突破单极：项目驱动下的高校口译人才半职业化培养模式研究

何　洁

（云南民族大学）

一、引言

随着全球化的加速和我国对外交流的日益频繁，口译人才在各个领域的重要性日益凸显。尤其在商业谈判、国际会议、文化交流等方面，专业的口译人才发挥着不可或缺的作用。然而，当前高校口译人才培养模式存在与市场需求脱节、学生实战经验不足等问题，这使得许多毕业生难以迅速融入职场。因此，如何对高校口译人才培养模式进行改革和创新，以更好地满足市场需求和提高学生的职业竞争力，成为了当前亟待解决的问题。

项目驱动下的高校口译人才半职业化培养模式，旨在通过实际项目驱动的方式，将课堂教学与实践教学相结合，使学生在参与实际口译项目的过程中，提高自身的实战能力和职业素养。这种模式不仅可以增强学生的实践能力，还可以帮助学生更好地理解市场需求，提高其适应性和竞争力。

本文将深入探讨项目驱动下的高校口译人才半职业化培养模式的理论和实践依据，分析其内涵与特点，并提出建议和对策，期望能够为高校口译人才培养模式的改革和创新提供有益的参考和建议。

（一）研究背景与意义

在全球化和信息化的时代背景下，国际交流与合作日益频繁，口译作为一种跨语言、跨文化的沟通桥梁，其重要性越发凸显。特别是在各种国际会议、商务谈判、文化交流活动中，口译人才的专业素养和技能水平直接影响到沟通的效果和国家的形象。然而，当前高校口译人才培养模式与市场需求之间存在一定的脱节，传统的教学模式往往过于注重理论知识的传授，而忽视了学生的实践能力和职业素养的培养。这导致许多口译专业的毕业生难以快速适应和胜任实际工作。

针对这一问题，项目驱动下的高校口译人才半职业化培养模式应运而生。该模式将实际项目引入教学，使学生在参与项目的过程中，不仅提升语言技能，更培养其解决实际问题的能力、团队协作精神等职业素养。此外，半职业化的培养模式强调与行业的紧密合作，为学生提供更多的实践机会和职业导向，有助于缩短学生从学校到职场的过渡期。

本研究不仅是对高校口译人才培养模式的一种创新尝试，更是对高等教育如何更好地服务社会、满足市场需求的一次深入探索。通过研究项目驱动下的高校口译人才半职业化培养模式，期望能够为高校口译专业的教育改革提供理论支撑和实践指导，培养出更多适应市场需求的高素质口译人才，推动中国在国际交流与合作中取得更大的成就。

(二) 研究目的与问题

本研究的核心目的是构建并实施一个项目驱动下的高校口译人才半职业化培养模式。随着全球化的深入发展，口译人才的需求日益增长，但传统的口译人才培养模式往往过于注重理论教学，忽视实践能力的培养，导致学生难以适应市场需求。因此，本研究旨在通过实际项目为载体，将实践教学与理论教学相结合，实现口译人才培养的半职业化。

本研究将通过实际项目的参与，学生可以获得真实的口译实践经验，提高他们的口译技能和市场适应能力；深入探讨如何优化课程设置，整合教学资源，以更好地满足口译人才培养的需求；通过引进优秀教师、培训与交流等方式，提高教师的教学和实践能力，打造一支具有丰富经验和高度责任感的师资队伍；通过与企业的合作，为学生提供更多的实践机会和就业渠道，同时促进教师和企业之间的交流与合作；本研究将探索如何建立多元化的评价体系，关注学生的知识掌握程度、实践能力、团队协作能力、沟通能力等综合素质的评价；同时，通过奖励制度、荣誉证书等方式，激发学生的积极性和创造力。

本研究的核心问题是如何通过项目驱动的方式，实现高校口译人才的半职业化培养。力求解决一系列问题，例如，如何有效地将实践教学与理论教学相结合？如何优化课程设置和整合教学资源以适应口译人才培养的需求？如何加强师资队伍建设以提高教师的教学和实践能力？如何加强校企合作以提供更多的实践机会和就业渠道？如何建立多元化的评价体系和激励机制以全面客观地评价学生的学习成果并激发他们的积极性和创造力？通过解决这些问题，本研究期望能够为高校口译人才的培养提供一种新的思路和方法，培养出更多优秀的口译人才，满足社会对口译人才的需求。同时，也期望能够为其他相关领域的人才培养提供一定的借鉴和参考。

二、高校口译人才培养现状分析

(一) 高校口译人才培养模式概述

高校口译人才培养模式是为了培养专业的口译人才而建立的一种系统性的教学方式。这种模式的目标是提高学生的口译能力和职业素养，使他们能够胜任各种国际交流和商务场合的口译工作。

高校口译人才培养模式主要关注的是如何有效地培养具备专业口译技能的人才。这一模式涉及一系列教学活动和过程的总和，包括培养目标、课程设置、教学方法、教学资源、师资队伍和实践环节等。首先，培养目标是核心。它通常包括对学生在语言技能、专业知识、综合素质等方面的要求，旨在培养出具备全面能力的口译人才，能够适应国内外对口译人才的需求。其次，课程设置是关键。它应该系统地涵盖语言基础、翻译理论、口译技巧和跨文化交际等方面的知识。这些课程旨在为学生提供坚实的语言基础和翻译理论知识，同时培养他们的口译技能和跨文化交际能力。再次，实践教学是提高学生实战能力的关键环节。通过模拟会议、实地考察和实习等方式，学生可以在真实的口译场景中锻炼自己的技能，提高应对突发状况的能力。然后，师资队伍建设也是高校口译人才培养模式的重要组成部分。高校需要聘请具有丰富口译经验和教学经验的教师，他们能够为学生提供高质量的教学和指导，帮助学生掌握口译技能和提高专业素养。最后，质量评估与反馈是保障。高校需要建立有效的质量评估体系，通过对学生学习过程和成果的评估，及时发现问题并改进教学方法和课程设置，以提高教学质量和人才培养水平。

高校口译人才培养模式是一个系统性的工程，需要高校从多个方面入手，注重实践教学和技能训练，加强师资队伍建设和实践基地建设，不断提高教学质量和人才培养水平。同时还需要不断探索和创新，以适应市场需求和时代发展的变化。英语口译教学要对学生的创新能力以及英语学科综合素养技能进行重点的教学，提高口译教学的质量。以培养学生技能为主导，培养学生的双语能力，拓展学生知识的边界，培养综合素质过硬的人才(任文，2018)。

(二)当前高校口译人才培养的问题与挑战

当前高校口译人才培养存在的问题主要包括培养目标与市场需求脱节、课程设置不够合理、实践教学环节薄弱、师资力量不足以及质量评估体系不完善等。这些问题导致了学生实战经验不足、适应能力差、就业竞争力不强等问题。

其中，培养目标与市场需求脱节是当前高校口译人才培养突出问题之一。许多高校口译专业的培养目标过于宽泛，缺乏针对性，导致学生掌握的技能与市场需求不匹配。课程设置不够合理也是影响口译人才培养质量的重要因素。一些高校过于注重理论教学，忽视了实践教学的重要性，导致学生缺乏实际操作能力和应对突发状况的能力。

另外，师资力量不足和实践教学环节薄弱也是当前高校口译人才培养面临的挑战。由于缺乏具有丰富口译经验和教学经验的教师，一些高校口译专业的教学质量难以得到保障。同时，由于实践教学环节的缺乏，学生无法在真实的口译场景中锻炼自己的技能，提高应对突发状况的能力。

近年来翻译技术的发展不仅模糊了口译与笔译之间的界限，同时模糊了传统语际翻译与符际翻译的界限(Baker，2018；Bassnette，2014；Dam et al.，2019)。翻译实践的变化带来翻译形式的变化，翻译形式的变化对翻译人才培养带来了新的挑战(刘霞等，2018)。与此同时，翻译技术的发展逐步取代部分人工翻译。有学者指出"各类翻译软件、手机翻译 App、翻译机以及翻译辅助工具正在取代部分简单、重复和规律性的中低端口笔译工作"。这都为高校口译人才培养提出了新的挑战(刘和平，2005)。

(三)国内外口译人才培养模式比较研究

在国内，口译人才培养主要依赖于高等教育机构，如大学或学院。在国外，口译人才培养模式也以高等教育机构为主，但相较于国内更注重实践教学。总的来说，在以下几个方面存在差异：

教育理念：国内口译人才培养通常注重理论教学，强调知识的系统性和理论性，强调语言知识的学习和翻译技能的训练，注重培养学生的综合素质。学生在课堂上学习翻译理论、翻译技巧和语言知识，并通过大量的练习和实践来提高口译能力。此外，中国的口译人才培养模式还注重培养学生的跨文化交际能力，以适应国际交流的需要。而国外则更注重实用性和市场需求，强调培养学生的实际操作能力和创新思维。通常，学生需要在导师的指导下完成真实的翻译项目，通过实践提高口译能力。国外的口译人才培养模式还注重培养学生的创新能力和批判性思维，以提高学生的综合素质。

教学方法：国内多采用传统的讲授式教学，注重知识的传授和理论的讲解。而国外则更倾向于采用项目式学习、案例分析、讨论等互动性强的教学方法，鼓励学生主动参与和探索。

教学资源：国内的教学资源相对有限，教材和教学内容的更新速度较慢。而国外的教学资源相对丰富，教师可以根据市场需求及时更新教学内容，学生也有更多的机会接触真实的翻译项目。

师资队伍：国内的口译教师多毕业于高校翻译专业或英语语言文学专业，具有扎实的语言基础和翻译理论知识，但实践经验相对较少。而国外的口译教师则多具有丰富的口译实践经验，能够为学生提供实际的指导和建议。

实践教学：国内虽然也开始重视实践教学，但与国外相比，实践教学的比例和深度仍有待提高。国外的实践教学更为成熟，学生有更多的机会参与真实的口译任务中，从而提高自己的实际操作能力。

评估与反馈：国内的评估体系相对单一，多以考试和作业为主。而国外则更注重过程评估和反馈，教师会根据学生的表现及时给予指导和建议。

与行业合作：国内与翻译行业的合作相对较少，学生缺乏与行业对接的机会。而国外的高校与翻译公司、政府机构等合作密切，为学生提供了更多的实习和就业机会。

三、项目驱动下的高校口译人才半职业化培养模式构建

（一）项目驱动教学的理论基础

项目教学法是一种以学生为中心的教学方法，它是指教师在课堂上引入一个相对独立的项目，交由学生自己处理。信息的收集、方案的设计、项目实施及最终评价，都由学生自己负责。学生通过该项目的进行，了解并把握整个过程及每一个环节中的基本要求。

项目教学法是师生共同完成项目，共同取得进步的教学方法。它突破了传统教学方式中注重体系化、全面化知识的传授，以教师为中心的局限性。它强调的是多项任务的集合，而非简单相加，项目难度的层级性特征更好地满足了水平不等的学习者的个体差异。

项目教学法最显著的特点是"以项目为主线、教师为引导、学生为主体"，具体表现在：目标指向的多重性；培训周期短，见效快；可控性好；注重理论与实践相结合。口译是"跨语言和跨文化的交际活动"（刘和平，2005）。"项目教学法"（Project-based Learning）能为口译实践提供所需的真实或逼真的语境和情景。教育家杜威在厘清传统教学理念和激进教学理论的利弊之后，阐述了"体验"的教育哲学，把教育看作"人生体验"（life experience），鼓励在具有连续性和互动性的教学项目中让学生掌握进入社会后所需的技能。

（二）半职业化培养模式的内涵与特点

1. 内涵

半职业化培养模式是一种介于传统学校教育与职业培训之间的教育模式，旨在为学生提供职业技能和实际工作经验，以满足行业需求。

职业化培养模式通常是由学校和企业共同参与，通过校企合作的方式实施。学生不仅要在学校接受系统的职业教育，还需要在企业进行实习和实践，以获得真实的工作环境体验。半职业化模式则可能更多地在学校内部进行，或者通过与企业的短期合作来实现。学生主要在学校接受职业知识和技能的教育，然后通过一定的实践环节来巩固和应用所学知识。

半职业化培养模式强调学生职业技能的培养，通过实践教学和校企合作等方式，使学生掌握实际工作所需的知识和技能，提高就业竞争力。同时，半职业化培养模式也注重学生综合素质的培养，如团队合作、沟通能力等，以适应现代社会对人才的需求。

2. 特点

针对性强：半职业化培养模式的目标是培养学生的职业技能和素质，因此其课程设置、教学内容和方法都具有很强的针对性，能够满足行业和企业的需求。

实践性强：半职业化培养模式注重实践技能的培养，通过模拟实际工作场景、校企合作等方式，使学生能够在实际操作中掌握技能，提高动手能力。

灵活性高：半职业化培养模式可以根据行业和企业的需求进行调整和优化，灵活性高，可以及时适应市场需求的变化。

教育与就业结合紧密：半职业化培养模式将教育与就业紧密结合，通过校企合作、实习实训等方式，为学生提供就业机会和职业规划指导，有利于学生的职业发展。

（三）项目驱动下的高校口译人才半职业化培养模式构建

吉尔（2018）认为："职业化翻译革新了人们的翻译观念，对职业翻译来说，翻译活动更多地依赖于意图、利益和权力关系，远远超出单纯的语言问题。"熊兵（2011）曾指出："美国的翻译教学通常具有比较明确的目的，翻译在美国普遍被视为是一种谋生的职业，而并非一种单纯的技能。"项目驱动下的高校口译人才半职业化培养模式构建是一个创新的教育理念，旨在通过结合实际项目，使学生能在学习过程中更好地接触和体验职业环境，从而为其未来的职业生涯作好准备。

1. 明确培养目标和定位

首先，需要明确口译人才的培养目标和定位。高校口译人才应具备扎实的语言基础、广泛的领域知识、灵活的应变能力和良好的职业素养。半职业化培养模式旨在为学生提供更加贴近职业需求的学习和实践机会，使其能够更好地适应未来的职业发展。

2. 设计项目驱动的教学模式

在项目驱动的教学模式下，口译课程应以真实或模拟的口译项目为载体，通过任务引领、问题导向等方式组织教学。学生需要在完成项目的过程中，主动探索、学习和实践口译技能，培养解决实际问题的能力。

3. 构建多元化的课程体系

为了培养学生的综合素质和口译能力，需要构建多元化的课程体系。这包括基础语言课程、领域知识课程、口译技能课程和实践课程等。同时，可以引入行业专家、职业口译员等作为客座教授或讲师，为学生提供更加贴近职业需求的教学内容和经验分享。

4. 加强实践教学和校企合作

实践教学是口译人才培养的重要环节。高校可以与企业、政府机构等合作，建立实践基地或实习平台，为学生提供真实的口译实践机会。同时，可以邀请职业口译员或行业专家参与实践教学，为学生提供指导和帮助。

5. 完善评估机制和反馈体系

评估机制和反馈体系是口译人才培养的重要保障。高校需要建立完善的评估机制，对学生的口译能力、学习成果等进行全面、客观的评估。同时，需要建立有效的反馈体系，及时向学生提供有针对性的反馈和建议，帮助其改进和提高口译能力。

6. 注重职业素养和人文关怀

除了专业技能的培养，还需要注重学生的职业素养和人文关怀。高校可以通过开设职业素养课程、组织职业规划和就业指导等方式，帮助学生树立正确的职业观念和价值观，提高其职业道德和责任感。同时，需要关注学生的个人成长和发展，为其提供必要的人文关怀和心理支持。

四、完善高校口译人才半职业化培养模式的建议与对策

(一)加强实践教学体系建设

1. 制定实践教学计划：在课程设计中，应将实践教学纳入教学计划，明确实践教学的目标、内容、方式和时间安排。确保实践教学与理论教学有机结合，相互补充。

2. 丰富实践教学形式：除了传统的模拟会议、角色扮演等形式，还可以引入线上实践平台、口译工作坊、口译比赛等多样化的实践教学形式。这些形式可以更好地激发学生的学习兴趣，提高参与度。

3. 加强实践指导：建立专业的实践指导团队，对学生的实践过程进行全程跟踪和指导。在实践中发现问题，及时给予反馈和建议，帮助学生提高口译技能。

4. 建立实践教学评价体系：制定科学的实践教学评价体系，对学生的实践成果进行客观、全面的评价。评价应注重实际效果，鼓励学生发挥主观能动性，提高实践能力。

5. 拓展实践教学资源：与相关行业、企业建立紧密的合作关系，争取更多的实践教学资源。同时，利用高校自身的优势，开展多种形式的口译实践活动，为学生提供更多的实践机会。

6. 完善实践教学条件：投入必要的人力和物力资源，建设先进的口译实训室、模拟会议室等实践教学设施。确保实践教学设施与实际工作环境相匹配，为学生提供良好的实践环境。

7. 加强师资培训：鼓励教师参加口译实践、培训和学术交流活动，提高教师的实践教学能力。同时，邀请行业专家为教师进行培训和指导，提升教师的实践指导水平。

8. 创新实践教学管理机制：优化实践教学管理流程，建立实践教学管理信息系统，实现实践教学资源的共享和有效利用。同时，制定相应的激励措施，鼓励师生积极参与

实践教学活动。

（二）优化课程设置与教学资源整合

1. 课程设置

设置语言基础、口译基础、跨文化交际等课程，为学生打下扎实的语言和口译基础。针对口译涉及的领域，开设相关专业课程，如商务、法律、科技等，帮助学生了解相关领域的知识。开设高级口译、交替传译、同声传译等课程，提高学生的口译技能水平。设置口译实践、模拟会议等实践课程，为学生提供真实的口译实践环境。开设丰富的选修课程，如翻译理论、文化交流等，以满足学生的个性化需求。

2. 教学资源整合

选择理论与实践相结合的教材，注重实际应用和职业技能培养。同时，根据行业发展动态和市场需求，及时更新教材内容。充分利用数字化教学资源，如在线课程、学习平台、模拟软件等，为学生提供便捷、高效的学习方式。与相关行业、企业合作，共享实践教学资源，如实习基地、行业专家等。同时，邀请企业专家参与课程设计、教学评价等活动，提高教学质量。投入必要的人力和物力资源，建设先进的口译实训室、模拟会议室等实践教学设施。确保实践教学设施与实际工作环境相匹配，为学生提供良好的实践环境。积极引进具有丰富口译经验和教学经验的教师，同时鼓励教师参加各种口译实践活动和培训课程，提高教师的实践教学能力。

（三）加强师资队伍建设与校企合作

1. 加强师资队伍建设

积极引进具有丰富口译经验和教学经验的教师，提高教师队伍的整体水平。定期组织教师参加口译实践、培训和学术交流活动，提高教师的实践教学能力。鼓励教师与行业专家进行交流，了解行业动态。制定激励措施，鼓励教师参与口译实践活动和教学改革，提高教师的积极性和创新能力。同时，建立科学的教师评价机制，对教师的教学质量进行客观、全面的评价。

2. 深化校企合作

王章豹等学者指出："广义的产学合作是指高等院校与企业在人才培养、科学研究、技术开发、生产经营以及人员交流、资源共享、信息互通等方面所结成的互利互惠、互补互促的联合与协作关系。"（刘霞等，2018）校企合作的本质是产教融合、校企合作，即企业生产和学校教育培训的一体化。这种模式旨在将生产和教学密切结合，提高学生的技术技能水平，并为企业培养符合市场需求的高素质技术技能人才。具体来说，校企合作是一种教育模式，通过学校和企业两个不同的异质主体共同培养人，是职业教育办学的必由之路。一方面，职业学校应了解、顺应、熟悉企业，和企业结成紧密的人才培养共同体，联手打造企业应需切用的人才；另一方面，企业有学校所短缺或紧缺的异质资源，只有与企业合作，才能利用这些资源办出特色。

合作模式多样化：高校应与相关行业、企业建立多种形式的合作关系，如项目合作、实习基地建设、产学研一体化等。通过多样化的合作模式，为学生提供更多的实践机会和就业渠道。

实践教学资源共享：高校与企业可以共享实践教学资源，如实践教学设施、行业专家等。高校可以利用企业的资源优势，提高学生的实践能力和市场适应能力；企业则可以通过高校的人才培养，获得符合市场需求的高素质口译人才。

校企合作课程开发：高校与企业共同开发口译课程，将行业标准和实际需求融入课程设计，提高课程的实用性和针对性。同时，企业可以提供实际口译案例和项目，供学生在实践中学习和应用。

实习与就业：高校与企业建立稳定的实习基地，为学生提供实地实习的机会。通过实习，学生可以了解实际工作环境，提高自己的实践能力。同时，企业也可以通过实习选拔优秀人才，为学生提供就业机会。

反馈与调整：高校与企业应保持密切的沟通与反馈，根据市场需求和行业变化及时调整人才培养方案和实践教学内容。通过反馈和调整，不断完善校企合作模式，提高口译人才培养质量。

（四）建立多元化的评价体系与激励机制

1. 多元化的评价体系

评价主体多元化：除了教师评价外，引入企业、行业专家、学生自评和互评等多元评价主体。企业评价学生的实践表现和职业素养，行业专家评价学生的口译技能和行业知识，学生自评和互评则可以促进自我反思和学习交流。

评价内容多元化：除了传统的考试和作业评价外，还应关注学生的实践能力、团队协作能力、创新能力、沟通能力和职业素养等多个方面。这些能力在口译工作中尤为重要，因此应成为评价的重要内容。

评价方式多元化：采用多种评价方式，如考试、实践考核、作品评定、口头报告、项目评估等。根据不同的培养目标和课程内容，选择合适的评价方式，以全面客观地评价学生的学习成果。

过程与结果并重：关注学生的学习过程和进步，将形成性评价与终结性评价相结合。形成性评价关注学生的学习过程和成长，提供及时反馈和指导；终结性评价则是对学生学习成果的全面评估。

反馈与改进：及时向学生提供评价反馈，帮助学生了解自己的优点和不足，指导他们制定改进计划。同时，鼓励学生对评价方式提出意见和建议，以促进评价体系的不断完善。

2. 激励机制

奖励制度：设立奖学金、优秀学生奖、实践成果奖等奖励制度，以表彰在学习、实践和团队协作等方面表现优秀的学生。通过奖励激发学生的积极性和创造力。

荣誉证书：为学生颁发荣誉证书，肯定他们在口译实践、志愿服务等活动中的表现和贡献。荣誉证书可以提高学生的自信心和参与度。

校企合作项目：通过校企合作项目，为学生提供更多的实践机会和就业渠道。企业可以通过项目合作选拔优秀人才，学生则可以通过项目积累实践经验和提升职业素养。

实践成果共享：鼓励学生将实践成果进行分享，如通过实践报告、案例分析等。通过分享交流，可以提高学生的口译技能和表达能力，同时也可以促进学习共同体的形成。

教师与企业的激励机制：对于在口译实践教学和企业合作中表现优秀的教师和企业，也应给予相应的奖励和表彰。这样可以提高教师和企业的积极性和参与度，进一步推动口译人才培养的合作与发展。

五、结论与展望

本研究成功地构建了一种项目驱动下的高校口译人才半职业化培养模式，突破了传统培养模式的局限性。该模式注重实践能力的培养，强调校企合作和资源整合，为口译人才的培养提供了新的思路和方法。学生在该培养模式下取得了丰硕的实践成果，包括参与国际会议、商务谈判、文化交流等口译实践项目。这些实践经验提高了学生的口译技能和市场适应能力，为学生未来的职业发展奠定了坚实基础。同时，教师的实践能力和教学水平得到了提升，企业的参与度和贡献也显著增加。这种模式促进了教师与企业的深度合作，实现了资源共享和优势互补。此外，本研究还建立了多元化的评价体系和激励机制，旨在全面客观地评价学生的学习成果，激发学生的积极性和创造力。

虽然本研究取得了一定的成果，但仍存在一些不足之处。首先，校企合作深度有待加强，实践教学资源的整合和利用仍有很大的提升空间。其次，评价体系和激励机制还需进一步完善，以更全面地反映学生的综合素质和实践能力。未来研究可以进一步深化校企合作模式，拓展实践教学资源，加强国际交流与合作，完善评价体系和激励机制等。最后，还需要关注行业发展和市场需求的变化，持续优化口译人才培养方案，以培养出更多优秀的口译人才。

未来研究在项目驱动下的高校口译人才半职业化培养模式方面仍有广阔的发展空间。通过持续优化培养模式、强化校企合作、完善评价体系与激励机制、关注技术创新应用、加强跨学科融合与国际化视野、加强教师队伍建设与培训以及加强实证研究与实践反馈等方面的研究与实践，有望培养出更多优秀的口译人才，满足社会对口译人才的需求。

参 考 文 献

[1]Baker, Mona. *In Other Words: A Coursebook on Translation（3rd Edition）*[M]. London & New York: Routledge, 2018.

[2]Bassnette, Susan. *Translation*[M]. London and New York: Routledge, 2014.

[3]Dam, H. V., Brogger, M. N. & Zethsen, K. K. Moving boundaries in translation studies[C]. New York and London: Routledge, 2019.

[4]Dewey J. *Experience and Education*[M]. New York: Simon & Schuster, 1997.

[5][法]达尼尔·吉尔. 笔译训练指南[M]. 刘和平等，译. 北京：中国对外翻译出版公司，2008.

[6]梁敏娜. 基于项目教学法的口译实践教学探究[J]. 海外英语，2021(17)：52-54.

[7]刘和平. 口译理论与教学[M]. 北京：中国对外翻译出版公司，2005.

[8]刘和平，雷中华. 对口译职业化+专业化趋势的思考：挑战与对策[J]. 中国翻译，

2017，38（4）：77-83.

[9]刘霞，刘永志，贺晓荣．论应用型口译人才校企合作培养创新模式[J]．英语广场，2018（5）：57-59.

[10]任文．新时代语境下翻译人才培养模式再研究：问题与出路[J]．当代外语研究，2018（6）：92-98.

[11]申媛媛．基于技能培养的高校英语口译教学策略探讨[J]．海外英语，2021（15）：206-207.

[12]熊兵．中美翻译教学比较研究[J]．外语界，2011（1）：87-96.

知识翻译学视域下文学文本的英译比较研究

陈 露

（武汉文理学院）

知识翻译学是翻译界的一个崭新的理论，上海交通大学的杨枫教授在他主编的《当代外语研究》2021 年第 5 期和第 6 期撰写了两篇"卷首语"，分别为"知识翻译学宣言"和"翻译是文化还是知识？"，拉开了对知识翻译学进行系统研究的序幕，此外，杨枫教授还在《当代外语研究》上组织专栏(如 2022 年第 1 期)，邀请相关的学者从不同的角度阐释对知识翻译学的理解，进一步充实和拓展了知识翻译学。笔者通过阅读专家的相关观点，结合自身的翻译实践，对知识翻译学进一步阐释。

一、知识翻译学的相关阐释

在翻译界，认识与界定翻译的核心术语历来很多，如语言、文化、符号、意义、信息、内容、思维、跨文化交际，但很少有从知识(论)的角度对其进行深入论述。杨枫(2021)教授认为："人类翻译史就是知识翻译史，唯有知识是一切翻译实践中每个元素都受其驱动的最基本的原动力。""知识就在于使语言与语言发生关系，在于恢复词与物的巨大的统一平面，在于让一切东西讲话。"(福柯，2020)知识就是不同语言之间互相定位、相互阐释和互相影响的翻译实践。知识本身是物质和精神的文化，文化又因为知识的积累和目的在本质上属于知识。过去的翻译世界里，知识一直久客思归，而文化一直鸠占鹊巢，于是翻译成为被放逐的无根游子。现在，知识返本还源，翻译不但焕发精神气质，还同时拥有逻辑法则：以真求知、以善立义、以美行文，翻译终于从技术走向学术，从艺术走向科学。笔者认为，从知识论的角度看待翻译，翻译的原文存在于一个特定的知识背景，这个知识背景包括文化、语法、语音、语境等多个方面，那么译文也需要符合译入语的知识背景。翻译是在一定的情景下，让两种语言尽可能符合各自知识背景的一种对等语言的转化活动。

二、知识翻译学视域下文学文本的英译比较研究

在对知识翻译学的理论有一个整体了解后，笔者选用几例在日常教学中积累的教学素材探讨知识翻译学视域下文学文本的英译。

（一）原文："当大多数人都在关注你飞得高不高的时候，只有少数人关注你飞得累不累。"我们来比较两个版本的译文：

译文 1：When many care about the height you fly to, very few care about the agonies you've been through.

译文 2：While many are worried about the height you can reach, a few others are waiting to see your tiredness.

分析：在知识翻译学的视域下，从知识生产出发，可以重新认识翻译的本质和价值，将翻译定义为知识迁移、话语重构和价值创造；可以重新看待原文和译文的关系，解构原作的权威，肯定译者的主体性、能动性。以此为例，译者根据不同的思考角度，对原文进行了两种不同的处理，译出来的语言风格和色彩均不一样，译文 1 风格正面积极，译文 2 风格相对负面，在翻译角度和风格上有所不同，那么用词也有所不同，原文里的"关注"，译文 1 翻译的是"care about（关心、在意、重视）"，译文 2 翻译的是"are worried about（忧虑，因为可能会发生不好的事情）"，很明显用词的语义不一样。"关注你飞得累不累"，译文 1 翻译为"care about the agonies you've been through（关心你所经历的痛苦）"，"agonies"表示"极度痛苦、折磨"，"have been through"表示"经历过"，从这里可以看出他人对你的疼惜和心疼。而译文 2 翻译为"are waiting to see your tiredness（等着看你的疲倦）"，给人一种冷眼旁观，想看人笑话或者看人出丑的负面情绪。同一句话，翻译角度不一样，那么译文的风格、语言色彩、语境都是不一样的，这两种译法各有各的优点，没有好坏之分，这就是翻译的乐趣所在。

（二）**原文**："**如果所有人都理解你，那你得普通成什么样子？**"我们来比较两个版本的译文：

译文 1：If everyone understands you, what do you have to be ordinary like?

译文 2：If you are an easy book to everyone, you have nothing unusual to note.

分析：李瑞林（2015）指出："知识联结是第一性，语言转换是第二性，语言转换是翻译的表象特征，知识联结是翻译的内在特性。翻译是译者以始发语的显性知识为起点，重构、整合、组织隐性知识资源，以目标语为依归，实现知识再语境化的过程。"本例中，译文 1 采用了直译的方法，表达了原文的意思，但是缺乏美感，让人读起来没有什么独特的感觉，很普通。译文 2 则独具匠心，别具一格地运用了类比的修辞手法，根据"人去理解你"的这项活动联想到了"阅读书籍时做笔记"，当一个人比较独特或者有一些特点时，其他人会有兴趣去理解你，而人在阅读书籍时，一般在感兴趣的地方或者独特的地方会去做笔记，这两个活动的联想是非常巧妙的，译文 2 读起来让人觉得很巧妙，很有意思，达到了"知识再语境化的过程"。

（三）**原文**："**等日落西山，等冬去春来，等尘埃落定。**"我们来比较一下两个版本的译文：

译文 1：Waiting for the sun to set in the western mountains;

waiting for winter to pass and spring to come;

waiting for the dust to settle.

译文 2：Be there when the sun sets west;

Be there when spring catches winter's heel;

Be there when all is set well.

分析："自我知识"是可以解释"自己心智状态的知识"，也可以指主体对自己当下的感觉、经验、思想和命题态度的理论，认为主体以第一人称观察自己的心智方面，具有权威性。译者可以借鉴相关技术提高翻译反思能力，将个体知识与自我知识结合，对自己的能力、性格、感受或动机的认识或理解，以便更有效地自我认知、自我体验和自我调节或自我控制。比较两个版本的译文，"等"字的翻译，译文 1 译为"Waiting for"，译文 2 译为"Be there"，前者给人一种动态的感觉，后者给人以静态之感，这句话表达的是人在事物发展过程中，要怀有一种安静的期待，最终会有好的结果到来。特别是"冬去春来"这里，译文 2 翻译为"spring catches winter's heel（春天抓住冬天的脚跟）"，译文运用了拟人的修辞手法，让"春"和"冬"都具有了生命力，非常生动形象。整体看来，译文 2 从表达、可读性、美的享受等方面可视为更好的译文。

三、结语

知识翻译学是近两年来翻译领域的新理论，对"知识翻译学"的定义、应用和实践等有待进一步深入探究。现在进入数字化时代，知识生产和传播更加迅速，翻译在知识迁移、文化更新、社会变革中的中介性、协商性作用更加凸显，也引发了越来越多的关注。本文将知识翻译学结合笔者教学实践中的案例，进行分析比较，输出观点，为广大翻译教师和研究者提供参考。

参 考 文 献

[1]杨枫. 知识翻译学宣言[J]. 当代外语研究，2021(5)：2，27.
[2][法]米歇尔·福柯. 词与物——人文科学的考古学[M]. 莫伟民，译. 上海：上海三联书店，2020.
[3]李瑞林. 关于翻译终极解释的知识论探索[J]. 东方翻译，2015(3)：9-11.

课程思政视角下的口译笔记法教学探讨

高子惠

（武汉文理学院）

一、引言

口译笔记法教学在口译课堂中具有重要的地位和作用，合理的口译笔记方法可以帮助口译员在口译过程中迅速准确地记录信息，辅助记忆和指导口译，提高口译效率。通过训练口译笔记技巧，口译员可以更快地理解源语言信息，并将其转化为目标语言表达，从而提高口译速度和质量。

二、口译笔记法的功能和特点

口译笔记的基本功能是记录口译过程中的信息。口译员需要迅速准确地记录源语言中的重要信息，以便后续口译时参考和运用。虽然说口译短期记忆主要是"七分脑记，三分笔记"，但口译笔记可以作为口译员的辅助记忆工具，帮助口译员记住长段话或复杂信息，避免遗漏或遗忘关键内容，同时有条理、有逻辑的口译笔记，能帮助口译员把握口译进度和内容，提高口译的流畅性和准确性，减少口译过程中的思考时间，提高口译速度和质量。

口译笔记应该简洁明了，结构清晰，重点突出，且适应自己的口译风格特点。口译笔记通常采用简洁明了的符号和缩写，以便口译员快速记录和查阅。同时应该尽量简洁，避免过多的文字和细节，以便口译员能够快速准确地理解和运用。此外，口译笔记应该具有清晰的结构，以便口译员能够清晰地区分和理解各部分内容，准确把握信息的重点和关联。口译笔记方法具有灵活多样的特点，口译员可以根据自己的习惯和口译场景的特点选择合适的笔记方法和符号，以确保口译笔记的有效性和实用性。

口译笔记不仅是记录信息的工具，更是促进口译思维的重要途径。口译笔记可以帮助口译员分析和理解源语言信息的结构和逻辑，把握信息的重点和关联，培养口译员的逻辑思维和分析能力。口译笔记可以作为口译员的记忆训练工具，帮助口译员提高对口译内容的记忆和理解能力。通过合理的口译笔记方法，口译员可以将口译内容以简洁明了的方式记录下来，便于口译员在口译过程中回顾和运用，从而加强口译内容的记忆和理解。在一些复杂的口译场景中，口译笔记尤为重要。例如，会议口译、法庭口译等场景中，信息量大，内容复杂，口译员需要借助口译笔记快速准确地记录和理解信息，以应对复杂的口译任务（马晨晨，2024）。因此，加强口译笔记法教学，培养学生的口译笔记技巧和能力，是口译教育中的重要任务之一。

三、口译笔记法教学中存在的问题与应对策略

(一)口译笔记法教学中存在的问题

在接触笔记法符号体系过程中，学生需要掌握并系统地记忆笔记符号，建立起听到某些概念能写下对应符号的神经反射。但这个过程需要长时间的重复训练，高校有限的口译课时明显不够，学生课后自主练习的热情相对缺失，练习效果较差同时，部分学生的笔记中过度依赖速记符号和缩写，而忽略了笔记的结构和逻辑，导致笔记过于杂乱，难以理解和运用，在口译过程中缺乏整体把握能力，无法准确把握信息的关键点和逻辑关系。此外，片面地追求笔记速度可能导致笔迹较差，笔记的可读性差使得学生在口译过程中难以理解自己的笔记，从而影响口译的准确性和流畅性(陈菁、王思思，2022)。

输入方面，部分学生在源语理解方面存在问题，尤其体现在英译中。对英文的听力理解能力欠缺会导致学生将精力更多地分配给听力理解，这样分配给短期记忆和笔记法还有翻译的精力就会减少。这样会存在没听懂时不知道记什么，以及记了一堆零散的信息却依然没听懂整体大意的现象。而且，口译对即时性要求高，当发言人话音刚落后三秒内口译员需要开始翻译，但部分同学在发言结束后依然在记笔记，导致口译不及时。

(二)应对策略

针对这些问题，平时课堂口译教学中，还是优先以脑记为主，以笔记为辅，增加注意力分配练习。针对听到内容反应对应符号速度慢的问题，可以在笔记中增加缩写的比例，减少特殊符号的运用。同时加强结构与逻辑方面的记忆训练。

重视课堂笔记演示和讲解，采用同一套笔记体系进行训练，在训练过程中让学生探索自己个性化的表达，注重系统性和个性化之间的平衡。并且加强督促学生进行课后练习，加强对口译符号的快速反应。同时也要调整学生心态。笔记法的学习是一个有难度并且循序渐进的过程，部分同学有畏难情绪，对笔记法接受程度较低，对这种学生可以鼓励其多用缩写，减少符号的记忆与转换压力。在最开始练习笔记法的过程中，可以引入文本，对着文本分析逻辑和结构，试着对着文本写出自己较为理想的笔记。再听音频练习笔记速度和节奏(杨浩浩，2019)。

四、笔记法教学的思政融合

课程思政是培养学生正确的思想政治观念和道德观念的重要途径，有助于学科发展与思想政治教育相结合，促进学科建设和学科教学质量的提升。在英语教学课堂中，通过课程思政，学校可以引导学生树立正确的国际化视野和跨文化意识，培养学生尊重多元文化、民族团结、国家尊严的价值观念。引导学生在英语教学中更深入地了解外国文化、历史、习俗等内容，增进中外学生之间的文化交流与理解，促进国际友谊和文明互鉴，培养学生的国际合作意识和国际竞争意识，激发学生的社会责任感和国际担当，培养适应全球化时代的人才。课程思政在英语教学中的重要性体现在促进学生价值观培养、促进国际交流与理解、强化国际意识与责任感、提升学生综合素质和拓展国际交流渠道等方面。

在口译材料选择方面，可以选择与国家政策、发展规划等相关的材料作为口译练习

材料，让学生了解国家发展方向和政策取向，培养爱国主义情怀和社会责任感。选取国际热点事件的报道，可以让学生了解国际形势和国际关系发展动态，培养全球意识和国际担当。选取关注社会问题的报道，可以引导学生关注社会热点和社会问题，培养社会责任感和人文关怀。选取具有文化内涵的材料，可以让学生了解中华优秀传统文化，增强文化自信和民族自豪感。

在口译笔记法方面，可以针对一些有中国特色的表达设计对应的缩写，如中国特色社会主义，可以记为"中 * S"；中国共产党，直接记缩写"CPC"等，并且固化下来。选用相关材料进行强化训练。这样在口译训练中潜移默化地熟悉思政内容。同时，对于固定的一些术语和特色词汇提前做好术语表(glossary)，熟记常见表达的缩写，从而提升口译输出时的转换效率。

五、小结

口译笔记法在口译过程中扮演着十分重要的角色。在课程思政的理念下，口译笔记法教学中引入思政内容可以促进学生价值观培养，促进国际交流与理解，强化国际意识与责任感，提升学生综合素质。论文还提出了一些教学策略和方法，如选取带有思政内容的口译练习材料，设计固定的缩写及符号，以提高口译教学的训练效果和思政教育效果。

参 考 文 献

[1]陈菁，王思思. 信息技术辅助下的过程导向型口译笔记教学——基于准实验与访谈的混合研究[J]. 中国翻译，2022，43(3)：81-88.
[2]马晨晨. 新时代高校口译笔记法教学研究[J]. 英语广场，2024(3)：102-105.
[3]杨浩浩. 高校口译笔记法教学经验与反思[J]. 长春工程学院学报(社会科学版)，2019，20(3)：149-152.
[4]张君. 交替传译中的笔记教学探究[J]. 海外英语，2023(7)：49-51，55.

目的论视角下法语新闻汉译翻译技巧探究

——以《与时俱进汉法双向翻译词典》为例

阙思雨　杨晓燕

（云南大学）

一、引言

在全球化背景下，世界各国之间的经济文化交往日益增长。新闻是了解各国资讯的重要途径，不仅及时传达了国际社会的最新动态，而且为公众了解全球事务提供窗口。因此，新闻翻译的准确性与时效性显得尤为重要。随着中国与全球文化交流的深度和广度不断增加，公众对国际新闻翻译的需求也日益增长，如何有效地将这些信息传递给本国公众，成为了新闻译者需面临的关键挑战。

不同于文学作品等其他类型的翻译，新闻类文本的汉法互译过程面临着其特有的问题和挑战。这些挑战不仅来源于中文和法语在句法结构和表达习惯上的差异，还因两国文化背景的不同，某些专有名词和具有中国特色的词汇的翻译显得尤为棘手。本文以《与时俱进汉法双向翻译词典》中的新鲜新闻语料为基础，借助翻译目的论的理论框架，深入探讨在中法新闻翻译过程中遇到的具体问题，并提出相应的翻译技巧。

二、翻译目的论概述

翻译目的论（Skopos theory），由德国学者汉斯·弗米尔（Hans J. Vermeer）在 20 世纪 70 年代提出（杰里米·芒迪，2007）。目的论的核心观点是：译文由翻译的目的决定。弗米尔强调，在翻译过程中，译者应将目的语文化中读者的需求和期望置于优先位置，从而决定翻译策略的选择。翻译目的论首次明确提出读者在翻译活动中的核心地位，以及翻译目的在决定翻译策略中的关键作用。

翻译目的论主要依据三大基本原则：目的性原则、连贯性原则和忠实性原则。这三个原则构成了翻译目的论的理论基础，其中目的性原则居于核心地位，强调翻译活动必须围绕其预定的功能或目的来展开。按照目的性原则，翻译应当从目的语读者的视角出发，确保翻译结果能够有效地融入目标语言和文化的语境中。连贯性原则要求译文在语言和逻辑上保持内部连贯性，使得译文通俗易懂、逻辑清晰。而忠实性原则强调在保证语言连贯性的基础上，译文需要忠实于原文的意图和内容，但其忠实度的高低受到翻译目的以及读者对原文理解程度的影响（杰里米·芒迪，2007）。

在新闻翻译的实践中，由于缺乏统一的翻译模式，译者需要根据目标语言受众的具体需求和文化背景，灵活确定适宜的翻译策略。翻译目的论提供了理论指导，帮助译者在处理跨文化交流时，能够更加有效地考虑到受众的接受度和预期反应，从而采取合适的翻译策略。

三、新闻翻译的特点

新闻是及时公开传播、反映新近变动事实的信息。新闻的语言主要具有以下特点：

(一)准确性

新闻报道旨在传播事实，因此信息传达得要准确无误。在新闻翻译过程中，译者必须精确把握原文的信息，做到准确传达原文的含义，但可以根据目的语语境和读者接受度对译文进行一定的调整。译者需要具备良好的背景知识，能够正确理解和翻译涉及的专业术语和特定表达。

(二)客观性

新闻报道应保持客观，在进行翻译工作时，译者必须慎重考虑，避免加入个人主观判断，应当确保报道内容的客观性不受影响。在选择词汇时，译者必须仔细权衡词汇所带有的情感色彩，确保所选用的语言不仅准确传达原意，同时也保持了中性和客观的立场。

(三)时效性

新闻语言具有时效性，这要求新闻翻译不仅要质量高，还要速度快。这对译者的工作能力和效率提出了较高要求。译者需要通过不断实践和学习，提高自己的翻译速度的同时，保证翻译质量，确保信息能够及时准确地传递给受众。因此对新闻的翻译可以采取翻译目的论作为指导，以目的为导向，翻译时考虑目的语读者的角度，最大限度地精确传达原文意思。

四、目的论指导下法语新闻汉译译例分析

本部分译例选自《与时俱进汉法双向翻译词典》中的新闻语料和译文，具体分析目的论在新闻翻译过程中的指导作用，探讨新闻翻译中相应采取的翻译技巧。

(一)目的性原则

目的性原则是三大原则中的首要原则，翻译目的决定翻译策略，选用直译还是意译，抑或是二者相结合的翻译策略。新闻翻译的目的在于新闻信息的准确快速传达。新闻翻译需要符合译入语新闻书写规则，用词精准恰当。译者在翻译时除了要精准把握原文的含义，还应考虑读者的接受程度。

1. 增译法

由于中法两种语言在表达习惯上有所不同，法语原文中暗含的信息需要进行补充才确保能达到新闻表达准确无误的目的。

例1：

原文：Ce fut le mois d'octobre le plus chaud, jamais enregistré en France：17.2 degrés en moyenne dans le pays. L'eau est restée dangereusement chaude en Méditerranée.

译文：这是法国历史上最热的十月，全国平均气温高达17.2度。由此带来的后果是地中海水温过高，造成威胁。

译文对原文进行了增译和补充，将暗含的逻辑关系点明，若将原文直译为"这是法

国有史以来最热的十月，法国平均气温 17.2 摄氏度。地中海水温仍然保持高温水平。"，中文读者会感到"地中海水温居高"和前文提到"法国十月高温"联系突兀。

例 2：

原文：À Moscou, c'est plutôt avec circonspection qu'ont été reçus les propos du président français.

译文：莫斯科方面对法国总统这番言论的反应，更多地是持谨慎警惕态度。

例 3：

原文：Fruit d'une réflexion engagée fin 2019, l'institution de prospective attachée à Matignon propose la création d'une administration chargée de mettre en cohérence les politiques publiques et d'animer le débat public, crucial pour garantir le caractère «socialement et démocratiquement soutenable» des décisions prises.

译文：隶属总理府的该展望机构，按其 2019 年末启动的一项研究成果，提议创设一个行政机构，负责协调公共政策并主持公众辩论；而此辩论至关重要，能"在社会层面和民主程序方面"确保所做各项决定皆能站得住脚。

法文习惯以点带面，善用借代。例 2 中用 Moscou（莫斯科）来指代俄罗斯政府；例 3 中用 Matignon（马提翁宫）来指代法国总理府。此外，在法国的新闻报道还时常出现用 l'Élysée（爱丽舍宫）来指代法国的总统府，le Quai d'Orsay（奥赛码头）指代外交部，Paris（巴黎）指代"法国政府"等情况。例 2 中，如果直接译为"莫斯科对法国总统这番言论的反应……"；例 3 中译为"隶属马提翁的该展望机构"，由于中文读者对法语中此类修辞手法的联想性不强，会造成理解困难，可以在译文中具体补充为"莫斯科方面"和"隶属总理府的该展望机构"。

例 4：

原文：Pour compenser la fermeture de son parc nucléaire, Berlin a massivement développé le solaire et l'éolien sur son territoire.

译文：为填补所有核电站关闭造成的电力缺口，柏林当局在本国境内大力发展太阳能和风能。

法语原文中使用"compenser la fermeture de son parc nucléaire"，若直译应为"为了补偿所有核电站的关闭"，但在中文中"补偿关闭"是错误表达。应当是因为关闭了核电站而造成了能源缺口，政府为了补偿缺口，于是发展太阳能和风能。在翻译时使用增译法，把相关缺失的信息补充出来，保证译文句子具有可读性。

2. 归化策略

新闻报道为了引起读者的阅读兴趣，时常会出现新词和创新性的表达。在翻译时，为了在译入语中达到同样效果的目的，可以考虑归化策略，使用地道的中文表达译书原文的意思。

例 5：

原文：«Être méchant avec les méchants et gentil avec les gentils», Gérald Darmanin présente la future loi asile et immigration.

译文："以恶制恶，以善待善"，达尔马南介绍未来的《避难和移民法》时如是宣称。

本例中画线部分译为"以恶制恶，以善待善"，语言结构上尽量保持一致的同时，采用归化策略，利用四字格维持汉语的节奏，让译文通俗易懂，方便中文读者理解。实现了目的论连贯性原则，即与原文连贯，传递了与原文一致的信息；语内连贯，译文符合中文习惯表达。

例6：

原文：《Drogue：la mexicanisation de la France》

译文："毒品泛滥：法国步墨西哥后尘"

新闻与其他文体不同，为了引起读者的阅读兴趣，新闻中会更常出现新词。要让译文也能达到让人耳目一新的效果，这也是译者要解决的问题。本例中，法语原文来自《费加罗报》的一篇社论的标题，其中 mexicanisation 一词的翻译就需要根据该社论具体内容进行归化。在中文翻译中没有译为"墨西哥化"，而是译成"步墨西哥后尘"，既符合中文表达习惯，又传达了原文的意思。

增译不应改变原文的意思，而是为了弥补语言结构和文化背景差异带来的信息缺失，确保目的语读者能够获得与原文相同层次的理解。根据以上案例可以看出，为了确保信息的准确和完整传达，增译法也是一种必要的翻译手段。增译法涉及在译文中补充一些原文中未明确表达，但对于确保目的语读者的理解至关重要的信息。法语新闻报道善用借代等修辞，在进行翻译时需要增译出原文具体指代的信息（肖芳芳，2022）。

此外，译者还需要具备高水平的目标语言表达能力，以确保能够使用恰当、准确的表达方式来传达原文的意义，同时使译文在风格和语调上适应目标语言的读者。而归化策略需要针对新闻读者的受众特征，采用恰当的措辞和地道的中文表达，利用目的语地道表达原文类似的含义。

(二)连贯性原则

连贯性原则要求译者在翻译时考虑读者的文化背景，呈现出的译文具有可读性。此时译文要做到内部连贯，语句通顺、通俗易懂，贴合中文表达习惯。连贯性原则要求译文既要在语言层面又要在文化层面被目的语读者接受，也就是要做到语内连贯。

1. 换序法

法语和中文的表达方式不同，如若按照法语原句的句式进行翻译，译文容易变得生硬。译者在面对句式结构不符合中文表达习惯的句子时，需要适当地调整语序和句子结构，让译文变得流畅易读。

例7：

原文：Le conglomérat industriel américain 3M prévoit d'arrêter d'ici à la fin 2025 la production des perfluoroalkylées et polyfluoroalkylées, aussi appelées PFAS, des substances chimiques parfois surnommés «polluants éternels» car elles ont un cycle de vie très long.

译文：美国 3M 工业集团预定 2025 年底前完全停止生产全氟及多氟烷基物质；此化学品又称 PFAS，因其降解周期很长，故有时也被叫作永久污染物"。

法语中的一些长句语序与中文有所不同，有时在进行长句翻译时需要调整译文的语序。后半句话中如果按照原文的表达顺序翻译应为："……此化学品又称 PFAS，是一种化学物质也被称为'永久污染物'，因为其降解周期非常长。"但中文习惯"先因后果"，先说明原因，再由此得出结果，故可将语序调整为"因其降解周期很长，故有时也被叫作'永久污染物'"。

例 8：

原文：Déjà près d'un million de voitures électriques ou hybrides circulent en France. Alors cet été, il a parfois fallu attendre longtemps, même très longtemps pour recharger son véhicule.

译文：目前，在法国各地行驶的电动汽车和混合动力汽车近百万辆。因此，今夏车子充电的等候时间较长，甚至很长很长。

法文的后半句是一个无人称主语，中文没有这类表达方式，若直译为"因此今年夏天，有时就要等很长时间，甚至是非常漫长的一段时间，为车辆充满电"，会给中文读者一种头重脚轻的感受。此时采用换序法，用更贴合中文的表达顺序译出原文的含义。

2. 人名翻译

新闻报道中经常会出现人名、地名，在翻译时可以查阅《法语姓名译名手册》和《世界地名翻译大辞典》，确保翻译准确性。

例 9：

原文：Ce mercredi Emmanuel Macron a assisté au Salon des maires de France. Le chef de l'État a voulu montrer des relations apaisées avec les élus locaux.

译文：本周三，马克龙出席了法国市镇展览暨市长交流会。国家元首此举意在显示他与地方民选代表的关系已得到缓和。

法语习惯写出人物的姓和名，在将法国政要、知名人士、历史人物等翻译成中文时，应当通过查阅外交部、新华社、人民网等权威网站来确定。如：Emmanuel Macron 译为"马克龙"，而不会译为"埃马纽埃尔·马克龙"，避免中文读者看到过长的人物名字产生阅读疲劳。

例 10：

原文：«La Chine est le seul pays où il y a plus d'hommes que de femmes», explique Sylvie Bermann, ex-ambassadrice en Chine (2011-2014).

译文："中国现在是男性多于女性的唯一国家。"2011 年至 2014 年在任的前驻华大使白林女士如是解释道。

翻译人名时一般可以查询《法语姓名译名手册》，但有一些外国人会给自己起中文名，在翻译时除了查证其官方译名之外，还要查证他是否有官方的中文名。如例子中 Sylvie Bermann，按照《法语姓名译名手册》应译为"西尔维·伯曼"，但这位大使有官方中文名：白林，此时则应翻译为"白林"，而非"西尔维·伯曼"。

根据以上案例可以看出，中文和法语在语言结构和表达习惯差异，常常对译者提出挑战。中文的语序和表达方式往往与法文有着根本的不同，不仅体现在语法规则上，还涉及两种语言在表达思维方式、修辞习惯等方面的区别。基于连贯性原则，翻译要保证目的语读者的阅读体验与理解度。当面对原文中的长句或复杂结构时，可以考虑换序法。通过调整句子成分的顺序，让译文更贴近目的语的表达习惯，从而增强译文的可读性。

（三）忠实性原则

忠实性原则就要求译文要忠于原文，不能偏离原文要表达的含义。同时，新闻也要求不能加入个人感性色彩，要如实还原事件本身，因此在翻译时，译文要在目的语读者接受的程度内尽量准确传达原文的含义。有时忠实性原则还会要求译文与原文保持形式上的一致。此外，新闻还会存在多次转译的情况，因此在翻译时尽量选用和原文相同的表达。

1. 词义确定

在词汇选择上，忠实性不等于硬译，而是选择符合译入语表达的词汇来传递原文的含义和感情色彩。

例 11：

原文：Sept essais inscrits pour une terrible humiliation 53 à 10. Rien de moins que la plus large victoire de l'histoire des Bleus face à l'Angleterre, l'ancienne marque remontait à 1972 et un 37-12 à Colombes. Un record pulvérisé !

译文：七次成功达阵，以 53∶10 羞辱对方的可怕比分结束。这确实是有史以来法兰西橄榄球蓝衫军团击败英格兰队比分最为悬殊的佳绩。上次获胜要追溯到 1972 年在科隆布市举行的比赛，当时的比分是 37∶12，如今该纪录被彻底打破了！

新闻翻译常常会涉及各种专业领域，如上文例子中 essai 一词，常见含义为"试验，试用，考验"之意。但原文涉及橄榄球，essai 是橄榄球专业术语，需查证该术语含义："Essai，（au rugby），avantage obtenu quand un joueur pose le ballon derrière la ligne de but adverse."（Rey，2019）根据法文解释，查询对应的中文术语应为"橄榄球赛达阵"，指一方球员攻入防守方得分区内持球触地（获 5 分，追加射门进球得 2 分）。

例 12：

原文：Le lauréat est une femme，Brigitte Giraud remporte le 120ᵉ prix Goncourt pour son roman *Vivre vite* aux éditions Flammarion.

译文：此次折桂者是位女性：布丽吉特·吉罗凭借其由弗拉马里翁出版社出版的小说《活得太快》，荣膺第 120 届龚古尔文学奖。

新闻翻译中对词汇的翻译一般也要遵循忠实性原则。在读者能够接受的前提下，对于词汇的翻译应当贴近原文，尽量在目的语中找到对等词汇。法语中用 lauréat 表示获得桂冠的人，也即"获奖者"，来自名词 laurier（月桂树），中文中也有类似表达："折桂者"。在翻译时尽量考虑与原文词汇表达能够对应的词汇，以此来体现新闻翻译的准确性（黄婷婷、黄香，2022）。

例 13：

原文：Les projecteurs du monde entier ne sont pas seulement braqués sur les trottoirs français jonchés d'ordures.

译文：全世界的犀利目光不仅仅关注堆满垃圾的法国城市人行道。

原文中 projecteurs 一词是法语常用的新闻表达，这一新闻术语若直接搬入中文语境，会给中文读者带来理解上的困难。因此，中文译文没有直译为"聚光灯"，而是也选用了中文新闻报道中喜欢使用的"目光关注……"进行翻译，抛弃法文原文的"聚光灯"意象，符合中文表达习惯，便于中文读者理解。

2. 时态呈现

在进行事件描述时，法语的时态划分精细准确，但中文语句中对时态的表达没有法语细致。新闻讲求准确性，译者翻译时也应当忠实地翻译出法语不同时态要传达的信息。

例14：

原文：C'était la formule choisie pour encadrer la vente d'alcool au Quatar…

译文：这是国际足联选定的在卡塔尔范围内销售酒类饮料的原先方案。

和中文不同，法语时态多样且细致。中文注重"意合"，法语则注重"形合"，通过不同时态和语态传达信息。该例子中法文使用了"未完成过去时"，表示过去国际足联给卡塔尔一直选定的方案，中文译文中加入"原先"二字，便能传达出动作发生在"过去"的信息。

例15：

原文：Par un accord intergouvernemental, l'Allemagne s'engageait à verser une contribution de 250 millions de deutsche marks pour régler les questions relatives à l'enrôlement de force des ressortissants français du Haut-Rhin, du Bas-Rhin et de la Moselle dans l'armée allemande.

译文：德国当年通过一项政府间协定承诺支付2.5亿马克，用于解决德军先前强征上莱茵、下莱茵及摩泽尔省法国侨民入伍的诸多问题。

原文中 s'engager 使用了未完成过去时，在译文中可以用"当年"一词体现出来，若仅译为"根据一项政府间协议，德国承诺提供2.5亿德国马克……"，就并未将原文中的时态信息译出，则有失新闻翻译的忠实准确。

根据忠实性原则，译者在翻译时要确保译文忠实于原文，尽量做到意义一致、形式一致。在翻译时，选词要精准传达原文的感情色彩，原文中的时态信息在译文中也需要体现。

五、总结

目的论提供了一套理论框架和原则来指导新闻翻译。根据目的论的三大原则——目的性原则、连贯性原则和忠实性原则，译者应考虑读者需求，在翻译中灵活使用相应的翻译技巧。新闻翻译的挑战在于它涉及的领域比较广泛，包括政治、经济、文化、科技等多个方面。因此，优秀的新闻译者不仅需要掌握扎实的语言技能，还应具备广泛的知识背景和高效的信息搜索及查证技能，译者才能够准确理解原文内容，同时有效地进行背景资料的补充和参考，确保译文的准确性和可靠性。

研究发现，目的论对新闻翻译具有较大的指导意义。根据目的性原则，新闻翻译应符合中文读者的文化背景和表达习惯，精准传达新闻讯息是首要目的。对于法语原文中暗含的信息应当使用增译法进行补充；对于原文中出现的新词表达，译者可以考虑使用创译法结合恰当的中文表达进行翻译。根据连贯性原则，译文应当具有可读性，能被中文读者理解，保持语内连贯（陈秀春，2023）。在翻译时，使用换序法让译文符合中文语序和表达习惯。根据忠实性原则，在符合中文表达习惯的基础上，尽可能尝试在译文中还原原文语言特点。在词汇翻译上，选择贴切的词汇，在传达原意的基础上尽可能做到形式对等。

因此，除了语言能力和专业知识外，译者还需深刻了解中法两国的语言和文化背景。文化差异会直接影响信息的解读和接受方式。优秀的新闻译者应能够识别并适应这些文化差异，在不同文化背景下有效传达信息，同时避免可能的误解或文化冲突。译者还需要考虑目的语读者的理解能力和新闻体的固有特征。新闻文本通常追求简洁明了、快速传达信息的特点，这就要求翻译不仅要准确无误，还要易于理解，符合新闻体裁的风格。

参 考 文 献

[1] Rey, Alain. *Dictionnaire Le Robert*[M]. Deuxième Édition. Paris，2019：262.

[2] 陈秀春. 目的论视角下网络新词的翻译策略研究[J]. 海外英语，2023(1)：18-20.

[3] 黄婷婷，黄香. 翻译目的论视角下的新闻翻译——基于贵州大学新闻网的两则新闻[J]. 汉字文化，2022(20)：161-163.

[4] [英] 杰里米·芒迪. 翻译学导论——理论与实践[M]. 李德凤等，译. 北京：商务印书馆，2007.

[5] 孟欢欢，董君. 翻译目的论研究综述[J]. 海外英语，2023(5)：28-30.

[6] 肖芳芳. 目的论视角下的新闻标题翻译——以《经济学人》为例[J]. 公关世界，2022(6)：50-52.

[7] 与时俱进汉法双向翻译词典[EB/OL]. (2024-04-01)[2024-04-29]. http：//frenchfriend. net/cidian/01/01/denglu. aspx.

基金项目：本文为云南大学2023年度教育教学改革研究项目（项目编号：2023Y16）成果。

探析拆译法在法语长句翻译中的应用

章 荣

(武汉文理学院)

法语作为一种高度结构化且富有表达力的语言,其长句的构造往往体现了该语言在逻辑、语法和词汇层面的复杂性。这种复杂性不仅源于法语词汇的多样性和语法的严谨性,更在于其在句子层面上所展现出的错综复杂的结构。法语的句子结构常常包含多个从句,这些从句之间通过关联词或者关系代词紧密地连接在一起,形成了一种独特的、有时甚至是迷宫般的句式。这就要求翻译工作者具备深厚的语法功底,能够准确地解析出每个从句的功能和它们在句子中的逻辑关系。

一、拆译法的理论依据

拆译法,顾名思义,就是将长句拆分成若干个较短的句子或句子成分进行翻译(马彦华,2006)。这种方法的理论依据主要来源于两个方面:一是语言学的句子结构理论,二是翻译学的等效翻译原则。

从语言学的角度来看,句子是由不同的语言成分构成的,这些成分在句子中扮演着不同的角色,共同构成了句子的完整意义。在法语长句中,这些成分往往相互交织,形成了复杂的语法结构。拆译法的应用,就是在充分理解句子结构的基础上,将这些成分进行有序的拆分和重组,以便更好地传达原句的意义。

从翻译学的角度来看,等效翻译原则要求译文在传达原文意义的同时,尽可能保持原文的风格和形式(马彦华、罗顺江,2008)。然而,在法语长句的翻译中,由于语言和文化差异的存在,完全等效的翻译往往难以实现。因此,拆译法作为一种变通的翻译策略,通过拆分和重组句子成分,以牺牲部分形式为代价,换取了更高的意义传达。

二、拆译法的实践应用

拆译法的广泛使用,使得许多译文更加符合汉语的表达习惯,提高了译文的可读性和流畅性。我们可从以下三个具体案例,分析法语长句拆译法在实际应用中的操作方法和技巧。

(一)法律文本的拆译

法律文本以其严谨性、复杂性和专业性著称,长句在法律文本中尤为常见。例如,法语法律文本中经常出现包含多个从句和修饰语的长句。在拆译这类句子时,首先要理清句子的主干和各个从句之间的关系,然后按照汉语的表达习惯重新组织句子结构。

例如,"Toute personne physique ou morale, ayant sa résidence ou son siège social sur le territoire de la République et exerçant une activité industrielle ou commerciale y est soumise, pour l'application des dispositions de la présente loi, aux impôts et taxes prévus par les articles suivants."在拆译这一长句时，可以先找出主干词汇"Toute personne physique ou morale"，再找出现在分词"ayant"和"exerçant"引导的修饰语，将句子分为几个部分进行翻译："任何自然人或法人，如其住所或总部设在共和国境内，并在此境内从事工业或商业活动，均应按照本法规定，缴纳以下条款规定的税款。"这样的拆译既保留了原句的信息，又使译文更加符合汉语的表达习惯。

(二)文学作品的拆译

文学作品中的长句往往包含丰富的意象和复杂的情感，拆译时需要特别注意保留原句的风格和韵味(吴松林，2000)。例如，在翻译法国作家雨果的作品时，经常会遇到一些长而复杂的句子。这些句子往往包含多个从句和修饰语，表达作者丰富的思想和情感。在拆译这类句子时，需要仔细分析句子的结构和含义，然后采用适当的拆译策略。

例如，将"Il y a dans chaque ville de la France une ou plusieurs rues qui ont le privilège de la pauvreté, le privilège de l'obscurité, le privilège de la vieillesse. On les appelle les rues morgues; car il y a là des maisons qui meurent de faim."这一长句拆译时，可以调整句子语序，将"dans chaque ville de la France"这个地点信息前置，然后将关系代词"qui"引导的从句分离出来，翻译为："在法国的每个城市里，都有一条或几条街道享有特权：贫穷的特权、阴暗的特权、老迈的特权。人们称这些街道为'死胡同'，因为那里有一些房屋正饥寒交迫，行将就木。"这样的拆译既保留了原句的风格，又使译文更加生动。

(三)科技文本的拆译

科技文本中的长句往往包含大量的专业术语和复杂的概念，拆译时需要特别注意准确性和清晰性。例如，在翻译一篇关于人工智能的法语科技文章时，遇到的长句可能包含多个从句和修饰语，描述人工智能的工作原理和应用场景。在拆译这类句子时，需要首先理解句子的专业含义，然后按照汉语的科技文体表达习惯进行拆译(罗俊美，2008)。

例如，将"L'intelligence artificielle, basée sur des algorithmes complexes et des données massives, est capable d'apprendre et d'évoluer continuellement pour résoudre des problèmes de plus en plus complexes, dans des domaines tels que la médecine, la finance ou l'industrie."这一长句拆译时，我们根据中文和法文表达的差异，将目的状语"pour résoudre … ou l'industrie"进行拆分和重组，翻译为："人工智能基于复杂的算法和海量数据，能够不断学习和进化，解决医学、金融、工业等领域日益复杂的问题。"这样的拆译既准确传达了原句的含义，又使译文更加清晰易懂。

由此可见，法语长句拆译法在不同类型的文本中都有广泛的应用。常见的技巧有识别句子主干拆分修饰语，调整语序分离从句，以及拆分重组句子结构等。

三、拆译法对翻译质量的影响

(一)提高翻译的准确性

法律文本的翻译中，通过拆译法，可以将长句中的复杂成分进行逐一翻译，避免在翻译过程中出现遗漏或误解的情况。同时，拆译法有助于更好地理解原文的意思，从而提高翻译的准确性。

(二)增强翻译的可读性

科技文本中的长句往往包含着丰富的信息，如果直接翻译成一个长句，可能会使目标读者难以理解。通过拆译法，可以将长句分解成若干个较短的句子或句子成分，使翻译更加简洁明了，增强翻译的可读性。

(三)提高翻译的流畅性

法语和汉语在句子结构、表达习惯等方面存在较大的差异，这种差异在文学作品中的体现尤为明显。通过拆译法，可以对文学作品中的句子结构进行重组，使翻译更加符合目标语言的表达习惯，提高翻译的流畅性。

四、拆译法在应用中的基本原则

拆译法，作为翻译策略中的一种重要技巧，并非简单的"一分为二"或"断句重组"，在实际应用中，译者需遵从以下几个基本原则。

(一)保持原文语义的完整性

拆译法的首要原则是确保拆分后的句子不损害原文的语义完整性（王淑艳，2002）。译者在进行拆分时，应充分理解原文的意思，确保拆分后的各部分在语义上相互关联，逻辑连贯。避免因拆分不当而导致译文出现歧义或信息遗漏。

(二)顺应目标语言的表达习惯

拆译法的目的是使译文更符合目标语言的表达习惯。因此，在进行拆分和重组时，译者应充分考虑目标语言的句法结构和表达习惯。

(三)注意修辞效果的传达

原文中的修辞效果往往对表达意思起着重要作用。在拆译过程中，译者应关注原文的修辞特点，并在译文中尽可能地传达这些修辞效果。例如，若原文使用了排比、对仗等修辞手法，译者在拆分时应尽量保持这些修辞结构的完整性，以便在译文中再现原文的修辞美感。

(四)避免过度拆分

虽然拆译法有助于提高译文的流畅性和准确性，但过度拆分可能导致译文琐碎、不连贯。因此，在应用拆译法时，译者应把握好拆分的度，既要确保拆分后的句子易于理解，又要保持译文的整体性，以免影响译文的连贯性和阅读体验。

(五)注重语境的把握

语境对于翻译的准确性至关重要。在应用拆译法时，译者应充分考虑原文的语境因素，包括上下文、文化背景等。只有在充分理解原文语境的基础上，译者才能准确地把握句子的意思，从而进行恰当的拆分和重组。

五、结论

综上所述，拆译法在法语长句翻译中具有重要的应用价值。通过拆译法，可以将长句中的复杂成分进行逐一翻译和重组，提高翻译的准确性、可读性和流畅性。在应用拆译法时，要注意遵循原文的逻辑关系、保持语义连贯性并注意目标语言的表达习惯。掌握拆译法的技巧和方法对于提高法语翻译质量具有重要的意义。在未来的翻译实践中，我们应进一步探索和完善拆译法在法语长句翻译中的应用策略和方法，为法语翻译事业的发展作出更大的贡献。

参 考 文 献

[1]罗俊美.科技法语翻译中的分译策略[J].考试周刊，2008(29)：49-50，45.

[2]马彦华，罗顺江.法汉翻译新教程[M].北京：北京大学出版社，2008.

[3]马彦华.法语长句的分割[J].法语学习，2006(2)：37-42.

[4]吴松林.谈法语的长句翻译[J].牡丹江师范学院学报，2000(6)：73-75.

[5]王淑艳.浅谈法语长句的汉译处理[J].湖北汽车工业学院学报，2002(2)：75-78.

莫言小说《生死疲劳》韩译本中文化负载词的韩译方法研究

唐颖聪[1]　赵顺花[2]

（1. 安徽外国语学院；2. 上海外国语大学贤达经济人文学院）

一、引言

随着"中国文化走出去"战略的实施，中国在对外文化传播、对外文化宣传等方面都取得了可喜可贺的成就。世界各国之间的政治、经济、文化相互交流和融合的程度也不断加深，世界各国之间的思想文化交流和对话也日益频繁活跃。因此讲好中国故事，传播中国声音，向世界展现真实、立体、全面的中国也成为重要的课题，在这样的时代背景下，向更多的外国民众精准讲述中华文化的需求也愈发迫切。其中文学传播一直是中韩两国构建文化交流的一个重要渠道，因此文学翻译就显得格外重要，而且文学作品中蕴含着丰富的中华文化元素，这些文化元素受到地理条件、生存环境、社会制度、意识形态、宗教信仰、历史背景、生活习惯、思维方式等的影响，形成了独特的文化传统。在翻译文化元素的过程中，译者需克服两国文化差异，才能让读者准确无误地理解文化元素中的文化内涵。本文将这些文化元素统称为文化负载词，文化负载词是具有一定文化内涵或联想的词语或短语，是最能体现语言中浓厚的民族文化色彩和鲜明文化个性的词语，也是民族语言系统中最直接、最敏感地反映该民族历史文化和民情风俗的语言。翻译活动的进行并不是简单的语言之间的转换，而是两国文化之间的交流和融合，那么文化负载词的翻译便是文学翻译和文化传播活动中的核心，因此对文学作品中的文化负载词的翻译是有必要的，文化负载词翻译恰当与否也会影响文学作品翻译的整体质量和效果。

长篇小说《生死疲劳》是诺贝尔文学奖获得者莫言的代表作之一，讲述了被冤杀的主人公西门闹经历了六道轮回，转世成驴、牛、猪、狗、猴、人，并滔滔不绝地讲述自己转世为不同动物后的经历和半个多世纪生死疲劳的悲欢故事，从而见证和体味了五十多年来中国农村社会的变革，通过主人公经历的生死轮回，展现了中华人民共和国成立以来中国农村社会的巨大变化和中国农民的顽强不屈、坚韧不拔的精神。这部小说蕴含的文化负载词，可谓是相当的丰富，涉及了语言文化负载词、物质文化负载词、社会文化负载词、宗教文化负载词、生态文化负载词等。中韩两国虽然有着长期的文化交流，也同样深受儒家文化的影响，但也呈现出不同的文化特征。因此，本文以莫言的长篇小说《生死疲劳》为研究对象，对小说中的文化负载词进行分类整理，并通过相应的实例分析出小说中的文化负载词是通过何种翻译方法翻译成韩国语，达到中华文化的有效传播，顺利实现跨文化交流。

二、理论背景

（一）翻译方法的分类

学界对翻译方法、翻译策略、翻译技巧三者的概念和关系相互混淆，且意见不一。熊兵（2014）认为翻译策略更多强调的是宏观的"原则"和基本的"方案"，同时将归化和异化归为翻译策略。而翻译方法则是基于其中一种翻译策略，为了达到某种特定的翻译目的而采取的特定的途径、步骤和手段。翻译技巧是其中一种翻译方法在具体实施和运用的过程中所采取的技术、技能或技艺。从熊兵的观点来看，翻译策略、翻译方法、翻译技巧是属于自上而下的关系，属于一种是上下语义的包含关系。熊兵还将翻译方法和翻译技巧作了详细的分类。他将翻译方法分为异化策略下的翻译方法和归化策略下的翻译方法。在此基础上，将异化策略下的翻译方法细分为零翻译、音译、逐词翻译、直译；将归化策略下的翻译方法细分为意译、仿译、改译、创译；而将翻译技巧细分为增译、减译、分译、合译、转换五种类型。

而董踩（2021）对其持有不同意见，将翻译方法、翻译策略、翻译技巧的关系进行区分与分类，并提出了新的见解，相比于熊兵的分类方法较为复杂。董踩认为翻译方法指全文整体的翻译趋势，是着眼于全文，更加宏观，包括异化和归化两种。翻译策略和翻译技巧更为具体，作用于微小的语言单位，翻译策略是针对某个具体翻译问题译者根据已确立的翻译方法和翻译目的而采取的手段，至少可以拆分为增译和减译两种。翻译技巧则更为具体，大约有15种，可以划分为偏向异化的翻译技巧、偏向归化的翻译技巧和相对中立的翻译技巧，并且将仿译、借译、直译归类为偏向异化的翻译技巧，将现有对等翻译、抽象化翻译、增译、语义翻译、跨文化编译、创译、替换、改译归类为偏向归化的翻译技巧，将减译、具体化翻译、描述性翻译、文化内编译归类为相对中立的翻译技巧。而一般在进行中外翻译活动的过程中往往会用到两种及以上的翻译技巧。

《中国翻译词典》（2005）中则认为翻译方法等同于翻译技巧，即能使具有概括性、指导性、基础性的翻译原理具体化、条理化、实施化，在对比研究不同语言体系在语言文字单位上普遍的、典型的特点和差异的基础上，利用各种翻译转换法准确、完整传达话语信息。方梦之（2019）认为在中国传统译论中，历来无"翻译策略"一说，一般只用"翻译方法"来表示，"翻译策略"是20世纪90年代中期随着文化学派翻译理论而引进。同时方梦之（2019）还表示"翻译方法"有两层含义：一是译者在进行中外翻译的过程中对原文内容和形式进行传达时使用的一种策略；二是指在进行中外翻译的过程中为解决具体问题而采用的办法，也可称之为翻译技巧。由此可知，翻译策略、翻译方法、翻译技巧三者可视为同一区域的概念，本文将使用"翻译方法"这一术语表述。其原因在于相对于宏观的翻译策略和微观的翻译技巧，翻译方法处于中观层面，通过对翻译方法的分析，既可以透视翻译策略的整体使用趋势，也可以管窥翻译技巧的具体运用情况，实现研究对象的三位一体。

基于以上内容，本文在分析过程中将涉及的翻译方法有音译、直译、意译、汉字词逐字翻译、加注、套译、增译、减译等。音译是一种以源语读音为依据的翻译方法，利用译语的文字符号再现源语词语的发音。当然本文中也会出现部分外来语翻译方法,外来语翻译方法是根据该国单词的读音进行音译,因此将其认为是音译的一种类型。

直译是汉韩互译中常用的一种方法,是将原文中的词汇和句子形式直接进行翻译,不添加任何修饰成分。直译的特点是在遵循忠实原文的同时又使原文的结构形式与译文相对应。因此,在翻译的过程中尽量使译文的措辞、句子结构、修辞手段等都需要与原文保持一致,同时保证译文的语言流畅,内容清晰明确。

意译也是翻译中常用的一种方法。一般是传情达意,强调意义的实现,翻译时主要是为了传达原文所表达的含义,而不是将原文句子的形式和结构与译文一一对应。这种方法必须是译者在正确理解原文内容的前提下才能实施,并且可以对原文的形式与结构进行调整,由于汉语和韩国语的结构不同、表达习惯不同,在词汇和句子翻译的过程中会出现很多隐含义、引申义等,因此,大部分情况会采用意译的方法,更能传达原文所表达的意图。

汉字词逐字翻译可以看作是直译的其中一种类型,是将韩国语中的汉字词以汉字一一对应的形式进行直译。唐颖聪(2023)提出"汉字词直译"的术语,对此给出的解释是将汉字词一对一翻译出来,不加任何修饰成分的翻译方法。这个术语与本文提出的汉字词逐字翻译类似,这是由于中韩两国都属于汉字文化圈国家,会出现很多相互对应的汉字,因此才提出"汉字词逐字翻译"这一术语。本文为了区别于"直译"这个术语,决定使用"汉字词逐字翻译"。

加注是通过直译的方法将原文进行翻译之后,为了方便读者理解原文的含义,对原文中出现的新概念、惯用语、文化负载词等信息进行注释的方式。也就是说,通过直译的方式无法将原文的内涵传达给读者时,译者将以注释的形式对相关信息进行补充说明,来帮助读者更好地理解其原文所要传达的真正内涵。注释多用于文化负载词、无等值词、汉字词的汉字标记等的翻译,也可用于作品内容关键或情节高潮之处。如此,读者可以便捷地了解原文内容表达的信息,但文章篇幅就会受到限制,且注释过长,会产生喧宾夺主的效果,进而直接影响译文的质量,因此,大部分的注释只在第一次出现时才进行标记。

套译是通过使用译语中已存在的表达形式来替换原文中的相关表达的一种翻译方法。当翻译原文时,译语中在内容、形式、修辞色彩上与原文大致相符,且形象、比喻也相似,此时就可考虑采用直接套用的方式来发挥译语的优势,对读者来说也相对容易理解译文的内容,也可增强译文的可读性。

汉语和韩国语由于词汇用法、语法、语序、语言表达习惯的不同,在传达原文的思想内容时经常会出现词汇的增减现象。增译,也可称之为加译,通常是指为了准确、生动地再现原文的内容,通过增添原文所没有的部分词语来进行翻译的方法。增译可以清晰表达原文意思,避免读者对其产生误解,但值得注意的是,增译不是增添原文没有的内容,而是补充原文中可以省略的某些部分,以便读者更能准确、完整地表达原文的思想内容。而减译,也被称为简译,是为了将原文以更简洁明了的方式进行翻译,删除原文中某些词语,或对译文进行提炼的翻译方法。减译的原则是不能随意改变原文的思想内容。从韩国语的语言特点和规律来看,多余的部分可以采用减译法,通过对上下文中重复出现的内容，或已经明确包含某种表达进行删减，来达到减译的效果，且保证了原文思想内容准确无误地传达给读者。

(二) 文化负载词的概念与分类

根据不同学者的研究，关于文化负载词的命名也有所不同，比如将其称为"文化独特词""文化内涵词""文化特色词""文化专项词汇""文化因素""文化要素""文化缺省"等。廖七一(2000)认为文化负载词是指标志某种文化中特有事物的词、词组和习语。这些词汇反映了特定民族在漫长的历史进程中逐渐积累的、有别于其他民族的、独特的活动方式。韩国学者김효중(2004)将在特定情况下能够引发特定理解和与之相应的行为的所有社会文化要素定义为文化负载词，并认为文化负载词不仅包括文化要素，还包括源语文化圈中存在，但在目的语文化圈中不存在或具有不同意义的非语言现象、制度等。而이근희(2005)将文化负载词称为文化相关语，认为使用源语的社会共同体的历史、社会、政治、经济、语言习惯等源语文化中独有或特定的文化词汇，并且还将文化负载词分为专有名词(与特定人物、建筑、组织、团体、书籍等相关的词汇)，特定文化相关词汇(与衣食住行、地区、社会、风俗等相关的词汇)，特定事件或人物相关词汇，惯用语(俗语、流行语、隐语、惯用句等相关的词汇)，度量衡单位(货币、距离、高度、重量等)这五种类型。

美国著名翻译理论家奈达(Nida)则基于功能对等的理论，将文化负载词分为生态、物质文化、社会文化、宗教文化、语言文化。奈达的分类较为宏观、全面、架构清晰地厘清了文化负载词的各个方面，因此本文将参考奈达的观点将文化负载词进一步细分。比较有意思的是，在奈达的观点中，只有"生态"后没有出现"文化"一词，但笔者认为"生态"也是属于自然界重要的组成部分，也是某个国家或地区赖以生存的一种文化产物，所以应该将"生态"改称为"生态文化"比较妥当。按照奈达的观点本文将文化负载词分成生态文化负载词、社会文化负载词、物质文化负载词、宗教文化负载词、语言文化负载词五种类型，并通过实例进行探究分析。

生态文化负载词不仅包括四季、气候、地理环境、江河湖海山川、日月星辰、动植物等自然界孕育的产物，同时也包括人类在自然界进行实践活动时所产生的成果、价值观、思维方式等。

物质文化负载词是指物质生产、物质生活及其行为、成果，是人类直接创造的物质产品，包括衣食住行、劳动工具、机器设备、艺术品等。判断其是否为物质文化就看是否有人为介入使其创造出来，比如杂交水稻、嫁接水果等，虽然属于植物，符合生态文化负载词的特征，但其产生是由于人类行为参与，因此本文认为是属于物质文化负载词范畴。

社会文化负载词是指人类在某种社会形态下形成的某种特定文化，它包括社会关系、社会群体、价值观、社会规则、政治体制、机构组织、风土人情、传统习俗、法律法规等。

宗教文化负载词是指与宗教信仰有关的术语、物品以及文化现象等。

语言文化负载词是指体现本民族语言风格、语言特色、思想内涵的语言表达和语言表达形式等。

三、莫言小说《生死疲劳》中文化负载词的韩译情况分析

语言最能真实反映一个国家、一个民族的生活环境、物质文化、宗教信仰、风俗习惯、语言表达等。文化负载词也最能体现语言中浓厚的民族色彩和鲜明的文化个性。虽然中韩两国属于汉字文化圈国家,也深受儒家文化的熏陶和影响,但两国人民的生活习惯、政治体系、意识形态等都不同,因此文化负载词的翻译给译者带来了巨大的困难和挑战。是否能将文化负载词翻译恰当,能使读者可以正确理解其文化内涵是译者在翻译的过程中所需要仔细斟酌的。本章内容主要是以莫言的长篇小说《生死疲劳》韩译本为分析语料,从生态文化负载词、物质文化负载词、社会文化负载词、宗教文化负载词、语言文化负载词等五个方面进行考察和分析汉语文化负载词在韩译本中的翻译情况,并由此挖掘汉语文化负载词的多种翻译方法。

(一) 生态文化负载词

生态文化负载词不仅包括四季、气候、地理环境、江河湖海山川、日月星辰、动植物等自然界孕育的产物,同时也包括人类在自然界进行实践活动时所产生的成果、价值观、思维方式等。关于自然界孕育的产物在中韩两国基本都有相对应的表达方式,但人类在自然界进行实践活动时所产生的价值观念、思维方式等蕴含了中华民族文化内涵,而每个民族赋予他的文化内涵是不尽相同的,因此在翻译的过程存在很大的难度。

例1:我还知道中国赠送给英国的**大熊猫**芝芝,因病救治无效,于1972年5月4日在伦敦动物园不幸去世,享年十五岁。

译文1:중국이 영국에 보낸 **판다** 지지가 병이 나서 치료에도 불구하고 1972 년 5 월 4 일에 런던동물원에서 불행히 죽었는데 향년 열다섯이었다는 것도 알고 있었다.

例2:她宽阔的骨盆,富有弹性的产道,就像从麻袋里往外倒**西瓜**一样,轻松地就把那两个肥大的婴儿产了下来。

译文2:그녀의 골반이 넓은데다 산도도 탄력이 넘쳐서 마대자루에서 **수박** 꺼내듯이 통통한 두 아이을 가볍게 쑥쑥 낳은 것이다..

例3:犹如一只只被吹足了气、涂上了红颜色、形状如**冬瓜**、顶端一乳头的避孕套,在空中飞舞,碰撞,发出嘭嘭的声响,然后一只只爆裂,发出啪啪的声响。

译文3:잔뜩 공기를 불어 넣고 붉은색을 칠한 꼭지가 유두처럼 튀어나온 **동과(冬瓜)** 모양의 콘돔이 공중을 날다가 부딪쳐서 붕 하는 소리를 내다가 하나씩 펑펑 소리를 내면서 터지는 것 같았다.

从以上例句中的"大熊猫""西瓜""冬瓜"等动植物是自然界孕育出来的产物,属于典型的生态文化负载词。译文中分别采用了音译法(外来语译法)、直译法、汉字词逐字翻译+汉字注释的翻译方法。其中"동과(冬瓜)"一词的译法比较特殊。虽然在韩国国立国语院编撰的《标准国语大辞典》中有相应的解释,但是"동과(冬瓜)"一词在韩国日常生活中比较少见,韩国民众对该词也不是特别熟悉,因此译者采用了汉字词逐字翻译

的方法将其译出，并且为了帮助韩国读者能够理解该词的具体含义，同时在其后标注了汉字。

例4：第二年初春她就为我生了**龙凤胎**，男名西门金龙，女名西门宝凤。

译文4：이듬해 이른봄에 그녀는 내게 **아들，딸 쌍둥이**를 낳아주었는데，남자 아이는이름이 서문금룡(西門金龍，시먼진룽)이고，여자아이는 이름이 서문보봉(西門寶鳳，시먼빠우펑)이었다.

在中国"龙凤胎"是指性别不同的双胞胎。其中龙是吉祥瑞兽，是封建皇权的象征，也是中华民族的象征。而凤凰是百鸟之王，寓意幸福吉祥，也代指皇后。因此拿龙凤来比喻双胞胎，蕴含着吉祥如意的文化内涵。译文完全采用意译的翻译方法将其译为"아들，딸쌍둥이(男、女双胞胎)"，一定程度上削弱了"龙凤胎"所蕴含的吉祥之意。但中韩两国文化相近，韩国读者对文中龙凤的文化内涵有所了解，因此译者采用意译的方法也是可取的。当然为了能够更加体现龙凤胎里所蕴含的文化意象，笔者建议在"아들，딸 쌍둥이"后添加注释"龍鳳胎，용봉태"，以汉字词逐字翻译+汉字注释的形式呈现，让韩国读者更能了解下文中所提到的西门金龙和西门宝凤名字的由来，从而提高对生态文化负载词翻译的完整性。

例5：在我怀里你说过多少甜言蜜语？发过多少**海誓山盟**？

译文5：예전에 내 품에 안겨서는 그리도 달콤한 말을 속삭이지 않았더냐
　　　　산과 바다를 두고 그렇게 숱하게 맹세하지 않았더냐？

例句5中的"海誓山盟"是指男女相爱时立下的誓言，爱情要像山和海一样永恒不变。译者在这里采用了意译的翻译方法将其译为"산과 바다를 두고 그렇게 숱하게 맹세하지 않았더냐？(难道未曾向着山和海发过很多誓言吗?)"。而《标准国语大辞典》中收录了四字成语"해서산맹(海誓山盟)"一词，但该词对于大部分韩国读者来说出现频率较低，而且对汉字不敏感的读者来说很难理解，因此译者采用意译的方法是值得采取的。尽管采取了意义的翻译方法之后很难体现出源语的文化内涵，但该译法是译者基于忠实原文和考虑读者的立场而采取的。

例6：我知道经过了这些年的**风风雨雨**，见过了背叛和无耻，你就会想到我的忠诚。

译文6：몇 년 동안 **갖은 고초**를 겪고 숱한 배반과 낯부끄러운 짓들을 보면서 내가 얼마나 마음이 곧은지，당신이 다 보셨다는 것을 알아요.

例句6中的"风风雨雨"本来是一种自然现象，但作为生态文化负载词它也可指代人们所经历的种种磨难和苦难，在汉语中是很常见的一种表达方式。译者采用了意译的翻译方法，将其译为"갖은 고초(各种苦楚)"，采用该译法可以直接使读者快速理解该句子的含义，当然为了能体现出文化负载词本身的内涵也可将其翻译成"풍상고초(风霜苦楚)"，该词也经常在韩国语中出现，如此既能保留生态文化负载词本身的文化内涵，也能使读者理解该句子的真正内涵。

(二) 物质文化负载词

物质文化负载词是指物质生产、物质生活及其行为、成果，是人类直接创造的物质产品，包括衣食住行、劳动工具、机器设备、艺术品等。物质文化负载词与人们的生活息息相关，在莫言的小说《生死疲劳》中也出现了大量的物质文化负载词，这也体现了中国文化的特色，因此在翻译的过程中应当仔细斟酌。

例 7：你难道看不见他的身体已经像一根天津卫十八街的**大麻花**一样酥脆了吗？

译文 7：네 눈에는 이 녀석 몸이 천진(天津, 톈진) 위(衛) 18 번가의 **대마화(大麻花) 꽈배기**처럼 바삭바삭해진 게 보이지 않아?

大麻花是中国天津的特色美食，其中以天津卫十八街的最为有名。译者在翻译时采取了汉字词逐字翻译法，同时在其后加上汉字注释，帮助韩国读者了解这一中国地方美食特产。另外，因为大麻花是一种油炸食品，译者在其后通过增译的翻译方法添加了"꽈배기(麻花)"一词，虽然语义上有所重复，但使得麻花的形象更为生动，也能够让读者在阅读小说的同时体会中国特色美食。

例 8：**鸡鸭鱼肉**是大路货，不值一提，那些名贵的，如内蒙古来的**骆驼**，黑龙江来的**飞龙**，牡丹江来的**熊掌**，长白山来的**鹿鞭**，贵州来的**娃娃鱼**，威海来的**梅花参**，广东来的**鲨鱼翅**……

译文 8：**닭, 오리, 물고기 같은 고기**야 싼것들이니 말할 가치도 없지만 진귀한 물건으로 내몽골에서 보내온 **낙타족발**, 흑룡강에서 보내온 **비룡**, 목단강에서 보내온 **곰발바닥**, 백두산에서 보내온 **녹용**, 귀주에서 보내온 **큰 도롱뇽**, 위해에서 보내온 **매화인삼**, 광동에서 가져온 **상어지느러미**……

通过前后文可知，例 8 中划线部分都是来自中国各地的美食，在翻译的过程中呈现了各种不同的现象。大部分食物类文化负载词都采用了直译的方式进行翻译，但有部分翻译出现了其他的翻译方法以及一些错误的翻译表达。译者将"骆驼"首先通过直译的方式将其译为"낙타(骆驼)"，同时也在其后添加了"족발(蹄髈)"，可以说是译者采用了直译+增译的翻译方法，但将其翻译成"낙타족발(骆驼蹄髈)"会显得与原文意思不符。通过上下文分析，作者并未明确该食物是骆驼的哪个部位的肉，因此直接可以将其译为"낙타(骆驼)"，如此一来也可给译者带来想象的空间。

同时译者在翻译梅花参时，虽然采用了直译的翻译方式按照其字面意思将其译出，但"매화인삼"这个翻译表达并不是一个值得采用的译文表达。将"매화인삼"通过回译的翻译方法将其译成汉语为"梅花人参"，这容易让韩国读者联想到梅花形状的人参，这与原文中所说的梅花参有一定的语义差距。原文中所说的梅花参是一种海鲜，属于海参的一种类型，类似于梅花形状的海参，因此笔者认为这是一种错误的表达方式。该食物在韩语中有相对应的表达，韩语中是通过音译，即外来语译法将其译成"파인애플해삼"。由于梅花参这种食物出现在日常餐桌上的概率较小，韩国读者对其并不熟悉，因此也可在其后添加注释，将其翻译成"파인애플해삼(Thelenota ananas)"，并附加脚注对其作出详细解释。如此一来会使整个译文变得复杂冗长，也会影响读者的阅读体验，同时外来语译法很难让读者体会到小说中描写的时代感，因此笔者认为将其译为"매화 꽃잎 모양 해삼(梅花模样的海参)"比较合适，这样既不影响读者的阅读，也可简单明了呈现出该食物的形态和含义。

例9：他戴着一顶**瓦灰色的长檐军帽**，上身穿一件**白布对襟小褂**，腰里扎着一条**四指宽的牛皮腰带**，外边披着一件**灰布夹袄**，下穿肥大的**灰裤**，脚蹬**千层底青华达呢面布鞋**，没有扎绑腿。

译文9：그는 **차양이 큰 잿빛 군모**를 쓰고 있었다. 위에는 **흰색 중국식 적삼**을 입었고, 허리에는 **손가락 네 개 넓이의 소가죽 요대**를 차고, **회색 겹저고리**를 걸치고 있었다. 아래는 통이 넓은 **회색 바지**를 입고 **여러 겹을 댄 파란색 개버딘 헝겊신**을 신었는데 각반은 차지 않았다.

通过例9可以看出《生死疲劳》中对服饰的描写相当细致，因为服饰也是一个时代特征的体现。但对于外国读者来说，不熟悉的服饰描写如果翻译不恰当的话，很容易显得冗长多余，也会让读者感到云里雾里。文中描写的是西门屯生产队主任洪泰岳的装扮，他为了凸显自己的领导身份，在传统农民服装上搭配了军帽和军用腰带，显得不伦不类，这一段服装描写充满讽刺意味。类似于这种服饰类文化负载词的翻译也基本上采用直译的翻译方法，尽量将描写服饰的内容全部呈现出来。但是例9中出现的"白色对襟小褂"是流行于民国时期的中国传统服饰，韩国语中没有相对应的词来代替，于是作者没有采取直译的翻译方法，而是采用了意译的翻译方法将其译为"흰색 중국식 적삼（白色中国式小褂）"，因为在中国的影视剧中经常出现这样的装扮，所以韩国读者对这个形象还是相对比较熟悉。另外译文中将"腰带"直译为汉字词"요대"是十分恰当的翻译表达，虽然日常生活中大部分韩国人会经常使用"허리띠"或外来词"벨트"，但是军用腰带仍然保留了汉字词"요대"的说法。此处如果翻译为"허리띠"或"벨트"的话，难以让韩国读者体会到具有时代感的、滑稽的服装搭配。还有"千层底青华达呢面布鞋"的翻译相对其他服饰文化负载词的翻译有些显得不是特别恰当，"여러 겹을 댄 파란색 개버딘 헝겊신（多层青色华达呢面料的布鞋）"这一翻译只是说明了多层布料，但是该布料是哪个地方的并未表达清楚，而"千层底"是指鞋底用白布裱成袼褙，多层叠起纳制而成，该布料是指鞋底的布料，因此在翻译的时候应该将布料使用的位置翻译出来会比较好。笔者建议将其翻译成"밑창을 여러 겹의 천으로 누비고 양쪽 볼을 파란색 개버딘 천으로 댄 헝겊신（鞋底用多层布料缝制，并用青色华达呢面料缝制的布鞋）"，这样更能体现该服饰作为文化负载词的文化特征。

例10：土改后分到了西门闹家的**西厢房**，这里原本就是二姨太迎春的住房。黄瞳分到了**东厢房**，**东厢房**的主人三姨太秋香，仿佛是房子的附赠，成了黄瞳的妻子。西门家堂皇的五间**正房**，现在是西门屯的村公所，每天都有人来此开会、办公。

译文10：토지개혁 때 옛날 내 둘째마누라 영춘이 살던 **서쪽 행랑채**를 분배받았다. 그리고 황동은 원래 셋째마누라 추향이 살던 **동쪽 행랑채**를 분배받았는데, 방에 딸린 사람처럼 그녀도 황동 차지가 되었다. 서문가문의 빛나던 다섯 칸 **대궐집**은 이제 마을회관이 되었고 날마다 사람들이 몰려와 회의를 하고 공무를 처리했다.

住宅也是一个民族物质文化的重要组成部分，每一个民族的住宅都有其历史和特点。《生死疲劳》中西门闹的住宅是典型的中国传统四合院建筑。译者在翻译时采用了直译的翻译方法，是通过传统韩屋的建筑结构来对西门闹的住宅进行对应描述。将正房、东厢房、西厢房分别翻译为"대궐집""동쪽 행랑채""서쪽 행랑채"。但韩国语中"대궐(大闕)"，一般是指皇帝所居住的住宅，并不是普通大户人家所居住的，同时指代的是一整栋房子，并不是住宅内的某一房间，跟文中所描写的正房是有所差异。另外韩屋的"행랑채"是靠着院门边的房子，一般是下人、仆人或者看门人的居所，抑或可作为仓库使用，而文中所提到的东厢房是长子居住的房子，西厢房是次子或是庶子居住的房子。译者如此翻译会使得读者对小说中人物的身份有所误解，也无法体现中国建筑的历史文化特点。因此笔者建议可以将正房译为"정방(正房)""원채""본채""몸채"，而可以将东厢房译为"동쪽 곁채"或"동편(東廂)"，将西厢房译为"서쪽 곁채"或"서편(西廂)"的话会让韩国读者更为直观地了解中国住宅的文化特点，避免读者混淆中国住房结构和韩屋结构。

（三）社会文化负载词

社会文化负载词是指人类在某种社会形态下形成的某种特定文化，与人们生产生活紧密相连，它包括社会关系、社会群体、价值观、社会规则、政治体制、机构组织、风土人情、传统习俗、法律法规等。《生死疲劳》中有很多社会文化都能体现出中国的乡土风情和时代特质。

例11：走资派陈光第，这个混进党内的驴贩子，反对**大跃进**，反对**三面红旗**。

译文11：주자파 진광제(陳光第, 천꽝띠)는 당에 침투한 나귀 장사꾼으로서, **대약진**에 반대하고 '**삼면홍기**'(三面紅旗, 1958년에 제정한 사회주의 건설의 총노선, 대약진, 인민공사라는 세 가지 사회주의 정책-옮긴이)에 반대한다.

《生死疲劳》主要是以"文化大革命"为社会背景所写的，小说中涉及很多政治相关的文化术语，对于不了解这段历史背景的韩国读者很难理解其中的意思，而一些政治相关的术语对理解上下文内容又起到了关键性的作用，例11中的"大跃进""三面红旗"，译者采用了汉字词逐字翻译法将汉字一一对应译出。同时在"三面红旗"的译文后还进一步添加了汉字注释，并且还对"三面红旗"的历史背景和含义进行解释。关于"大跃进"的翻译容易让韩国读者引起误会，因为韩国语中"대약진(大跃进)"有表示"有力地向前蹦跑"或"迅速发展或进步"的意思，这样一来韩国读者就很容易对原文的意思产生误解。因此笔者建议将其译为"대약진 운동('大跃进'运动)"会更好，《标准韩国语大辞典》中有关于"대약진 운동('大跃进'运动)"的历史背景和含义的详细解释，即使韩国读者不太清楚该词的含义，也可通过字典的查询了解其背后的文化含义和历史背景。当然也可以采用汉字词逐字翻译+汉字注释+解释的翻译方法，像"三面红旗"的译文一样将其译出，最终变成"대약진 운동('大跃进'运动, 중국이 경제 고도 성장 정책으로 전개한 전국적인 대중 운동-옮긴이)"。

例12：国营农场那边，新进了两台"**东方红**"拖拉机。

译文 12：국영농장에 **'동방홍'(東方紅, 동방홍은 원래 유명한 모택동 찬양가 이름이다-옮긴이)**이란 트랙터 두 대를 새로 들여왔는데요.

同样，例 12 中译者现将拖拉机的品牌名"东方红"以汉字词逐字翻译的方法将汉字一一对应翻译出来，同时在其后添加了汉字和详细的说明，解释了"东方红"这首歌的时代背景，让韩国读者体会到小说中描写出的"文化大革命"时代特征。

例 13：在人世间应该让你**骑木驴**游街示众。

译文 13：현세에서 너는 **화냥년이 타는 목마를 타고** 동네방네 끌려 다녀야 한다.

例 13 中的"骑木驴"是古代惩治罪犯的酷刑，多用于勾结奸夫谋害亲夫的女人所用，该刑法充分体现了男权社会、父权社会对女性的残酷摧残。译者采用直译法将"木驴"译成了"목마(木马)"，这是因为韩国没有"木驴"这一文化意象，译者选择了韩国读者较为熟悉的事物进行替代，但是这样很容易使韩国读者混淆，理解为一项游乐设施，并不能正确理解其真正想表达的内涵。为了避免产生误会，译者通过增译的翻译方法添加了"화냥년"这个词，"화냥년"一词专门用于形容不守妇道的女子，这样韩国读者就不难理解文中"骑木马游街示众"的意思了，避免了一定程度的文化误解。

(四)宗教文化负载词

宗教文化负载词是指与宗教信仰有关的术语、物品以及文化现象等。在中国传统文化发展历程中，佛教和道教在中国的文化根基最深。佛教虽然源于古印度，但在佛教传入中国之后，经过长期的传播发展，形成具有中华民族特色的中国佛教，宣扬"生死轮回""因果报应"的思想。道教是中国本土的宗教信仰，宣扬"长生不老""羽化成仙"的思想。《生死疲劳》作为一部以地主西门闹六次轮回为主要叙事线索的小说，以佛教和道教文化贯穿始终。

例 14：把**牛鬼蛇神**押上来！

译文 14：**반동들**을 끌어내라！

例 14 中的"牛鬼蛇神"原是佛教用语，指的是阴间鬼卒、神人等，后成为固定成语，比喻邪恶丑陋之物。在"文化大革命"时期，"牛鬼蛇神"成了"反动派"的统称。因此译者采用意译的翻译方法将"牛鬼蛇神"的真正内涵表达出来。

例 15：到了地狱，该当剥皮揎草，到**畜生道**里去轮回。

译文 15：지옥에 가면 껍질이 벗긴 채 풀밭을 구를 것이고 **육도윤회(六道輪回)에서 축생도(畜生道)**에 떨어질 것이다.

《生死疲劳》套用佛教中六道轮回的概念，讲述主人公西门闹在畜生道里先后化身为驴、牛、猪、狗、猴、人后所经历的离奇故事，透过生死轮回的艺术图像，来再现中华人民共和国成立后五十年农民的生活，因此"六道轮回"贯穿了小说的始终。所谓六道轮回是指世间众生因造作善不善诸业而有业报，此业报有六个去处，被称为六道。六道是按照生前因果自然会进入不同的道，分别为天神道、人间道、阿修罗道、地狱道、饿鬼道、畜生道。韩国也受到佛教文化浸染，韩国语里也有对应"轮回"的汉字词"윤회(轮回)"。译者现将"畜生道"按照汉字一一对应的形式进行翻译，并在其后添加汉字注释。不仅如此，译者还采用了增译法在译文当中填加了"윤도윤회(六道轮回)"，能帮

助读者进一步理解文中提到的"축생도(畜生道)"的由来，还能突出贯穿整篇小说的佛教思想。

(五) 语言文化负载词

语言文化负载词是指体现本民族语言风格、语言特色、思想内涵的语言表达和语言表达形式等。《生死疲劳》是莫言小说中具有浓厚乡土气息的代表作之一，小说中使用了大量的成语、俗语、修辞等语言特色极其丰富的语句，而且大部分的成语、俗语都蕴含着历史典故和历史意义，通过大量的成语、俗语、修辞，可以使小说在贴近生活的同时更具有阅读趣味，特别对于外国读者来说，能够更好地传达中国传统文化。因此，译者对小说中的成语、俗语大部分采用了直译的翻译方法。表1、表2分别归纳了比较典型的俗语、成语翻译示例。

表1 　　　　　　　　　　　　　**俗语翻译示例**

原文	译文	翻译方法
肥水不流外人田	좋은 물은 남의 밭에 흘려보내지 않는 법이다.	直译
山羊能上树，驴子善攀登	산양은 나무를 잘 타고 나귀는 산을 잘 탄다.	直译
乐极生悲，否极泰来	기쁨이 다하면 슬픔이 일고 사물이 극에 이르면 다시 돌아간다고 했다.	直译
三十年河东，三十年河西	강물이 삼십년 동쪽으로 흐르고 그다음 삼십년은 서쪽으로 흐르는 법이다.	直译
猫改不了捕鼠，狗改不了吃屎	제 버릇은 개도 못 준다더니만.	套译
白刀子进去，红刀子出来	들어갈 때는 희던 칼이 나올 때는 붉어지는 것이다.	直译
死猪不怕开水烫	죽은 돼지가 어디 뜨거운 물을 겁내랴.	直译
人有十年旺，神鬼不敢傍	사람 인생에 십년은 꼭 운이 따를 때가 있으니 이때는 귀신도 감히 해코지를 못한다.	直译

表2 　　　　　　　　　　　　　**成语翻译示例**

原文	译文	翻译方法
助纣为虐	나쁜 사람 따라서 나쁜 짓 하다	意译
得意忘形	출세했다고 폼잡다	意译
井水不犯河水	아무 상관 없다	意译
以牙还牙	이에는 이	套译
鸦雀无声	쥐 죽은 듯 조용해졌다	套译+增译
一诺千金	약속은 중천금이다	直译
对牛弹琴	쇠귀에 경 읽기	套译

续表

原文	译文	翻译方法
呆若木鸡	사람들이 나무 닭처럼 얼어붙다	直译
苏秦背剑	无	减译

从以上两个表格中的内容可以看出俗语类的翻译基本都是采用了直译的翻译方法，部分俗语则是采用了套译法。中韩两国同属于汉字文化圈，在语言上也有很多的相似之处，即使将汉语用韩国语直译的方式翻译出来，译者结合上下文语境也可以轻松理解其内涵。而有部分俗语在韩国语中可以找到相对应的表达方式，因此译者则为了能使读者可以更加方便且清晰地理解其文化内涵采用了套用韩国读者耳熟能详的韩国语俗语进行翻译。

成语类翻译则呈现多样化的翻译方法，有些成语在考虑上下文语境之后可以很容易地判断其所表达的内涵，这时译者经常采用直译的方法进行翻译。而有些成语按照字面意思进行直译之后，即使读者结合上下文理解也会出现语义偏差，这时如果韩国语中没有所对应的表达，译者则会采用意译的翻译方法，而如果韩国语中有所对应的表达方式，译者则会采用套译的翻译方法。当然还有一些成语的意思跟文中某些成分出现相同意思的时候则会经常采用减译的翻译方法，将其省略，避免读者在阅读的过程中出现对原文错误的认知或错误解读原文所表达的内涵。同时也有两种翻译方法相结合的情况，比如"鸦雀无声"一词，在韩国语中有相对应的表达"쥐 죽은 듯(像老鼠死了一样)"。汉语中用鸦雀来进行动物隐喻表达，而韩国语则是用老鼠来进行动物隐喻表达，这也体现了中韩两国在相互交流过程中，既产生了文化相同的表达，也产生了文化不同的表达，也表明了汉语和韩国语既存在同质性，也存在异质性。还有译者为了更加突出其表达的内涵，在其后添加了动词"조용해지다(变安静)"，因此笔者认为这是"套译+增译"的翻译方法。

莫言在小说创作中除了运用大量的成语、俗语以外，还善于运用富有个性化的修辞手法，在语言的规则和个性表达之间选择了后者，打破那些陈旧的词语组合，赋予新义，扩大了语言想象的弹性空间，增加了语言审美的弹性。莫言作品中独特的修辞风格再加上中韩两国语言在修辞手法上本身存在的差异给翻译带来了巨大的挑战。《生死疲劳》中采用了仿拟法，该修辞手法是莫言小说语言中一种独特的修辞手法。仿拟是指模仿现成语言形式，置换或增减其中的部分构成元素，使现成语言形式以陌生化的面目出现，实现艺术效果的一种修辞方式(汉语修辞格大辞典，2010：76)。莫言采取这样的修辞法使他的小说语言生动活泼，充满了讽刺嘲弄和诙谐幽默，增加了读者的阅读乐趣。

例16：但前世为人的经历，毕竟使我**不同凡驴**。

译文16：그래도 전생에 사람이던 나는 **다른 나귀와 달랐다**.

例17：我点点头表示同意，举起爪对着**芸芸众猪**挥挥，转身便走。

译文17：나는 고개를 끄덕여 동의를 표하고 발을 들어 **모여 있는 돼지무리**에게
작별을 고하고는 몸을 돌려 그곳을 떠났다.

例18：你毫无牵挂地转世，遗留的仇恨我替你去报，我要**以许宝之道还治许宝之身**。

译文18：아무 걱정 없이 윤회하길 빌겠네. 남은 복수는 내가 꼭 해주겠네. 내가 저놈 허보의 방식으로 허보놈을 처치해주겠네.

　　例16、例17、例18中的"不同凡驴""芸芸众猪""以许宝之道还治许宝之身"分别是"不同凡人""芸芸众生""以其人之道还治其人之身"的仿拟用法，是极具幽默感和阅读趣味的修辞法。译者均采用了直译翻译方法将其译出，达到了语义连贯的效果。但"以许宝之道还治许宝之身"的仿拟用法在韩国语中也有类似的表达"눈에는 눈, 이에는 이(以牙还牙，以眼还眼)"，但译者并未采用套译的翻译方法将其译出，而是非常巧妙地通过直译的方法将其译为"저놈 허보의 방식으로 허보놈을 처치해주겠네"，在翻译布局和结构上力求与原文仿拟句达到最佳关联，从而使得语言表达和句式结构更加引人关注，原文修辞法得到了还原。可见，在修辞法的翻译中译者如果能够找到功能等值的词句来代替原文的话，可适当在其基础上进行仿拟，使目标语读者既能感受到译文的形式美又能体会到原文的语言美。

四、结语

　　近年来，文学作品的翻译研究越来越火热，这都得益于中国综合国力和国际影响力的提升，再加上"中国文化走出去"战略的实施，能让外国读者可以通过这一渠道了解全面的中国和优秀的中国文化。中国文学作品的韩国语翻译研究相对起步较晚，但仍需要研究者们通过不同视角进行深入的研究和探索。文学作品中存在大量的文化负载词，而文化负载词有助于刻画作品中生动的人物形象，赋予作品浓厚的地方色彩，满足读者对源语世界的认知渴望。本文考察了莫言长篇小说《生死疲劳》韩译本中语言文化负载词、物质文化负载词、社会文化负载词、宗教文化负载词和生态文化负载词的翻译方法。可以看出译者凭借扎实的语言功底，在深刻理解该小说的基础上，分别采用了直译、意译、汉字词逐字翻译、套译、增译和减译，以及加注等多种翻译方法进行了处理，再现了文化负载词所蕴含的丰富地域文化和民族色彩。同时译文中出现一些比较别扭、对原文理解会出现偏差的一些表达，笔者在分析的过程中也提出了相应的修改意见，希望能为后期其他文学作品的翻译提供一些借鉴作用。

参 考 文 献

[1] 董跞. 翻译技巧与翻译方法、翻译策略的区别及其分类[J]. 湘潭大学学报(哲学社会科学版)，2021，45(2)：186-189.

[2] 方梦之. 应用翻译研究：原理、策略与技巧(修订版)[M]. 上海：上海外语教育出版社，2019.

[3] 廖七一. 当代西方翻译理论探索[M]. 南京：译林出版社，2000.

[4] 莫言. 生死疲劳[M]. 上海：上海文艺出版社，2012.

[5] 唐颖聪. 跨文化交际视域下《红楼梦》韩译本中食物文化负载词的韩译研究[J]. 韩

国语教学与研究，2024(1)：117-125.

[6]唐颖聪.外宣翻译视域下中国特色词汇"动态清零"的韩译研究[J].中国人文科学，2023(84)：89-113.

[7]熊兵.翻译研究中的概念混淆——以"翻译策略"、"翻译方法"和"翻译技巧"为例[J].中国翻译，2014，35(3)：82-88.

[8]김효중. 새로운 번역을 위한 패러다임[M]. 서울：푸른사상，2004.

[9]이근희. (이근희의) 번역산책：번역투에서 번역의 전략까지[M]. 서울：한국문화사，2005.

[10]모옌，여욱연，옮김. 인생은 고달파[M]. 서울：창비，2012.

基金项目：本文系 2022 年度安徽省质量工程项目"全人教育视域下朝鲜语专业课程思政建设研究"(项目编号：2022jyxm609)、"朝鲜语专业改造提升项目"(项目编号：2022zygzts042)以及 2023 年度安徽省高校科学研究一般项目"跨文化传播视域下中国儒家文化在韩国的传播及影响研究"(项目编号：SK2023B024)之阶段性研究成果。

中　篇

文化与文学研究

中　篇

文学与文学研究

《飘》的历史理解与当代阐释

王　灿　范纯海

（武汉文理学院）

一、《飘》的作者

《飘》(*Gone with the Wind*)是美国现代著名女作家玛格丽特·米切尔以美国南北战争为背景创作的一部长篇小说。作品通过细腻逼真的人物形象，用诗一般的语言演绎了一个感人至深的爱情故事(范纯海、夏旻，2019)。

1936年，《飘》的问世轰动了整个美国，名不见经传的玛格丽特·米切尔也因此一夜成名。玛格丽特·米切尔1900年出生于美国南部佐治亚州亚特兰大市，其父亲是一名律师，曾任亚特兰大历史协会主席。米切尔曾就读于马萨诸塞州的史密斯学院。1922年至1926年，她一直担任地方报纸《亚特兰大报》的记者，对亚特兰大这座城市的历史和现实了如指掌。

同时，由于家庭的熏陶，米切尔对美国历史，特别是南北战争时期美国南方的历史产生了浓厚的兴趣，阅读了大量有关内战的书籍。她自幼听闻了大量有关内战和战后重建时期的种种轶事和传闻，对美国南方的风土人情耳濡目染，亚特兰大丰厚的自然和人文环境孕育了米切尔喷薄飞扬的文思(石坚、王欣，2008)。1926年，米切尔开始潜心创作《飘》。10年后，作品问世，引起了强烈反响。《飘》于1937年获得普利策奖，于1939年被拍成电影，并获得八项奥斯卡大奖，随之风靡世界，至今畅销不衰。虽然狂热的读者和观众非常渴望读到小说主人公后续的故事，但米切尔拒绝续写。1949年，米切尔遭遇车祸身亡，终年49岁。《飘》这部小说成了她一生唯一的作品，但这足以让她名垂千古！

二、《飘》的故事梗概

《飘》以美国南北战争为背景，讲述了斯佳丽与瑞特、阿希礼爱恨交织的纠葛，在人们的传诵中已演变成为世界性的经典爱情故事。

塔拉庄园的大小姐斯佳丽魅力非凡，是县里数一数二的大美人，有着无数的追求者，可她偏偏爱上了即将与玫兰妮订婚的阿希礼。在她向阿希礼表达爱意遭到拒绝时碰巧被躲在沙发后面的瑞特听见，斯佳丽一气之下匆忙嫁给了玫兰妮的哥哥查尔斯。

南北战争爆发后，查尔斯、阿希礼相继应征入伍。不久，查尔斯病死军营。寡居的斯佳丽来到亚特兰大与阿希礼的妻子玫兰妮一起生活，再次邂逅封锁线商人瑞特。玩世不恭的瑞特每每对斯佳丽极尽讽刺挖苦之能事，但当斯佳丽需要帮助时，他又总能及时出现在她身边。

　　战后，为了保全塔拉庄园，斯佳丽嫁给了妹妹苏埃伦的未婚夫弗兰克。为了不再挨冻受饿，斯佳丽开锯木厂、办酒馆，拼命赚钱。弗兰克死于意外后，腰缠万贯的瑞特娶了斯佳丽，事事满足她、迁就她，可斯佳丽心里一直爱着阿希礼。

　　直到玫兰妮临终，斯佳丽才明白玫兰妮长久以来给了自己怎样的支持和爱护；看到失魂落魄的阿希礼才发觉阿希礼真正爱的是玫兰妮，自己对阿希礼的爱只是一种美好的想象；才领悟到瑞特对自己的一片深情，同时也意识到自己是多么需要瑞特。但当她飞奔回家，瑞特却离她而去了……

　　小说在斯佳丽充满希望的期待中戛然而止，留给人们无尽的遐想和希冀。

三、美国南北战争

　　《飘》是以美国南北战争为背景的。南北战争（American Civil War）又称美国内战，是发生于 1861 年至 1864 年的美国历史上唯一的一次内战。参战双方为北方美利坚合众国和南方的美利坚联盟国。美国内战的起因是奴隶制问题。从政治上来说，美国宪法规定了"人生而平等"。而奴隶制的存在体现了奴隶主与奴隶的不平等，这种不平等是有悖美国宪法精神的，因而遭到北方拥护美国宪法者的反对。

　　从经济上来说，美国独立后，南方和北方走的是两条不同的经济发展道路。在北方，资本主义经济迅速发展，自 19 世纪 20 年代起北部和中部各州开始了工业革命，而南方则实行种植园黑人奴隶制度，这种制度严重阻碍了北方工商业的发展，导致南北矛盾和斗争的加剧。当美国西部土地开发时，这种矛盾和斗争日趋激烈。北方要求在西部地区发展资本主义，限制甚至禁止奴隶制度的扩大，南方则力图在西部甚至在全国扩展奴隶制度。当 1860 年主张废除奴隶制度的共和党人林肯当选总统时，南方蓄奴州纷纷要求独立，先后有七州退出美国联邦，成立"美利坚诸州联盟"。随后内战爆发。

　　战争初期南方依托从英国、法国获取的物质和南方战士的斗志取得了一些胜利，但随着林肯宣布奴隶解放，以及加强对南方物质交通要道的封锁，加之南方没有可生产武器之工业，大批黑人叛逃，物质匮乏，南方很快败下阵来。战争也由维护国家统一而战很快演变成消灭奴隶制的战争。据不完全统计，参战士兵达 350 万人，阵亡士兵 75 万，伤残士兵 40 万，不明数量的贫民也遭到波及。

　　南北战争巩固了美国国家的统一，消除了南方奴隶制，为美国资本主义发展扫清了道路。

四、《飘》中的美国南方文化

　　小说《飘》所描述的 19 世纪美国南方，展示给我们的是这样一幅画面：庄园、黑奴、马车、棉田、骑士、淑女。庄园由二层木制楼房或平房、马厩、草地、棉田组成，是人们活动的中心。各庄园的人们不时聚集一处，开派对、跳舞、喝酒、吃烧烤。主要经济来源是棉花。一般的庄园主都会有若干的奴隶，没有奴隶的属于"穷白人"。奴隶都是买来的，所以黑奴越多的庄园越富裕。黑奴也是分等级的，最低级的在棉田里干活，最高级的侍候主人，甚至可以进出主人卧室。马车是重要的交通工具，因为庄园间的距离相差较远，出门就是荒野，没有马车寸步难行，因而庄园的人没有马车一般是不出门的。男人们风度翩翩，都喜欢骑马，跳围栏（或许现代的马术即起源于此），喝酒，谈国事，追女孩，决斗。女人爱派对，她们往往戴着插着羽毛的帽子，着束身衣，穿有圆箍的裙子。每次派对，她们会极尽打扮之能事，往往要换数套裙装，期望能引起自己心上人的注意。聚会上，男人要展示绅士风度，礼节周全，怜香惜玉。女人则淑女端庄，小饮细酌，有时甚至来派对前先在家饱吃一顿，以免派对时吃得过多有失优雅。庄园的派对是南方的主要社交活动，在这样的场合，人们可以见到旧朋友，结识新朋友（斯佳丽就是在韦尔克斯庄园聚会上认识瑞特的），更重要的是可以找到意中人，让庄园间成为亲家。因而主人都分外热情，盛情款待周边庄园的来宾。

19世纪美国南方与北方的差别在于南方各州都是以农业为主，需用农产品与北方交换工业品，这也是南方军事上失败的原因之一（隋红升、扬怡人，2005）。南方是奴隶制社会，北方则没有奴隶。落后的社会制度是南方政治上失败的主要原因（张庆红、田一万，2005）。

五、为什么书名译为《飘》

《飘》的英文原名是 *Tomorrow Is a New Day*（《明天是新的一天》）后改为 *Gone with the Wind*（《飘》）。*Gone with the wind* 来源于英国诗人欧内斯特·克里斯托弗·道森（Ernest Christopher Dowson，1868—1900年）的名作《辛娜拉》（*Cynara*）。本意是"随风而逝"，I Have forgot Much, Cynara! Gone with the wind（很多往事我已忘记，辛娜拉，随风飘侠），即"过去的事情已经过去了"。

而译者将 *Gone with the Wind* 翻译成《飘》主要有如下含义：

第一，美国南北战争期间政局动荡，人们思想认识混乱、政见不一、人心不定，战争的结局飘忽不定。

第二，战争毁坏了人们的庄园、街道。人们流离失所，社会秩序混乱，生活动荡不安。

第三，女主人公斯佳丽生活中的一切都是飘忽不定的。她的爱情是不确定的，她一直想确认阿希礼是否对她有真爱；她的婚姻是不稳定的，她嫁的都不是她所爱的人；她居无定所，奔波于塔拉庄园与亚特兰大之间，住在一边却总是牵挂另一边。对于瑞特她时而爱时而恨，不知该如何面对他。她就像处于一团浓雾中，永远看不清前面的路，认不出雾中的人，她想冲破这团雾，这雾则总"飘"在那儿，让她迷茫彷徨。她的心一直是悬着的。忧虑和期盼交织在一起，使之"飘"在世间，直至故事结尾也未"落地"。她只能期盼"明天是新的一天"。

六、《飘》的现实意义

《飘》之所以让人爱不释手、百读不厌，除了故事叙述场面宏大，人物众多，情节跌宕起伏，很大程度是因为女主人公斯佳丽身上散发出的那种难以抵挡的性格魅力。这种性格在今天看来仍具有极大的现实意义（朱冬梅，2006）。

斯佳丽的性格是复杂的。一方面她冷酷、实用、虚荣、任性。为了虚荣她赌气嫁给了哈妮·韦尔克斯的未婚夫查尔斯·汉密顿。为了弄到钱她先是诱惑瑞特，后又采用欺骗的手段残忍地让弗兰克——她亲妹妹苏埃伦的未婚夫娶了她。她背着弗兰克买下木材厂，并限制弗兰克插手经营。为了赚钱她违反人道租用囚犯在木材厂做工。另一方面她的性格也有积极阳光值得称颂之处。

第一，她勇敢坚强。爱情面前她大胆地向自己的所爱之人阿希礼·韦尔克斯表白，不顾阿希礼·韦尔克斯要娶玫兰妮这一事实。甚至"要让她在天主教和阿希礼之间作出选择的话，她情愿要阿希礼。"虽会招来"闲言碎语"，离了婚的人不但为天主教所不容，还会被排斥在社交界外。上流社会对离了婚的人是拒而不纳的。不过为了阿希礼她也不怕，为了阿希礼，"她甘愿作出任何牺牲"。面对战争她毫不退缩。母亲埃伦病逝，父亲杰拉尔德精神失常，塔拉庄园多次被洗劫，穷困潦倒，都没能把她压垮。一队北方士兵夜宿塔拉庄园，离开前有一名士兵想抢走她家祖传的战刀，她勇敢地要回来了。北军曾两次要焚毁庄园的房子，都被她独自一人保护下来了。当一名北方士兵想抢劫庄园仅存的一点食物时，她鼓足勇气大胆地扣动扳机杀死了他。困境面前，她果敢坚强。没吃的她到十二棵橡树庄园去借；没马骑她就徒步；鞋子坏了，她就光脚；没裙子她就用窗帘布做；庄园因欠税款面临破产境地，紧急时刻她就跑到亚特兰大找被关押在北方兵营的瑞特借钱。木材厂经营不好，她就不顾流言蜚语独自一人赶马车穿街走巷谈业务，并差点被打劫。她追求幸福快乐的生活，享受漂亮的帽子、裙子、首饰，甚至守丧期穿着丧服也要参加舞会。她勇于面对生活的不幸，敢于彰显自己对幸福的追求，坚强果敢，勇往直前。

第二，她诚实守信。阿希礼出征前将妻子玫兰妮托付给她"照看"，虽说斯佳丽的承诺是"为了你我什么都愿意干"是出于对阿希礼的爱情，但她一诺千金，果然做到了。除了平时的陪伴，当危险来临，亚特兰大大多数人都逃离时，考虑到玫兰妮即将分娩不宜奔波，她将身边的亲人佩蒂姑妈、仆人彼得大叔和厨娘都遣送至梅肯，仅留下一个小黑奴普利西和她自己陪着。她亲手为玫兰妮接生，亲手赶着破烂不堪的马车将玫兰妮与新生儿带到了塔拉庄园，亲手为玫兰妮找吃的并为新生儿挤羊奶，把玫兰妮和她的婴儿从死亡的边缘拉了回来，兑现了"照看"玫兰妮的承诺。因而玫兰妮对斯佳丽爱戴有加，每当斯佳丽遭遇困境时玫兰妮都会挺身而出来维护她、保护她，让她免受伤害。甚至在得知斯佳丽对阿希礼的爱时，她也宽容了斯佳丽。诚信不仅使斯佳丽对阿希礼有了交代，也为她自己赢得了玫兰妮的拥戴，进而使她减少了不少来自上流社会的排挤和压力。

第三，她与时俱进。美国南北战争前后是整个社会动荡的时期，战争的来临和结束必然引起人们思想观念、生活方式的变化。有的人墨守成规，而斯佳丽则是与时俱进。战前当南方庄园的人们在一起谈论话题时，斯佳丽就痛恨这个话题，尽管当时的痛恨是因为话题抢了她的风头，但反对战争是人类的共识，符合现代人类理念。战争结束后，当南方的大小姐们仍抱着旧时的生活方式足不出户时，她则改变角色担当管理塔拉庄园的重担，并亲自下地干农活，将曾经柔嫩的双手磨出了血泡和茧子。为保住塔拉庄园她甘心受辱去借钱，为塔拉庄园的未来，她宁愿下嫁老头弗兰克，谋划木材厂。她不顾世人的流言抛头露面与北方佬谈生意，并请颇有争议的人管理木材厂，她也不顾家人反对雇佣囚犯做工。当条件好了，她又不顾丈夫瑞特的反对，建一幢比市长官邸还要气派的豪宅。这一切都说明了斯佳丽是一个为了生存适应环境，不拘旧俗，敢于创新，与时俱进的新女性。

第四，她信念坚定。全篇小说都是由斯佳丽遭受的一系列打击构成：第一重打击，她心爱的恋人阿希礼结婚了，新娘却不是她。第二重打击是新婚不到一年的丈夫查尔斯病逝了，给她留下了遗腹子。第三重打击，塔拉庄园被洗劫，母亲去世，父亲失常，奴隶大多逃亡。第四重打击，第二任丈夫弗兰克不幸身亡，她成了千夫所指的对象。第五重打击，她和瑞特的女儿骑马夭折，刚怀上的婴儿流产。第六重打击，发现阿希礼真正爱的不是自己，而真正爱她的瑞特又离她而去。

这一系列的打击并未将她击垮，因为她心中一直有着这些信念：瑞特是爱她的，只要他还活着，她的情感就有了依托；塔拉庄园只要未被焚毁，就可以重建；亚特兰大佩蒂姑妈的房子只要不被战火毁灭，生活就可以继续下去。她永远憧憬未来，向往明天，哪怕她发现自己的一切努力都是失败的，她仍能从生养她的塔拉庄园找到力量。"一想到塔拉庄园，她仿佛感到有一只轻柔凉爽的手在抚慰着她焦灼的心。她仿佛看到了掩映在变红的秋叶里那幢白色的房子在那儿闪烁着欢迎她，她仿佛看到了在那静谧的田野中，暮霭正默默祝福她，她仿佛觉得晶莹的露珠正滴落在几十英亩的绿色灌木丛和雪白的棉桃上，她仿佛看到了那绵延起伏的山坡上令人思念的红土和那郁郁葱葱蔚为壮观的松树枝。这幅美妙的图画让她模模糊糊地感到一阵快慰，增强了她的信心，驱散了不少她心灵上的创伤和悔恨。""她的祖先们一向是不怕失败的。"塔拉庄园是斯佳丽信念的源泉，它是来自祖辈的历史，更是在斯佳丽身上得到了传承。

七、结语

小说《飘》是一部近百万字的巨著。真正欣赏它需要慢慢咀嚼，并把玩和体会。只有身临其境才能发现《飘》是一部值得我们阅读的好书。阅读《飘》能使我们了解美国南北战争的历史，熟知美国南方文化，洞悉性格各异的人物，体味斯佳丽的辛酸和快乐。阅读《飘》能让我们领悟人生，珍惜当下美好生活，在困难与挫折面前更加坚定、坚强。阅读《飘》能让我们更加憧憬美好，相信未来，满怀信心地迈步走向辉煌灿烂的明天。

参 考 文 献

[1][美]玛格丽特·米切尔.飘[M].范纯海，夏旻，译.武汉：长江文艺出版社，2019.
[2]石坚，王欣.似是故人来——新历史主义视角下的20世纪英美文学[M].重庆：重庆大学出版社，2008.
[3]隋红升，扬怡人.《飘》中的家园意识探究[J].宁波大学学报（人文科学版），2005，18(1)：63-65，69.
[4]张庆红，田一万.《飘》中的主要人物及其南方社会的变迁[J].廊坊师范学院学报，2005(2)：50-52.
[5]朱冬梅.文学与历史的契合——试论新历史主义文学批评[D].武汉：华中师范大学，2006.

民族记忆与身份认同
——《守夜人》中的景观书写

唐涅君

（湖南科技大学）

一、引言

路易丝·厄德里克（Louise Erdrich，1954— ）是当代美国极富景观意识和想象力的本土裔作家。她出生在美国明尼苏达州，儿时常去龟山保留地的外祖父家，龟山保留地的自然景观、劳作景观和人文景观深深地印刻在她的脑海中，为她的创作提供了重要的素材。《守夜人》中的景观描写独具印第安民族特色和文化意义，是对印第安民族历史和文化的象征性书写，记载了印第安民族的被殖民历史和身份建构的过程。厄德里克将景观书写与印第安的民族历史、民族性格和民族身份并置，以此激发印第安民族的认同感。

"景观"一词最早出现是在希伯来文本的《圣经》中，德语写作"landschaft"，英语写作"landscape"，同汉语的"风景""景致""景色"的意思一致。"景观"一词最初是绘画领域的术语，19世纪在自然地理学领域得到应用。到20世纪中叶，西方学界的"空间转向"研究把"景观"扩展到新的研究领域，注重其主体性和建构性的内涵，视景观为一种文化实践活动，重视景观的"观看方式"，使景观研究引进文学、艺术等多种学科，并发展成一种跨学科、综合性的研究。"景观"一词包含了"景"（风景）和"观"（观看）两个方面的内涵，不仅是一种客观的、纯物质形态的自然物象，更承载了丰富的人文意义，且与文化、政治等紧密相关，具有区域独特性。根据国内外研究综述可知，较多学者多从创伤、共同体等角度对该小说进行研究，少有学者关注景观这一视角。因此本文以《守夜人》中景观与民族记忆、民族性格和民族身份的关系为切入点，分析小说中的景观如何唤醒印第安人的民族记忆，如何凸显印第安人的民族性格，印第安人如何在与风景的融合中建构民族身份，并强化自己的民族身份与归属。

二、保留地的自然景观与民族记忆

英国文化地理学家 Mike Crang 在《文化地理学》一书中对地理景观进行了界定，他认为："地理景观指的是不同时期土地形态的集合。地理景观不是一种个体特征，它们反映了一个社会的——或者说是一种文化的信仰、时间和技术"。英国地理学家 Alan R. H. Baker 也指出了景观与记忆的内在联系，他认为："往日景观的形成与意义，反映了建构人们工作、生活于其中并加以创造、经历与表现的社会。但就其留存至今而言，往日景观作为文化记忆与特性的组成部分之一，具有延续的意义"。由此可见，文学作品中的地理景观不仅是地貌风景图，更是可解读的"文本"。它们向读者展示的是关于某个民族的故事、观念信仰和民族特征。作为美国本土裔文学的代表作家，路易丝·厄德里克作品中的景观描写承载了作者的文化立场和价值判断。小说中的自然景观既是印第安人赖以生存的物质基础，也是在建立他们与自然界的联系下传承民族文化、建构民族身份的精神源泉，展现了印第安人对部落景观的依赖和眷恋，也实现了对印第安民族历史的重述。

(一) 流失的家园：土著人长期被殖民的苦难

自 19 世纪中期以来，美国人开始觊觎广阔的西部世界。美国当局一直在推行"冠冕堂皇"的针对印第安发动战争的政策。美国的一些领导人甚至还签署了一系列的法律，以激励美国人公开对印第安部族进行残酷的攻击。"保留地"是美国人屠杀印第安人的另一项"恶作剧"：美国与印第安人签署了一项"条约"，印第安人"自愿"放弃了自己的家，将自己的房子转移到了美国政府指定的地方。但实际上，他们是被美国的压力和枪支逼得走投无路的，他们选择了另一条充满泪水的道路：他们把肥沃的国土拱手相让，在迁徙的时候，不断有土著被杀死，大量的年轻人死去。

在小说《守夜人》中，美国国会向龟山部落委员会提出一项法案：规定终止联邦对北达科他州、南达科他州和蒙大拿州的奇普瓦印第安人龟山部落的财产及其个人成员的监管，协助这些印第安人有秩序地搬迁到经济机会更多的地区，并用于其他目的。从表面看来这是为印第安人提供去市区工作千载难逢的好机会，可实际上却暗藏玄机，美国人想通过这种"好处"趁机侵占龟山部落的土地，五年后，保留地上的所有土地都将落入白人手中。在报纸上，提案的作者在这个法案周围构建了一组崇高的词汇——解放、自由、平等、成功——这掩盖了它的真相：终止。因为搬迁政策的实施，大量的年轻人前往城市，大多杳无音讯，维拉就是深受其害的人员之一。在纽约市区，维拉没有找到称心的工作，却沦为性工具，曾多次被男性玩弄于股掌之中，当大家都以为维拉面临悲惨结局时，幸好有一位好心人将她救助下来，这也算是不幸中的万幸。维拉只是印第安人迁徙受迫害的一个缩影，万千的印第安人深受失去家园的痛楚，体现了土著人长期深受美国当局殖民的苦难。

(二) 守护的土地：土著人深厚的恋地情结

"对地域之情的关注一个世纪以来始终贯穿着美国文学的发展，既造就了其总体共性，又形成了各个地域文学的个性。尽管各位作家与其认同的地域有所不同，但是这种地域情愫却一脉相承，成为文学创作中具有无穷潜力的主题。"厄德里克在《我的所属之地：一个作家的地域感》一文中解释了她的选择：一个作家必须有一个他或她有爱有怨的地方。我们要经历过当地的损毁，听得懂它的俗语，能忍受收音机里的宣传。通过对这一地域的细细研究，包括它的人、作物、产品、猜疑、方言和各种挫败来向我们的真实情况靠拢。要瞎编一个地方的故事或情节是很困难的，但对一个地方真正的了解却能使情节变得有意义。那么，在北达科他州的红河谷长大并对龟山居留地极为了解的厄德里克对这一地域的选择就很自然了。

厄德里克在《守夜人》中对土著人居留地的环境和自然景观的描写，正是出于她对这片土地的强烈情感，这种情感一是来自她对印第安历史的了解，更重要的是她深切地理解印第安传统灵学思想中一直颂扬的人类与大地的亲缘关系。美国的西进运动和保留地政策迫使印第安人迁往贫瘠荒芜之地，动物绝迹，食物短缺，疾病肆虐，导致众多印第安人在饥饿、寒冷和疾病中死去。然而印第安人依然在灾难中顽强地生存。印第安人原本是北美大陆的主人，在白人殖民者的驱逐下来到保留地这个"错误的地方"。保留地的印第安人几经迁徙，不断为白人让出土地。在保留地的狭小地域，印第安人加强了部落间的联系，促进了民族意识的觉醒，最终将保留地建成新的家园，将"错误的地方"转变为代表印第安民族身份之地。

三、土著居民的劳作景观与民族性格

风景具有地域的独特性，不仅可以体现一个民族或国家的政治观念，还可以反映出一个民族或国家的生活方式和文化特征。正如肯尼斯·奥维格（Kenneth Olwig）所说："一个民族文化的本质或性格与其栖居地区的本质或性格之间，具有一种恒久的联系。"在这个意义上，风景成为反映民族文化或性格的载体，通过文学文本呈现出来，进而成为建构民族身份和文化认同的方式。印第安人被迫迁移的经历导致民族身份与地方归属的联系受到冲击，许多印第安人失去归属感，而厄德里克在印第安保留地的自然中找到了能够代表印第安民族特征、凝聚民族历史的重要媒介——景观。作为美国本土裔文学的代表人物，厄德里克将美国印第安保留地的景观生动形象地再现到作品中。在小说《守夜人》中，通过回忆，不仅仅给读者呈现了自然景观，也展现了世世代代印第安民众的劳作场景和生存方式。厄德里克对劳作景观的描写主要有两种：一是呈现宝石轴承厂的劳作场景；二是描写和重现守夜人托马斯工作的劳作场景。

（一）手艺者：淳朴自然的显化

小说创作与手工劳作紧密相关。正如弗雷德·查普尔（Fred Chappell）所言："小说和农业活动之间的永久关系富有感情，而且让人出乎意料。因为两者都要求耐心、对自然的敬畏和对土地的尊重。"而厄德里克正是以呈现的劳作景观延续她对土地与家园的热爱。

在小说开头处就提及宝石轴承厂的工作部分。"在这片永远安静的大地上，海龟山的妇女们整天都在工作。妇女们把红宝石、蓝宝石或较小的宝石——石榴石的薄片贴在薄的直立轴上，准备钻孔。这是保留地附近第一次出现制造业的工作岗位。"通过对轴承厂女工细致的劳作场景书写，体现出龟山部落成员能够耐心灵活地完成工作，这也从侧面印证出她们淳朴肯干的美好品德。除此之外，在宝石轴承厂的工作期间所发生的一系列事件贯穿全文，例如在帕特里斯将前往纽约市区时因为假期不够险些放弃寻亲之路，但善良的瓦伦丁主动提出将自己的假期赠与帕特里斯，方便她能更加无顾虑地前往市区。再如因为家境贫寒，帕特里斯只能吃面包上的猪油，见此状况，轴承厂的工作人员便向帕特里斯分享各自的食物，这也体现出当地人民的淳朴善良。

（二）守夜人：和平正义的化身

该小说名为《守夜人》，而小说中的托马斯实则为真正的"守夜人"。在小说的开篇便简要介绍了他的本职工作。"午夜，他拿起钥匙圈，一个公司的手电筒，走到主楼的

周边。"接着通过更细腻的语言阐述他的劳作景观所具备的优良品质，"他得到了这份工作，因为他很可靠，而且他把自己的工作做得很完美，就像他能做的那样。他以一种严格的彻底性进行检查。"托马斯他所承担的职责不仅是轴承厂的守夜人，更是维护领土主权的龟山部落委员会主席。在美国对印第安人民所实行的部落终止计划中，托马斯带领龟山部落委员会对这个收复计划进行强烈的抵制，这种抵制是对美国强权政治的痛恨，在小说中，托马斯作为委员会主席，不仅让部落成员签下抗议书，还公开前往国会与美国议员进行谈判，托马斯所具备的英勇正义的品质也正是印第安人民的缩影，一个面对强权政治迫害的民族能够坚定自信地维护本族人民的权利，更显得难能可贵，综上所述，通过宝石轴承厂女工以及部落领导托马斯的一系列劳作场景衬托出印第安民族坚韧顽强的民族性格。

四、部落人文景观与民族身份认同

除了重温民族记忆，表征民族性格，《守夜人》中的景观对于建构印第安人的民族身份认同也具有重要的作用。我国著名的文化地理学专家王恩涌在其著作《文化地理学导论》中指出，"景观可以分为两大类——自然景观和人文景观"。小说中的人文景观帮助印第安人团结部族成员，回忆民族历史，融入民族文化，进而唤起当代印第安人的族裔认同。北美大陆的印第安部落众多，且部落文化各异，形成了丰富多彩的典仪文化。然而，白人殖民者对印第安人实行了的宗教同化和宗教迫害，直到 1934 年《印第安人重组法》的颁布，这一法案试图保护印第安人的传统文化，承认印第安文化的差异。20 世纪六七十年代，美国兴起的"红种人权力"运动激发了印第安人的民族身份认同感，唤起了印第安人对传统文化的关注。典仪在印第安部落中再次兴起，成为印第安人复兴民族文化、建构民族身份的重要方式。

（一）齐佩瓦语：坚守传统民俗文化

关于索尔·绪尔对人文景观的要素分类，历史要素可以从民族、语言、宗教和习俗等角度出发进行研究。在小说中有部分关于印第安本土语言的描写，以描写帕特里斯时表现得尤为突出。"帕特里斯她从小就讲齐佩瓦语，但学习英语没有问题，她遵循了母亲的大部分教诲，但也成为一名天主教徒。"其母亲扎纳特是一名虔诚的天主教信徒，从小没有接受正式教育却很有学识，很多人远道而来拜访她并跟她学习，由于从小耳濡目染，帕特里斯也是一位非常优秀的女性，以至于被托马斯等委员会成员选去与国会议员谈判。在龟山部落，凡是一切重要的话题人们都会用齐佩瓦语交谈。在面对羞辱的部落收复计划，托马斯与父亲比邦互相使用着齐佩瓦语，这也显示出了这则谈话的崇高性。小说中的米莉虽是出生于龟山部落，但因为父母离异，很小的时候便前往美国生活，再次回到龟山部落，她感觉自己既属于龟山但又感觉很陌生，米莉很欣赏扎纳特与帕特里斯这对母女，她认为她们身上有一种不可言说的坚韧气质。"当她进行调查时，她几乎总是被人用英语称呼。现在她明白了，英语是为了她的利益，而她周围的大多数人，包括路易斯和格雷斯，都讲传统语言，所有这些都让米莉着迷。由此可见，在米莉眼中，她认同龟山部落的传统文化，并为自己曾属于这里而欣慰。

(二)典仪仪式:增强部落的归属感

法国社会学家爱弥儿·涂尔干(Emile Durkheim)曾论述过典仪对培养集体情感和强化集体意识的重要性。他认为,定期地强化集体情感和集体意识才能使社会获得同一性,"这种精神的重铸只有通过聚合、聚集和聚会等手段才能实现,在这些场合个体被紧密地联系起来,进而一道加深他们的共同情感:于是就产生了仪典"。

与厄德里克在《圆屋》以及《鸽灾》中提到的汗屋以及其他的部落典仪不同,在《守夜人》中典仪仪式并未完整地呈现,而是穿插于其他故事情节的描述中。但不可否认的是作为印第安少数族裔,最传统且最具民族凝聚力的典仪仪式是不可缺少的。"他们与扎纳特讨论了仪式将如何进行,谁可能会出现其他问题,他们应该等待多长时间,他们是否也应该建立汗屋,在树枝上系什么颜色的布,以什么顺序。"扎纳特从小就接受天主教仪式的熏陶,对仪式的环节处理得行云流水。她在每次仪式开始时都会说一些话,而这些话唤起了坐在四方的风的灵魂和来自四方的动物的灵魂,她会邀请所有这些代表和精神进入房间。在印第安本土人民看来,典仪仪式是一个连接整个部落凝聚力的媒介,会不自觉地受到典仪仪式的束缚,这也更加彰显了印第安人对于自身文化强烈的认同感,唤起了印第安人对传统文化的关注。典仪在印第安部落中再次兴起,成为印第安人复兴民族文化、建构民族身份的重要方式。

五、结语

在厄德里克的笔下,《守夜人》中所呈现的一系列景观不仅是可视的地貌和历史的记忆,也是可读的地形学文本和符号。小说中的自然景观唤醒印第安人的民族记忆,劳作景观凸显印第安人的民族性格,在人文景观中建构民族身份,并强化自己的民族身份与归属。印第安部落和保留地的每一个景观都有独特的意义,他们勾勒了文本的背景图,记录了人物的物质生活和精神生活,塑造并强化了他们的民族身份,在叙事的过程中凸显了其内在价值。正是这特有的民族景观,以及与景观联系在一起的记忆,帮助当代印第安人加强民族身份认同,找到回归精神家园之路。综上所述,景观作为一个能够反映民族历史、民族精神和民族文化的载体,是印第安人反抗殖民主义、弘扬民族文化、增强民族意识和实现身份认同的重要方式。

参 考 文 献

[1]Chappell, Fred. *Plow Naked*[M]. Ann Arbor:University of Michigan Press, 1993.

[2]Olwig,Kenneth. "*Sexual Cosmology:Nation and landscape at the Conceptual Interstices of Nature and Culture;or What Does Landscape Really Mean?*" in *Landscape:Politics and Perspectives*[M]. Oxford:Berg, 1993.

[3]Erdrich, Louise. "Where I Ought to Be:A Writer's Sense of Place"[A]. Hertha D. Sweet Wong. *Louise Erdrich's Love Medicine:A Casebook*[M]. Oxford:Oxford University Press, 2000.

[4]Erdrich,Louise. *The Night Watchman*[M]. New York:Harper Collins Publishers, 2020.

[5]［英］阿兰·贝克. 地理学与历史学：跨越楚河汉界[M]. 阙维民，译. 北京：商务印书馆，2008.

[6]［英］迈克·克朗. 文化地理学[M]. 杨淑华，宋慧敏，译. 南京：南京大学出版社，2003.

[7]秦苏珏. 地域景观、环境与身份认同——《爱药》的生态解读[J]. 国外文学，2010，30(2)：97-103.

[8]孙宏. 美国文学对地域之情的关注[J]. 外国文学评论，2001(4)：78-84.

[9]［法］爱弥尔·涂尔干. 宗教生活的基本形式[M]. 渠东，汲喆，译. 上海：上海人民出版社，2006.

[10]王恩涌. 文化地理学导论[M]. 北京：高等教育出版社，1989.

对电影《芬奇》中杰夫成长经历的研究

祝丰萍

（武汉文理学院）

一、引言

随着时代的发展，电影开始作为一种文化和传播媒体进入人们的生活，以其独特的魅力吸引了越来越多的人来观看、关注甚至思考（黄鸣奋，2022）。《芬奇》打破了传统的关于人工智能电影中的"人机关系模型"。在这部影片中，一个虚构的故事却能给人最真实的情感，就像故事中的杰夫一样。机器人杰夫既可爱又聪明，虽然他的脸上毫无表情，但他却深深地打动了观众。他不是一个机器人，他是一个真正的人，就像他所期望的那样。虽然这个故事很简单，但它很感人，也很发人深省。成长是一个不断变化的过程，芬奇的成长就像一面镜子，不仅反映了人类生活的真实焦虑，也反映了观众自己的困境，让人们审视自己，这是这部电影的魅力（张翔，2019）。

二、成长的困境

1. 杰夫的困境

杰夫生来就是一个不完整的机器人，芬奇希望杰夫能更专业地照顾小狗，于是在他的大脑里加入了一些必读的书籍，包括《狗美容和狗护理训练全集》。当杰夫的大脑被数据淹没时，一场超级风暴将在 24 小时内发动袭击。这次天气灾害将持续 40 天，他们必须立即撤离。考虑到北方和南方已遭到破坏，东方有太多的人类竞争而无法生存。芬奇决定向西部撤离，前往旧金山。但杰夫的大脑数据传输只完成了 72%。时间不多了，杰夫一学会走路，他们就开始撤离。杰夫是一个不完整的机器人，换句话说，他的大脑和身体还没有完全发育起来。

2. 社会的困境

社会困境是一种恶劣的环境（芮渝萍，2004）。电影的开头呈现了一个非常现实的、世界末日般的未来世界。由于人类对臭氧层的破坏特别严重，臭氧层不能有效地吸收来自宇宙的辐射。太阳耀斑突然使人类文明秩序瘫痪，导致整个社会陷入混乱。同时，所有的电器都被电磁脉冲破坏。风吹得沙子到处都是，能见度很低，我们所知道的地球已经变得认不出来了。地球开始在高辐射和高温下开始沙漠化，变得不适合人类居住。那时，世界上剩下的人很少，这座城市完全是一片废墟。世界末日即将来临，地球上的食物越来越匮乏。人类由于害怕世界末日，开始互相残杀，为资源而战。人类同类相食的幸存者很少，而主角就是其中之一。

这部电影触及了对人性阴暗面的反思和批评，表现为自私、残忍和懦弱。它揭示了，尽管人类社会被减少到末日的原因是很自然的，比如太阳耀斑和臭氧层的破坏，但归根到底，最重要的原因是人类的自私、贪婪、无尽的欲望和需求。然而，这部电影并没有因为对人性的阴暗面的批评而陷入绝望，而是对芬奇和机器人杰夫的沟通和相互影响的爱和信任的肯定。影片中的许多细节都表明，芬奇内心深处渴望爱情。他保存了一本童话书，扉页是《献给我的小王子，来自你母亲的爱》，还有一张多年前他父亲寄来的明信片。虽然他在生存的过程中经历了一些痛苦，芬奇关闭了与他人交流的通道，但他的良知并没有完全丧失。收养死去的小女孩留下的狗，并创造一个机器人来照顾狗，这些都是芬奇善良本性的例子。在与机器人杰夫的交流中，芬奇逐渐打开了他的心扉，恢复了他对人类和爱的信心。

三、杰夫的成长和认知发展

1. 积极的引导

杰夫受到了芬奇的积极引导。在电影中，芬奇有了一只小狗，他说他活着就是为了抓它的肚子。他把对弱者的爱和责任放在自己面前，即使他走了，也要努力让狗继续活着。因为在恶劣的条件下生活了很长时间，芬奇的身体明显受到了影响，他经常咳嗽，他知道自己快死了。为了在他死后有人照顾他的狗，他制造了人工智能机器人杰夫。在接下来的有限的时间里，芬奇需要教杰夫如何保护和照顾小狗，如何找到供应品和避免危险。更重要的是，杰夫应该理解人性、友谊和爱，并能够信任和与狗相处。当芬奇创造杰夫时，他给了杰夫四个机器人规则。第四项指令是，如果芬奇不在它身边，机器人就必须保护小狗。这个指令优先于所有其他指令。第四项指令的优先级意味着，如果其他人试图吃狗肉，杰夫可以通过伤害人类来反击。杰夫很好地遵循并执行了芬奇给他的四条指令（贺小凡、张丽军，2019）。

虽然生活中充满了许多遗憾，比如芬奇和他的父亲没有见面，也没有和解，芬奇最终也没有看到金门大桥，但生活在路上他也得到了意想不到的惊喜和收获。这可能是我们大多数人的样子，人生充满了内疚和遗憾，但也可以通过这些经历来学习变得更加强大（大卫·谢弗，2005）。电影《芬奇》也充满了巧妙的想法和有趣的细节，在简单的故事中有丰富的质感。不同于之前的科幻电影，它触及了观众柔和的情感琴弦。

2. 相反的向导

杰夫的相反的向导是其他的人类幸存者，他们既冷漠又自私。这部电影不断地传达着美国民族对人类意识的贬低。正是他们对人类的不信任和对其他国家的敌对态度导致了疯狂的战争和人类的毁灭。在资本主义国家，人与人之间的基本关系是竞争，利益分享是非常梦幻的。掠夺和利己主义的思维模式已经深深植根于西方人的骨髓之中。因此，在影片中，即使幸存者很少，他们仍然为了资源而互相残杀。环境创造了人，但人类却破坏了环境，极端天气的频繁爆发就是一个很好的例子。然而，幸存者们还在寻找一个合适的环境，为了生存去陷害自己的同类。

3. 突然的启蒙

杰夫对信任的理解是他自己的一种洞察力。杰夫的大部分成长都是在离开基地的漫长旅程中实现的。芬奇知道自己快死了，所以当基地受到极端天气的威胁时，他带着狗和机器人开车前往旧金山。芬奇想教杰夫什么是信任，但他不能向杰夫解释。由于缺乏信任，芬奇在童年时就失去了父亲。当他成年后，他会更有效地独立工作，然而与他的团队并没有默契。当结局到来时，他看到人类残忍地互相残杀以获取食物。这些经历塑造了他的性格，它们也是现代社会中常见的问题，比如工作场所的内斗，以及社会中那些太愤怒而无法理解彼此的人。随着芬奇的健康状况变得更糟，杰夫试图以芬奇的方式照顾他人，他越来越体会到芬奇的感受，并学会在危险到来时为他人尽最大努力。

作为一个只有72%完成度的机器人，他没有体验世界的感官，但他却了解世界和宇宙。他能准确地测量天气的变化。更重要的是，他对人类世界很好奇。事实上，从杰夫在第一次寻找食物发现爆米花时感到很惊喜那时起，他逐渐意识到在他与芬奇的关系中存在着喜悦、悲伤、愤怒和其他复杂的人类情感。就像《灵魂世界》中的英雄一样，杰夫在人类世界中找到了他的火花。芬奇和狗丰富的情感体验使他得以完整，直到他成为100%的人类。

4. 他人的认可

当芬奇还活着的时候，杰夫就像个孩子一样。尽管父母会告诉他的行为准则和生活目标是什么，但只要有他的父母在，杰夫的行为总是被动的，只能等待指示。不管杰夫扔了多少网球，狗总是认为芬奇是他的主人，所以不会把网球还给杰夫，而杰夫认为狗没有将球还给他是因为它不喜欢自己。当芬奇告诉杰夫自己快死了，并训练杰夫和狗一起玩时，这实际上意味着芬奇的所有权移交。芬奇死后，杰夫一晚上过得很糟糕。直到狗把球放在杰夫的脚边，他才意识到狗已经把他当成了它的主人。身份的改变提醒他，没有人可以告诉他下一步该做什么。他需要自己作出决定，并控制自己的生活方向。所以，当他和狗最终成功地打完了网球比赛时，他举起了手，为它欢呼。这不仅是为了赢得一只狗的信任，也是他对它的认可的体现。

这部电影让我们感受到了浪漫和悲剧的情感色彩。芬奇把他的希望和生命传递给了机器人杰夫，希望杰夫能完成他未完成的任务，希望杰夫能代替自己去金门大桥。杰夫还承担着芬奇的责任。

四、结论

有人说这部电影是汤姆·汉克斯版的《我是传奇》，一个男人和一只狗在破旧的现实中寻找生命的出路，但杰夫是这部电影的真正主角。这是一个关于爱的重生的故事，芬奇代表了垂死的老人类意识，狗是纯粹的爱的化身，而机器人杰夫是一个不断在爱中成长的新人类。

在最后，与冷漠和自私的人类幸存者相比，杰夫是延续人性最好一面的机器人。他真诚、热情洋溢，愿意善待每个人，不辜负别人的信任。因此，他可以继承芬奇的希望和使命，到达应许之地。影片以温暖而持久的方式结束，激励人们思考如何珍惜生态环境，如何保护人与人之间的爱和信任。

参 考 文 献

[1] [美] 大卫·谢弗. 发展心理学：儿童与青少年 (第六版) [M]. 邹泓等，译. 北京：中国轻工业出版社，2005.

[2] 贺小凡，张丽军. 当代科幻文艺里的人性之美 [J]. 艺术广角，2019 (2)：84-89.

[3] 黄鸣奋. 想象力消费视野下的科幻电影 [J]. 当代电影，2022 (1)：39-44.

[4] 芮渝萍. 美国成长小说研究 [M]. 北京：中国社会科学出版社，2004.

[5] 张翔. "废土电影"的影调审美与精神旨趣 [J]. 电影评介，2019 (17)：32-35.

解析爱丽丝·沃克的妇女主义

——以小说《紫色》为例

任 涛

（武汉文理学院）

爱丽丝·沃克（Alice Walker），生于1944年，是20世纪70年代以来美国文坛最著名的黑人女作家之一，在美国黑人文学史上占有举足轻重的地位。同时，她还是现代妇女主义（Womanism）的创始人。她的代表作品——《紫色》（*The Color Purple*）于1982年结集出版，这是一部以书信为叙事策略的长篇小说，也是一部极为优秀的、张扬黑人女性主义的杰出代表作。该作品是由主人公西丽（Celie）写给上帝的书信以及和她妹妹聂蒂（Nettie）之间的书信往来所组成。全书总共92封信件，其中70封信是西丽写的，剩下22封信是妹妹聂蒂写给姐姐西丽的。整部作品具有很强的思想性和极高的艺术水准，因此，自出版之日起，便成了畅销书。《紫色》出版以后的第二年，一举获得美国书坛三大奖项——普利策奖、全国图书奖以及全美书评家协会奖，并在世界范围内引发轰动，且于1985年被美国著名导演斯蒂文·斯皮尔伯格（Steven Spielberg）改编成同名电影，获得奥斯卡奖提名，作品再度轰动一时，这无疑是对此小说的又一次肯定（张红敏，2003）。

小说的主人公——西丽是一位天真、善良而又出身贫苦的黑人女孩，生活在20世纪初的美国社会里。当时的社会，男权思想和种族歧视极为盛行。她的父亲被白人以私刑处死，母亲再婚后，因频繁生育而重病在身，而她在还不到14岁的年纪里，就被自己的继父多次强奸，并依次生下了一女一男共两个小孩。因为在西丽年幼时期，就遭受了继父的不断摧残、蹂躏和虐待，加上长期从事繁重的家务劳动，长此以往，导致她最终丧失了生育能力。先前的一双儿女也被继父抢走，并以廉价卖掉。因此，她被永远剥夺了做母亲的权利，从而也被剥夺了可能因母亲身份而早日自强、自立的机会。不仅如此，她还被重病缠身的母亲责骂不休，周围的邻居也是对她不理不睬，态度冷漠。只有妹妹聂蒂，才是带给她快乐的唯一依靠和希望。可即使这样，苦命多难的西丽，还是被她残暴冷酷的继父，卖给了一个有着四个孩子且脾气暴躁的丧妻男子阿尔伯特。阿尔伯特是因为考虑到他和孩子们的确需要一个能做家务、会干重活儿的女人来持家，全面照料他们的生活，而且他还可以免费得到西丽的陪嫁（一头牛）。然而，对于西丽来说，这无疑是才出虎穴，又入狼窝。她的黑人丈夫蛮横霸道、自私自利，不仅无所事事，整天酗酒，对西丽也是拳脚相加。稍有不慎，西丽便面临一顿毒打。西丽不仅是他和孩子们的衣食保姆，也是他的泄欲对象。在这种极度恐惧而又孤独无助的氛围之下，小女孩无路可走，无计可施，最后只能求助于上帝，并且开始给上帝写信，倾诉自己不幸的遭遇。

　　小说的前半部分，主人公西丽给上帝一共写了 55 封书信。"亲爱的上帝，我十四岁了。我一直是个好姑娘。也许你能给我一点儿启示，让我知道自己出了什么事儿啦。"（杨仁敬，1987）这是西丽在给上帝的第一封信中的话，通过这些简短笨拙的、稚气未脱的话语，我们不难看出西丽还是一个特别单纯善良、不谙世事的小女孩。对于发生在自己身上的种种不幸遭遇，她显得十分茫然，不知所措，却又走投无路。她只有不停地倾诉、求助于那个既看不见又摸不着的上帝求上帝能够给她带来一丝希望，指明未来的出路和方向。作品中的上帝，不仅是一位信件接收者，更是西丽的唯一。同时，上帝也是她内心深处唯一的救星。因为，西丽始终相信，上帝无所不能。在她的心目中，上帝不仅是一位男士，而且还是一位白人男性，并具有超乎一切的巨大威力，这无疑反映出了上帝在西丽头脑中的绝对权威地位。在当时美国的现实社会环境中，充斥着男权主义和种族歧视。黑人妇女一边忍受着黑人男性的欺压，同时又要遭受着白人世界的歧视。性别和种族的双重不平等，是牢牢压迫在黑人妇女头上的两座大山，迫使黑人妇女的生存状况岌岌可危，严重影响了黑人女性的个人发展和社会地位。西丽的父亲、继父和丈夫，从来都没有把她当成一个人来看待，而只是视她为一个劳动工具、发泄工具，甚至是男人无聊时的消遣工具。这个遭受命运无情打击，集众多苦难于一身的黑人女性，也在一直努力把自己看成是一棵树，一棵不会哭泣、不会流血、不懂喊叫、不懂反抗的树，没有自己的思想，更没有丝毫的自由和权利。"我能做到的只是不哭，我让自己像木头一样。我对自己说：西丽，你是棵树。"（杨仁敬，1987）伴随着时光的不断流逝，长久的迷茫、绝望和痛苦交织在一起，让西丽感到孤苦伶仃。久而久之，西丽便在无形之中逐渐失去了自我，甘心情愿地接受了被他人奴役的事实，慢慢变得麻木不仁，不懂反抗。日复一日，年复一年，她就这样浑浑噩噩、如植物一般地苟活着。然而，对于她长久痛苦而冤屈的诉说，对于她悲切苦难的境遇，这位全知全能的上帝，却显得如此冷漠无情，不闻不问，漠不关心，丝毫没有作出任何的反馈和回应。她给上帝所有的书信，也是全部石沉大海，毫无反馈。因此，她的悲惨境遇也一直没有得到任何一丝一毫的改善和提升。久而久之，对上帝一贯敬畏并顺从的西丽，变得彻底失望，彻底愤怒，决定不再给上帝写信，而是开始给亲妹妹聂蒂写信，向妹妹倾诉自己的种种感受，这也标志着她的世界观正在悄然发生着转变，她慢慢地把改变自己命运和前途的希望，从外界转移到了自身，她的自我意识也在渐渐觉醒。然而，就连她和妹妹之间的信件往来，包括后期妹妹聂蒂给她的所有回信，却也都被她的丈夫残忍地全部截留并隐藏起来，锁在了一个小木盒子里面。

　　小说的转折点，始于另外一位黑人女性——莎格，她美丽又性感，独立又自信。正是莎格，将处于长期苦难麻木、绝望迷茫之中的西丽唤醒，帮助她重新认识自我，从而彻底拯救了西丽。莎格和当时其他绝大多数的黑人女性都不一样，作为一位黑人女歌手，她不仅牢牢主宰着自己的命运，而且还能反过来支配黑人男性。西丽的丈夫将莎格奉为神明，对她俯首称臣，唯命是从，不敢有丝毫的怠慢和反对。莎格天生拥有一副好嗓音，十分擅长演绎黑人布鲁斯音乐（蓝调音乐）。这种音乐是美国黑人原创的民间音乐，用来排遣当时的苦闷生活，寄托思乡之情。莎格身边的男人们不仅沉醉于她美妙的歌声，更是深深陶醉于她的个人魅力。她并不依附于任何男性，完全依靠自己的歌声赚钱养家。莎格十分富有，不仅组建了自己的小乐队，而且还有能力帮助身边的黑人姐妹，西丽就是其中之一。当初莎格作为西丽丈夫的情人，因为身患重病，被带回到了西丽家里，并安排由西丽全权照顾她的饮食起居。让人特别惊讶的是，西丽非但没有伤心难过，怨恨愤怒，相反，却给予了莎格无微不至的关怀与照料，尽力将自己最好的一面展现在莎格的面前。这种无私与善良感动了莎格，让病中的她感受到了西丽的温柔，同时也帮她看清了束缚在西丽身上的巨大且无形的精神枷锁。于是，她决定要唤醒西丽的自我意识，帮助西丽从这种无尽的苦难和不幸的生活之中摆脱出来。她曾创作一首《西丽小姐之歌》，并且公开在酒吧演唱。这样的做法，使西丽有生以来第一次切切实实地感受到了人的尊严和爱的温暖。莎格对于西丽有着巨大的影响作用，她对西丽的爱护、照顾和保护，让西丽觉得她就是自己想象之中的那个温暖的、充满爱的力量而又无所不能的上帝形象。莎格引领着西丽，慢慢地开始认识自我，认识男人，认识世界，并用无限的温情温暖着她，帮助她找回了被丈夫隐藏起来的妹妹的来信，带着她离开了自己的丈夫，最后帮助她独立自主，找回最真实的自我，完成了华丽蜕变。她在莎格的循循善诱和鼓励启发之下，不断成长和觉醒，逐渐学会了面对自我、发现自我、认识自我、接纳自我、解放自我，最终提升自我。西丽这条崎岖坎坷的成长之路也正是黑人女作家爱丽丝·沃克的妇女主义不断建立、发展、形成、完善的道路。莎格和西丽身上所体现出来的这种坚忍不拔、不屈不挠、自立自强的爱的力量，也正是当时社会受到压迫的黑人妇女最需要的基督教精神。她们是千千万万个美国黑人女性的代表，用自己充满鲜血、泪水、汗水和欢笑的生活，表达出了那个时代的最强音符。

　　《紫色》的创作目的，在于向广大黑人妇女展现走向光明和幸福的道路。作品中的几位主要妇女形象最终都获得了幸福，但她们在最终获得幸福、沐浴紫色之前也都走过了艰难曲折的道路（包丽丽，2002）。这充分说明了黑人女性身份的独立和地位的解放，并不依赖于外界的任何事物和条件，完全取决于自我意识和反抗意识的觉醒，以及对生命的无限热爱和对生活的不懈追求。作为成长在种族隔离时期的黑人女性之一，她也曾经屈服过，绝望过。后来，通过对自我的反思和身边同性友人的影响与激励，她开始觉醒了，反抗了，奋斗了，最后成功了。她从来没有屈从于时代和出身的限制，而是拼尽全力，奋力打破枷锁，完成了自我救赎。女性，只有精神世界的彻底独立，才能实现社会地位、经济地位彻底解放，这也正是对爱丽丝·沃克妇女主义的完美诠释。而小说《紫色》所体现出来的妇女主义，是具有独立且包容的特性，强调男女地位和权利平等的同时，更加主张男性和女性的互帮互助，和谐共处，相互包容，共同进步。这也是妇女主义最旗帜鲜明又与众不同的独特之处，这种男女之间相互包容的进步性，致力于整个人类社会的和谐生存，也更加符合现代社会构建人与自然和谐相处的发展特点。

<h2 style="text-align:center">参 考 文 献</h2>

[1]包丽丽.《紫颜色》中色彩象征体系的构建[J]. 盐城师范学院学报，2002（2）：

52-55.

[2] 杨敬仁.《紫色》汉译本[M]. 北京：北京十月文艺出版社，1987.

[3] 张红敏.《紫色》中的上帝[J]. 西安外国语学院学报，2003(3)：73-75.

浅析《悠悠岁月》中个人记忆和集体记忆的结合

董 燕

（武汉文理学院）

《悠悠岁月》是法国女作家安妮·埃尔诺（Annie Ernaux）的代表作之一，她于 2022 年获得了诺贝尔文学奖。这部小说被认为是一种创新的自传体文本，跨越了个人记忆与集体记忆的界限，通过对作者本人以及法国社会的经验进行深入的自我反思，探讨了时间、记忆和身份的问题。整本小说以一种非线性的叙事方式捕捉时间的流逝，对个人与集体经验进行了编年的记录，将个人记忆融入更广阔的社会和历史背景之中。因此，小说被视为对"二战"后至 21 世纪初几十年法国社会变迁的见证，讨论了从战后的重建到新千年的变化，以及这些事件如何影响了个人的日常生活。

已经有众多分析和评论文章都着重解读了安妮·埃尔诺作品中的个人记忆和集体记忆。"Authorial Creativity in Interdisciplinary Perspective：The Cognitive-Material Generation of Annie Ernaux's *Les années*"这篇文章探讨了埃尔诺如何在其作品《悠悠岁月》中构建一个记忆空间，将个人记忆与法国的集体历史相联结（Effe，2023）。而"Authorial Creativity in Interdisciplinary Perspective：The Cognitive-Material Generation of Annie Ernaux's *Les années*"这篇论文则分析了埃尔诺如何在其自传体作品中使用他者的文本来构建集体记忆；*Annie Ernaux：The Return to Origins* 探讨了埃尔诺如何在她的作品中表达自身观点，以及这些观点如何与她个人的历史和集体记忆相联系。

个人记忆和集体记忆是文学创作中一个常见且深刻的主题，许多作家通过将这两种记忆相结合，来探索个体身份、历史、文化和社会变迁等方面的主题。两种记忆结合的最著名的例子，当属加布里埃尔·加西亚·马尔克斯的《百年孤独》。该书通过记录一个家族的几代人的故事，探讨了个人记忆与集体记忆、历史的循环性以及拉丁美洲的历史与社会现实。本文将着重以这两方面的记忆描写为切入点，分析法国女作家安妮·埃尔诺如何在她的小说《悠悠岁月》中通过独特的叙事方式和细致入微的描写，展现这两种记忆形式的复杂性和互动性。

一、小说在个人记忆方面的描写

在《悠悠岁月》中，个人记忆主要通过主角及其家庭成员的视角展现。小说细腻地描绘了主角的成长过程、家庭生活、恋爱经历等，这些都是个人记忆的具体体现。这些记忆不仅构成了主角个性的基石，也是他们行动和决策的重要依据。通过对主角内心世界的深入探索，作品展示了个人记忆在形成个人身份和自我认知中的核心作用（夏冰洁，2023）。个人记忆的表现主要通过以下几个方面来体现：

(一) 成长经历

作品中通过主角的成长经历来展示个人记忆的形成和影响。从童年的纯真记忆到青春期的挣扎和迷茫，再到成年后的责任和选择，每一个阶段的记忆都对主角的性格形成和人生观产生了深远的影响。通过这些不同阶段的记忆，读者可以深刻地感受到主角内心世界的丰富和复杂。

(二) 家庭关系

家庭是个人记忆中最为重要的部分之一。在《悠悠岁月》中，家庭成员之间的关系、相互之间的情感交流，以及共同经历的事件，都构成了主角以及家庭成员个人记忆的重要内容。这些记忆不仅反映了家庭成员之间的情感纽带，也展示了家庭作为一个微观社会单元，在面对外界变化时的内部动态。

(三) 爱情与友情

在个人记忆中，爱情与友情的经历往往能留下深刻的印记。《悠悠岁月》通过主角和其他人物的爱情故事、友情往来，展示了个人如何在这些深刻的情感体验中成长和变化。这些记忆不仅丰富了人物的情感层次，也反映了人与人之间情感交流的复杂性和深刻性。

(四) 时代变迁的个人体验

虽然时代变迁属于更宏观的历史背景，但在《悠悠岁月》中，它也通过个人体验的角度得到了展现。主角和家庭成员对于社会变革、战争等大事件的个人感受和记忆，不仅揭示了历史事件对个人生活的影响，也反映了个体如何在时代洪流中寻找自我定位和价值认同。

通过这些方面的具体展现，个人记忆在《悠悠岁月》中构成了一个重要的主题。这些记忆不仅是人物个性和行为的基础，也是连接过去与现在、个人与集体的纽带，为作品增添了深厚的情感基础和文化内涵。

二、小说在集体记忆方面的描写

集体记忆在《悠悠岁月》中主要通过时代背景的描绘来体现。小说设定在特定的历史时期，通过家族成员经历的社会变迁、各种动荡的重大事件，展现了那个时代人们共同经历的历史。这些大时代背景下的事件成为了集体记忆的一部分，影响着每一个人的生活和选择。例如，某个重大变革的爆发和结束，不仅改变了主角家庭的命运，也是那个时代所有人共同的记忆。以下是作品中集体记忆具体表现的几个方面：

(一) 历史事件的描绘

作品通过对一系列历史事件的描绘，构建了一个鲜明的时代背景。这些历史事件可能包括战争、社会变革等，它们不仅深刻影响着人物的命运，也成为了整个社会共同的记忆。通过这种方式，集体记忆在作品中被展现为一个强大的背景力量，它既反映了历史的进程，也映射了社会的变迁和发展。

(二) 社会风俗与文化传统

除了历史事件，作品还通过描绘特定时代的社会风俗和文化传统来体现集体记忆。这些风俗和传统反映了一个时代的生活方式、价值观念和审美标准，是社会集体认同和记忆的重要组成部分。通过展示这些生活细节，作品不仅增强了时代感，也使读者能够更加深入地理解人物的行为和选择。

（三）共同经历的情感反应

在作品中，人物对于共同经历的情感反应也是集体记忆的一种体现。无论是对困境的恐惧和悲伤，还是对和平时期的渴望和喜悦，这些共同的情感体验构成了社会成员之间深刻的情感联结，也成为了集体记忆中不可或缺的一部分。通过这种情感的共鸣，作品展现了集体记忆在塑造共同身份和社会凝聚力方面的作用。

（四）代际传承与变革

集体记忆在作品中还体现为一种代际之间的传承与变革过程。通过展示不同代际人物对于相同事件或传统的不同理解和反应，作品探讨了集体记忆如何在时间的推移中被重新解读和重塑。这种代际传承与变革不仅反映了社会的发展动态，也揭示了个人与集体记忆之间复杂而微妙的关系。

通过这些具体的表现，集体记忆在《悠悠岁月》中不仅作为一个历史和文化的背景存在，更是作为一种深刻影响个体生活和选择的力量。它既体现了一个时代的共同经历和情感，也反映了社会成员之间的共同认同和价值追求，为作品增添了深刻的社会意义和历史厚度。

三、小说中个人记忆和集体记忆的结合

在安妮·埃尔诺的小说中，集体记忆被描述为一种共同的历史和文化遗产，它是由一群人或一个国家共同经历的事件和经验所形成的。这种记忆是被传承和共享的，它连接着人们的过去和现在，塑造着他们的身份和认同(陆一琛，2015)。安妮·埃尔诺通过描绘社会集体记忆的重要性，展示了它对个人和集体意识形态的影响。

与此同时，个人记忆在安妮·埃尔诺的小说中也起着重要的作用。个人记忆是每个人独特的、主观的记忆体验，它是对个体生活中的个别事件和经历的记录和回忆。通过描写主人公的个人记忆，安妮·埃尔诺展示了记忆的个体性和多样性。个人记忆可以是美好的、悲伤的甚至是扭曲的，但它们都是构成个人身份的重要组成部分(Schuman，2013)。

总之，在安妮·埃尔诺的《悠悠岁月》中，集体记忆和个人记忆之间的关系被描绘为相互交织和相互影响的。集体记忆通过社会和文化的传承，塑造了个人的记忆，并为他们提供了一个共同的框架。个人记忆又通过与集体记忆的对话和互动，不断地塑造和重构着集体记忆的形态。这种相互作用使得集体记忆和个人记忆之间形成了复杂的动态关系，相辅相成，互相成就。

参 考 文 献

[1]Effe，Alexandra. Authorial Creativity in Interdisciplinary Perspective：The Cognitive-Material Generation of Annie Ernaux's Les années[J]. *Modern Philology*，2023，121（2）：214-237.

［2］Schuman，Howard. Collective Memory and Autobiographical Memory：Similar but not the Same［J］. *Memory Studies*，2013，7（2）：146-160.

［3］夏冰洁. 法国作家安妮·埃尔诺《悠悠岁月》中的个人与集体记忆书写［J］. 作家天地，2023（3）：43-45.

［4］陆一琛. 论安妮·埃尔诺自传《悠悠岁月》的集体性维度［J］. 外国文学，2015（5）：74-81，158-159.

《王佛得救记》中的道家思想表现探析

杨 源

（武汉文理学院）

一、《王佛得救记》简介

《王佛得救记》是玛格丽特·尤瑟纳尔的一部短篇小说，出版于1936年。这个故事发生在古代中国的一个虚构的汉王朝时代，背景是一个充满宫廷阴谋和道德挣扎的世界。

画家王佛，生活清贫而淡泊名利，偕同其唯一弟子凌四处游历于乡间。某日，师徒二人在客栈暂歇，不幸为士兵所拘，被押送至皇宫面见皇帝。皇帝自幼与世隔绝，被其父王禁锢于一间密室，四面悬挂王佛的作品。与画作相伴，年幼的王子误信外界亦如画中那般瑰丽非凡。直至十六岁那年，王子继位，走出密室，始得窥见真实世界。惊觉其统治下的王国实则污浊黯淡，纷扰无序。皇帝因此心生怨恨，无法接纳其王国的真实面貌。下令对王佛施加酷刑，焚烧双眼，砍断双手，欲使王佛同自己一般，永绝于梦幻般的画境国度。然而，在行刑之前，皇帝恳请王佛完成其年少时未竟之作。王佛应允，挥毫之际，异象骤生：但见凌，其已故之弟子，驾舟而来，引领王佛登舟，逃离这阴郁的尘世。自此，王佛与凌消逝于碧海蓝天之间，其画作成为二人永恒的归宿。

二、道家思想在法国的传播

道家思想是中国古代哲学的重要流派之一，其起源可以追溯到先秦时期，主要由老子和庄子两位思想家提出和发展。道家思想的主要观点和核心理念包括道、无为、自然等。道家思想强调了对道的领悟和顺应，主张无为而治，追求自然和谐，以及超越言语和形象的认识。这些观点和理念对中国文化和思想产生了深远的影响，并且在世界哲学史上具有重要的地位。

道家思想在法国的传播主要可以追溯到欧洲的启蒙时期以及近现代的东方学研究。

启蒙时期：在18世纪的欧洲启蒙运动中，一些思想家开始对中国传统文化和哲学产生兴趣，并开始研究和传播道家思想。例如，法国启蒙思想家伏尔泰（Voltaire）对中国文化表现出浓厚的兴趣，他的作品常常涉及对中国哲学的讨论和引用，间接地促进了道家思想在欧洲的传播。

东方学研究：近现代的东方学研究在一定程度上促进了道家思想在法国的传播。随着东方学研究的兴起，越来越多的法国学者开始专注于中国哲学和文化的研究，其中就包括对道家思想的研究和传播。一些学者翻译了道家经典，并进行了深入的解读和研究，使得道家思想在法国的学术界得到了更广泛的关注和认可（王丽娟，2012）。

三、《王佛得救记》中的道家思想体现

(一) 自然与无为

这部小说通过对王佛形象的描绘，呈现了作者对于道家思想的探索和赞美，深刻反映了对自然之美和内心自由的追求。

首先，王佛对自然的理解和追求体现在他对艺术的热爱和表达上。王佛是一位技艺高超的画家，他的绘画作品充满了对自然之美的赞美和模仿。例如，在小说中描述他的绘画风格时写道："他（王佛）以色彩及气氛交替，几幅图案的地景，一样都是超脱于真实，其创造都为自然规律所认可。"（玛格丽特·尤瑟纳尔，2019）这句话表现了王佛通过艺术创作来表达对自然美的敬仰和追求，他的作品展现了对自然景色的真实和生动描绘，体现了对自然之美的理解和赞美。

其次，王佛对无为的理解和追求体现在他对世俗压力和名利的淡然态度中。尽管他的艺术作品备受赞誉，但他并不追求权势和名利，而是保持了一种淡泊超然的态度。在面对朝廷的压迫和政治迫害时，王佛保持了一种宁静和坚定的态度。例如，在逃亡的过程中，他对他的弟子说："来，我们再走些路。过了河，我们在河的彼岸重新休息。"这句话展现了王佛对逆境的接受和对自然规律的顺从，表现了他对无为而治的理解与追求。

最后，王佛的行为和态度也反映了对内心自由和真实的追求。尽管他面临着生死存亡的危机，但他选择了不屈不挠地坚持自己的信念和艺术追求，表现出一种超越世俗的精神境界。例如，在面临被追捕的危险时，他对自己的弟子说："生活的苦难是自己的问题。谁认为做一回王佛，就可以免于受苦呢？"（玛格丽特·尤瑟纳尔，2019）这句话表达了王佛对生命和自由的理解，展现了他对内心自由和真实的追求。

王佛在小说中展现了对自然和无为的深刻理解与追求。通过他的行为和态度，作者呈现了一种超脱世俗、追求真善美的道德典范，体现了对道家思想的倾慕和赞美。

(二) 生命与自由

人物对生命和自由的理解在很大程度上与道家思想的观点相呼应。小说通过王佛和其他角色的故事，探讨了生命和自由的意义，同时反映了道家对这些话题的看法。

首先，让我们看看王佛对生命和自由的理解。王佛是一位艺术家，他热爱艺术并追求自己的艺术理想。然而，他的生活受到朝廷的压迫和政治迫害，他的艺术受到了严重的限制和歪曲。尽管面对种种困难，王佛依然保持了对生命和自由的尊重和追求。在逃亡的过程中，王佛并没有放弃对自己内心的追求和真实的信念，而是选择了坚持自己的艺术和自由。

道家思想对生命和自由的看法与王佛的理解相符。道家强调顺应自然，追求内心的自由和宁静，摒弃功利主义的追求。他们认为，人生的意义在于追求内心的和谐与自由，而不是外在的权力和名利。道家主张无为而治，主张顺应自然，摒弃对生命的过度干预和执着。例如，老子在《道德经》中写道："道常无为，而无不为。"这句话强调了无为的重要性，表明顺应自然是达到生命自由和和谐的关键。

王佛通过他的行为和态度展现了对生命和自由的追求，体现了道家思想中顺应自

然、无为而治的理念。

（三）修身养性

在小说中，王佛和其他角色的经历可以被视为一种心灵和精神上的修行，体现了道家思想中的追求自然、顺应道的理念。

首先，让我们看看王佛的修行过程。作为一位艺术家，王佛不断追求内心的真实和自由，他通过艺术创作来表达自己对自然之美的理解和赞美。在面对朝廷的压迫和政治迫害时，王佛并没有放弃自己的艺术信念，而是选择了坚持自己的内心追求和艺术理想。他在逃亡的过程中，与自然相融合，追求内心的平静与自由。

道家修身养性观念强调顺应自然，无为而治，追求内心的宁静与自由。在王佛的修行过程中，我们可以看到他与道家修身观念的契合。王佛放弃了对功利和名利的追求，选择了顺应内心的追求和艺术理想，这体现了对自然和内心真实的追求。他在面对逆境时保持了一种淡然和超然的态度，不被外界的扰乱所动摇，这展现了对无为而治的理解与坚持。王佛的修行过程体现了对自然之美的敬畏和顺应，以及对内心自由和真实的追求，与道家修身养性观念相一致（李焰明，2012）。

除了王佛之外，王佛的弟子在他的影响下，也开始逐渐领悟艺术的真谛和生命的意义，展现了一种内心的成长和境界的提升，这也符合了道家修身养性观念中的追求内心和谐与自由的理念。

四、结语

《王佛得救记》展现了道家思想在法国文学中所散发的独特魅力。小说不仅是对道家思想的致敬，更是对人性、艺术和自由的深刻探索。尤瑟纳尔融古于今、中西合璧，对人类普遍命运进行了思考与分析，通过王佛这个形象传递了她的价值追求和思想境界。一个不朽的灵魂，跃然纸上，在法国文学的舞台上熠熠生辉。

参 考 文 献

[1]李焰明.玛格丽特·尤瑟纳尔作品中的东方元素[J].法国研究，2012(4)：74-81.

[2][法]玛格丽特·尤瑟纳尔.东方故事集[M].郑克鲁，译.上海：上海三联书店，2019.

[3]王丽娟.法国文学中的道家思想研究[D].北京：北京大学，2012.

浅谈自媒体时代中国民俗文化的传承与发展

陶建明

（武汉文理学院）

中国民俗文化拥有上千年发展历史，因其来源于广大人民群众的社会实际生活，以贴近现实的文化创作形式，反映出不同民族、不同地区的真实社会写照，作为时代沉淀的结晶，历来备受祖辈人民的喜爱。然而伴随着社会经济的发展、人口流动的加剧，以及传统传播方式的闭塞性，诸多民俗文化面临着失传危机，甚至部分民俗文化已经逐步消失在大众的视野中。近年来伴随着自媒体时代的发展，中国各地的民俗文化依托互联网短视频等新时代传播媒介的形式，突破地域的限制，再次得到推广传播而活跃起来，以崭新的形式，受到广大网友的喜爱，特别是得到"90 后""00 后"年轻群体的极力热捧，使得民俗文化凭借历史沉淀的魅力与崭新的活力得以传承发展。本文结合最近各大自媒体短视频平台上受关注度较高的"福建游神""甘肃醉关公""信阳舞龙灯"三大民俗文化活动，对自媒体时代民俗文化继承发展的必要性，后续在传播过程中存在的问题，以及自媒体时代为民俗文化的传承和发展带来的机遇逐一进行剖析。

一、自媒体时代民俗文化继承发展的必要性

中华民族拥有五千年文明史，在五千年的积累沉淀中，诞生出许多璀璨的文化，民俗文化作为中国传统文化杰出代表，来源于不同地区、不同民族的社会现实生活，代表着不同地区人民的不同信仰，既是将真实社会现状以独特文化形式进行展示，同时凭借这种独特文化形式，也寄托着对未来美好生活的期待与向往。

如中国东部沿海地区每年正月定期举办的"游神"活动，凭借盛大举办规模，郑重活跃的仪式场面，向世界展示出中华民俗文化极为震撼的一面，同时也传承着沿海地区人民对传统"游神"文化的敬仰，寄托着对未来美好生活的期待，吸引着周边乃至全世界人民的目光，喜欢"游神"文化、热爱"游神"文化的各族人民欣然前往（凤妩，2024）。而中国西部甘肃地区每年元宵节前后举办的"醉关公"民俗文化演出，亦是如此，虽然形式不同，但寓意相似，凭借关公这一历史上真实存在并在大众中广为流传的忠肝义胆人物形象，以饮酒状态大步行走在人间大道中，在似醉非醉之间，斩断尘世不公，斩尽世人忧愁。中国中部信阳地区在每年新年过后，当地人民群众会举办"舞龙灯"民俗文化演出，让"龙""狮"等传统吉祥图腾，活跃在当地山水之间，同时融入"花灯"等民俗生活文化元素，反映当地人民群众真实社会生活的同时，寄托对幸福美好未来的期盼。

然而由于部分传统民俗文化受地域等因素的限制，如无官方媒体电视台、报纸等形式媒介的介入，其传播范围极其有限，外界无法获悉其举办的时间、地点以及具体内容，可持续性推广受到极大限制，加上城市化进程的影响，出生率下降，新一代年轻群

体生活方式发生了极大改变，部分传统民俗文化无法得到有效传承，甚至逐步呈现消失趋势。因此中国民俗文化的传承与发展需要借助于自媒体的力量，扩大传播范围，增强影响力，让民俗文化在自媒体时代呈现出新的活力与魅力。

二、自媒体时代民俗文化传播发展过程中存在的问题

诚然自媒体时代的到来为民俗文化的传播创造了极为便利的条件，打破了传统地域限制，可在全国甚至全球任何一个角落，通过短视频以及现场直播的形式，在很大程度上促进了民俗文化的发展（王颖，2024）。然而事物的发展兼存两面性，自媒体时代民俗文化在传播发展过程中同样也出现了一系列问题。如在今年"游神"表演过程中，部分网红博主为博眼球，不尊重当地民俗传统，一味追求出镜效果，甚至不惜违背当地民俗信仰，装扮成具体神明贸然进行公开展示，引起公愤。在今年信阳地区举办的"舞龙灯"过程中，少数自媒体网红博主在直播过程中，由于缺乏专业知识素养，在未经实地调研的情况下，仅凭个人感觉，随意对该民俗文化形式及内容进行解读，导致在互联网媒体上误读甚至曲解了部分文化内涵。

首先，民俗文化是当地民众的精神写照，甚至代表着当地民众的信仰，自媒体时代带来的传播自由，不能脱离现实，更不能违背当地人民信仰，否则很容易引起矛盾冲突，甚至胡乱改编及传播者要负法律责任。其次，为推广民俗文化，各地参演者作出了巨大的努力与牺牲，为民俗文化的发展作出了巨大贡献，然而如果相关参演者的隐私得不到有效保障，很容易造成拒演、停演等现象。而参演者在得到自媒体足够曝光度后，为了追逐流量，迎合大众，彻底偏离甚至放弃了参演初心，不利于民俗文化的传承发展。最后，对于民俗文化的解读，一定要结合当地实际，在进行直播之前需要查阅相关资料，不能天马行空，张冠李戴，做好田野调查，尊重当地民俗传统与民俗信仰，形成准确、有效的文化传播路径。

三、自媒体时代为民俗文化传承发展带来的机遇

相比较传统单一的传播手段与方式，自媒体时代的到来为民俗文化的传承与发展带来了机遇。首先，自媒体时代为民俗文化的发展传播打破了时间、空间、地域的限制。民俗文化本身具备浓郁的地域气息，究其形成背景是结合当地风俗习惯、宗教信仰以及日常饮食生活等文化特色长期沉淀形成的文化综合体（杨德亮、金明艳，2024），受时间、空间、地域影响较大，很多民俗文化活动的举办受限于空间地域，如未得到有效传播推广路径，很难受到外界关注。自媒体时代的到来打破了传统单一传播路径，只需要一部互联网移动终端，不管何时身处在地球任意可接收信号的角落，均有机会接收到推广内容，彻底打破了传播推广的时间、空间、地域限制，助推了中国民俗文化的传播和发展。

其次，自媒体时代使得推广受众群体打破了圈层年龄限制，促进了民俗文化的传承向年轻化发展。在自媒体时代人人都是媒体制作者，因此满足了不同年龄、不同圈层人群对于信息传播方式手段的不同诉求。对于民俗文化的传播方式也因此变得多种多样，正是多样化的传播方式，使得民俗文化活动内容得到充分曝光，甚至短时间内一跃成为

网上热议内容。自媒体时代的到来使得通过网络传播的受众群体打破圈层和年龄限制，在热点浪潮的推动下，更多年轻人了解到民俗文化的内涵与魅力，更愿意加入民俗活动举办中，一定程度上缓解了青黄不接的局面。

最后，自媒体时代促使民俗文化内涵更加丰富多彩。在自媒体时代，各地民俗文化活动通过多种多样的传播方式，打破了时间、地点、空间、地域以及圈层、年龄的限制后，越来越多年轻群体的加入，使得民俗文化内涵得以延续并融入新时代特色广泛传播发展，如数字技术的推广应用、流行文化的影响、爱国主义教育的熏陶，使得民俗文化创作发展内涵极具时代特色。

四、小结

本文结合春节期间一度成为网络热点的大型民俗文化活动"福建游神""甘肃醉关公""信阳舞龙灯"为例，首先论述了民俗文化继承发展需要借助于自媒体的力量，扩大传播范围，增强影响力；然后逐步分析了后续在传播过程中存在的不规范行为，不尊重当地传统风俗与民众信仰等问题；最后对自媒体时代传播方式多元化，打破了时间、地域空间以及圈层、年龄的限制。年轻化群体的加入，在新技术文化的影响下，为民俗文化的传承和发展带来新机遇。

参 考 文 献

[1]凤妩."游神"风靡背后的福建民俗传统[J].廉政瞭望，2024(5)：48-49.

[2]王颖.从传统民俗到公共文化：扬州吴桥社火赋能乡村文化振兴的新趋向[J].广西职业技术学院学报，2024，17(5)：9-17.

[3]杨德亮，金明艳.民俗学与铸牢中华民族共同体意识——兼谈新时代民俗学何为[J].西北民族研究，2024(5)：122-131.

日本文学作品中无常观之比较

陈雪倩

（武汉文理学院）

一、日本观念中的无常观

在塑造日本人精神世界中，"无常"的观念占据相当重要的一部分。这种思想并不只是与日本文学相联系，更在一定程度上渗透日本民众的生活中。无常本是佛教用语，所谓诸行无常，是指所有事物都处在不停的变化之中，没有永远不变的事物（曾欣雨，2024）。

对日本人来说，"无常"一方面是指佛教中用来表述世间万物生生灭灭、变化无常之意，另一方面是表示人生虚幻渺茫的日常用语。日本人对无常有一种正面的体验和赞美，他们更加追求一种凋灭与残破的美学。在日本社会所认知的美学意识中，这种凋灭与残破被看作是无常变化中的一环，不是通往永恒的死，而是走向流转的生。

"无常观"从一个宗教思想发生了带有日本民族特征的变化，这种变化大概可分为两种情况："生成式无常"和"消灭式无常"，前者是对无常的积极看待，后者则是一种消极看待。比如看待"烟花绽放"一事，烟花盛开，一瞬即逝，这是无常的法则，无人能够改变。但一瞬间的美丽，在人们心中留下深刻印象，也不枉时光短暂，这是积极地看待。烟花消逝，绽放过后便归于无寂，给人以伤感之情，这是消极地看待。

日本人的思维方法，不是去积极把握生的普遍规律，而是更注重自身感受和生活的情趣。从佛教中得到启发的无常感，只是作为一种咏叹式的、抒情的哀伤之感，引起了人们的共鸣而已。

二、日本人无常观之原因

作为同样受佛教观念影响甚多的国家，我国对于无常之体验却并没有日本那么深厚。"无常"的观念在造就日本人的精神世界方面产生了深远影响，这种观念为日本人所接受，并成为其文化发展的内在动力之一，这与日本人所生活的自然环境有着密不可分的关系。

日本是岛屿国家，南北狭长，气候纷繁复杂，变化多端，暴雨、洪水、旱灾与之相伴而来，又处于环太平洋火山地震带上，火山爆发、地震等自然灾害更是频繁发生。日本人身处这样的地理环境中，时时担心自然灾害将毁灭一切美好的东西，一种生死无常、福祸无常、兴衰无常的无常感便在他们心中根深蒂固了（谢东良、孙璐，2017）。另外，"无常观"与日本民族的忧患意识息息相关，这种忧患不仅是对于复杂的自然环境，更是体现在对现实存在的内外问题之上。对于周边世界的各种重大动向，日本人表现得比其他国家的人们更加关心和重视。日本整个民族始终认为，这个国家生存是很艰难的，处境是非常危险的，当外族强大时，日本的生存空间就会相对萎缩。这种随时担心天灾人祸、世间无常的忧虑感，使他们对世界上发生的重大事件都格外敏锐，警觉性远高于其他民族。

三、日本文学中体现的无常观

在日本文学理念中，占有相当一部分篇幅，在各个时代各个作品中都能体现出来的就是日本人的"无常观"。其作为一种日本文学观念，被广泛应用于文学作品、和歌、俳句当中，在《竹取物语》《伊势物语》《大和物语》及《源氏物语》这些名著中，都透漏出无常的思想，这些文学作品许多感叹或描绘的是世事"变化无常"。例如，日本最古老的和歌集《万叶集》第 19 卷中所咏叹："天地の遠き初めよ世の中は常無き物と。""远从天地始，世间即无常。"被认为是日本至今为止最早感叹世事无常的诗句。

代表中世纪文学最高成就的《平家物语》中以平家一族的兴衰为主线，通过讲述其家族的荣辱兴衰，展现了无常观念在历史和社会变迁中的体现，其中多有关于无常的诗句描述，其中奉为名句的有："祇園精舎の鐘の音、諸行無常の響きあり。沙羅双樹の花の色、盛者必衰の理を表す。奢れる者久しからず、ただ春の世の夢の如し…""祇园精舍的钟声，有诸行无常的声响，沙罗双树的花色，显盛者必衰的道理，骄奢者不久长，只如春夜一梦，强梁者终败亡，恰似风前尘土。"文章以死亡、没落等人生无常的幻灭之美为主基调，渲染着盛者必衰、因果报应的思想，可见"诸行无常"的观念已渗入到了日本人的社会认识之中。而《源氏物语》的整个故事的主题就是宿命和无常，都在描述人生虚幻渺茫，以及无人能与这种无常的命运相抗衡之意。虽然源氏出身显贵，才华横溢，但宫廷政变和权力斗争和个人复杂的感情生活，让他的一生充满了波折和不幸。例如，源氏在秋夜听到虫鸣，感叹秋虫的鸣声虽美，但它们的生命却短暂而脆弱，透露出一种哀愁、无力的气氛，也是对自然生命的无常感慨。

还有一提起"无常"就不得不提的日本中世纪随笔文学的双璧——《方丈记》与《徒然草》，通过对自然、人生和艺术的描写，展现了无常观在日本文化和审美中的独特地位。《方丈记》是鸭长明撰写的中世纪文学的代表性随笔，也是关于如何在乱世中生存的自传性人生论。正如文章开篇所写："ゆく川の流れは絶えずして、しかも、もとの水にあらず。よどみに浮かぶうたかたは、かつ消え、かつ結びて、久しくとどまりたる例なし。世の中にある人と住処と、またかくの如し。""浩浩河水，奔流不绝，但所流已非原先之水。河面淤塞处泛浮泡沫，此消彼起、骤现骤灭，从未久滞长存。世上之人与居所，皆如是。"

鸭长明经历了动乱的时代，经历了平氏一族的灭亡和古代天皇制的衰退，所以对世事无常的体会是深刻的。这句话以江河流水为喻，描绘了世事的变幻无常和人生的短暂与无常，其文章的遣词造句虽美，可这美好的文字里透露出的是他在经历人世种种波折之后感悟到的无常的"苦"。

《徒然草》是在此百年之后写成的，是日本中世纪作家吉田兼好的随笔作品，与《枕草子》（清少纳言）和《方丈记》（鸭长明）并称"日本三大随笔文学"（王雪薇，2018）。兼

好法师是中世无常文学的代表人物,《徒然草》正是集他个人无常观的大成之作,正如他在文中所言:"無常変異の境、ありと見るものも存ぜず、初めある事も終わりなし、志は遂げず、望みは絶えず、人の心不定なり、物皆幻化なり、何事か暫くも住する。" "无常变异之境,所见不存,始事无终,志不完成,所望不断,人心不定,物皆幻化,何事暂住。"

变幻的世界呈现着人生百态,以无常观的思想基调诉说着生命、人生和社会的虚幻、不安定、缥渺之感。兼好的无常观便是以这样锐利的目光注视着变化着的世间万物。

随着时代的变迁和文学的发展,无常观念在不同时期的文学作品中都有着不同的体现和解读。而到了现代,文学作品《挪威的森林》《雪国》《睡美人》等当中大多描述作品中的主人公跌宕起伏、变化无常的人生遭遇,其中悲、美与遗憾成为故事的主色调。无常观,一方面作为日本人的一种世界观频现于日本历代文学作品当中,另一方面也作为一种感叹和抒情方式勾起读者的共鸣。

四、中国观念中的无常观

中国的无常观主要源自佛教和道教的思想,并深深扎根于中国传统文化之中。"常"在中文里有恒定、永久不变的意思,"无常"是中文词语,最早的"无常"出现于《易经》"上下无常、非为邪也。"万事万物没有一样东西是不变的,大到天地,小到尘埃,都在时刻变化,这种变化是自然而然的,不以人的意志为转移。

佛教无常观认为,宇宙一切现象,都是此生彼生、此灭彼灭的相承相待的互存关系,其间没有任何恒常的存在(刘业超,2021)。佛教的无常观强调了人生和世间万物的瞬息万变,以此来警示人们不要过分执着于世俗的荣华富贵,而是要追求内心的解脱和智慧。在中国传统文化中,人们常常用"世事无常"来形容生活中的变幻莫测和不确定性。这种无常观鼓励人们保持一颗平常心,用平和的心态来面对生活中的起伏和变化。同时,无常观也提醒人们要珍惜当下,把握每一个瞬间,因为生命和世间万物都是短暂而有限的。

五、中国文学中体现的无常观

就像"无常观"在佛教中的体现,其实这一思想往往也在中国的文学中被多次提及。在文学表现上,中国的文学作品常常流露出对无常的悲哀情绪,这种无常,往往通过别离、逝去和怀念体现出来,如柳永的《雨霖铃》和王勃的《送杜少府之任蜀州》等,都表现了文人墨客对离别的看重和对生命无常的感叹。

红楼梦中的《葬花词》"花谢花飞花满天,红消香断有谁怜。"哀婉中渗透着忧愁,更是抒发了对人生无常的深沉哀叹。曹雪芹的《红楼梦》通过对贾、史、王、薛四大家族的兴衰荣辱的描写,展现了人生的无常和世事的变幻,作品中的每一个人物都经历了人生的起伏和变迁,他们的命运如同浮萍一般,无法自主,深刻揭示了人生的无常和命运的不可抗拒。

中国人对无常的感叹首先是对生老病死的无奈,人们心中怀有对衰老和死亡的深深恐惧，所以对于生死之无常常感怀万千。如南宋词人辛弃疾的《永遇乐·京口北固亭怀古》："想当年，金戈铁马，气吞万里如虎。元嘉草草，封狼居胥，赢得仓皇北顾。四十三年，望中犹记，烽火扬州路。可堪回首，佛狸祠下，一片神鸦社鼓。凭谁问：廉颇老矣，尚能饭否?"

即使年轻时取得了巨大的成功，但谁都有老去的一天，即使是像廉颇这样的伟大将军，也敌不过生老病死的无常。又如在《三国演义》卷首词中有写："滚滚长江东逝水，浪花淘尽英雄，是非成败转头空，江山依旧在，几度夕阳红。"

无常之感在古代更有对于兴衰荣华之无常的感慨，这一刻坐拥万千，哪知下一刻还是否如初，诸多的美好富贵很有可能都是黄粱一梦，顷刻间便烟消云散了。如王安石在《桂枝香》中有写："念往昔，繁华竞逐，叹门外楼头，悲恨相续。千古凭高对此，漫嗟荣辱。"他被罢免宰相一职后，去南京观光之时，凭吊六朝遗址，忍不住感叹过去如此的繁华，也只是眼前一切苍凉。

另外还有在文学中占篇幅最大的，也是"无常"在中国最普遍传播的是对时间易逝之感慨，时光一去不复返，万物一刻不停地变化，回不到最初的模样。如圣人孔夫子有言："逝者如斯夫，不舍昼夜。"所谓"物是人非"，人们对于时光流逝，世事变迁，总有一种遗憾之感。

《长安道》中所言："人生易尽朝露曦，世事无常坏陂复。"便是对于人生的短暂和世事的变幻无常之感慨。而这种遗憾，中国文人总会以优美辞藻来掩饰其中的愁情，"最是人间留不住，朱颜辞镜花辞树"来自王国维的《蝶恋花》，便是以朱颜的消逝和花朵的凋零，象征了生命的无常和时光的流逝。

"去年今日此门中，人面桃花相映红。人面不知何处去，桃花依旧笑春风。"崔护的《题都城南庄》以桃花依旧而人面已非的对比，揭示了世事变迁和时光的流逝，亦有诗人对过去时光的怀念和对无常人生的无奈。

中国人对于无常的感怀像是淡淡的愁绪，这与佛教原本的思想很是接近，无法抵抗无常的命运，倒不如看破红尘，接受种种无常。这种对生命无常的感叹源于对生命的重视和眷恋。中国文化体现的是对无常的彻悟，对人生的哀叹。

六、中日无常观之比较

无常是日本文学一种独特的审美情趣，随着日本文学的发展，无常也成为日本古代文学经常吟诵的对象，其影响一直延续至今，无常甚至已成为日本民族性的组成部分。通过文学作品，可以看到日本人在日常生活中所体验到的变幻无常，他们总处在深深的忧虑和恐惧当中，所以作品经常会给人一种消极、压抑、绝望之感。如弘法大师的随笔："色は匂へど、散りぬるを、我が世谁ぞ、常ならむ、有为の奥山、今日越えて、浅き梦见じ、醉ひもせず。"

"鲜花艳丽，然而终究散落，此世间又有何人可以长远，昔日的巍峨高山，今日终究还是被跨越了，凡俗如梦如醉，终亦散亦醒。"

言语间多有对生活的无奈，对命运的无力，哪怕拥有美好事物，也时时处于害怕其逝去的恐惧中。这样的文字总给人们以一种悲凉、无力、自我放弃的感受。

　　但是就是在这样的思想之下，与文学作品中对无常的消极与哀愁相比，日本人的行为却是积极向上的。日本民族是世界公认的勤劳的民族，对待工作非常认真严谨，这样一个人口并不庞大的国家，靠着自身的努力拼搏成为"经济强国"。在他们看来，人生短暂，生命也只是宇宙轮回中的微微一瞬，那么人世间的是非成败、悲欢离合也显得不再重要。所以日本人讲求生活的质量，工作勤勉，讲究情趣，珍惜自己拥有的一切。

　　而中国人对于"无常"的观念可能没有日本人那么深刻，多的是一种淡淡的感慨，但并非性命攸关。前面有提到，中国人时常感慨时光易逝，在这种对时间之无常的感慨下，中国人最喜欢挂在嘴边的就是各种鼓励鞭策的话语。比如：陶渊明的《杂诗》八首之一："盛年不重来，一日难再晨。及时当勉励，岁月不待人。"又有唐代诗人朱放的《题竹林寺》："岁月人间促，烟霞此地多。殷勤竹林寺，更得几回过！"

　　这都是为了提醒世人，世事无常，变化易逝，但在这种无常之中，我们更要珍惜当下，不让时光白白流逝。这样的思想比起日本文学中体现的悲凉哀切要多了几分积极因素。但是与这样的鼓励人向上，劝告人珍惜的诗句相对的是，中国人对于"无常"的事情往往更加脆弱，国破家亡，身败名裂，亲人逝去，生老病死等，面对这些的时候其实会很难继续乐观地生活下去。所以大部分人接受这种无常的方式其实是无奈而无力的。

　　日本和中国对于"无常"都有很深刻的体会，在这样的思想观念和文化熏陶下，两国人民显示出的与其文学作品中大不相同的行为模式。可能是日本民族太过于努力生活，想要抵抗命运，只能偶尔在文学中抒发对"无常"的恐惧和绝望。而中国人正是对于"无常"太过感慨和脆弱，所以文人们要在作品中多多勉励世人，传播积极正面的思想。

　　中日两国在无常观上的差异不仅体现在文学作品上，更体现在对生命、时间、死亡及美感的认知上。这些差异也反映了两国文化、历史和社会的不同特点。总的来说，无常观是一种深刻的人生哲学，它以消极的外壳包装，却反之向人们传递出积极的人生态度，教导人们要正视人生中的变化和不确定性，也鼓励人们摒弃杂念，回归本真，追求内心的解脱和智慧。

参 考 文 献

[1]王雪薇.试析《徒然草》自然物象背后的无常观[J].汉字文化，2018(19)：83-84.

[2]曾欣雨.浅析《徒然草》中的无常观[J].文化学刊，2024(2)：48-51.

[3]谢东良，孙璐.日本樱花文化中的"无常观"探微[J].明日风尚，2017(22)：95.

[4]郭城.日本中世文学中无常观的转变[J].文化创新比较研究，2023，7(20)：12-16.

[5]王雨嫣.《平家物语》的悲剧意蕴[J].中国民族博览，2021(15)：196-198.

[6]牛立忠."无常观"对日本美学思想及文学创作的影响[J].社会科学战线，2017(8)：247-250.

[7]张利萍.浅谈日本文学作品中的佛教思想——以无常观为中心[J].名作欣赏，2018(9)：55-57.

[8]苏梦蝶．浅淡中国古代悼亡文中的恒常与无常[J]．文教资料，2020（4）：15-16，24．

[9]刘业超．佛教无常观对刘勰通变论的历史性献功探析[J]．语文学刊，2021，41（3）：1-13．

浅谈中国文化输出对日漫的影响
——以鸟山明代表作《龙珠》为例

陶建明

（武汉文理学院）

中日两国是一衣带水的邻邦国家，两国在历史上保持着频繁的文化交流和互动。由于中国在东亚文明圈中的魅力所在，加上地理因素的影响，日本在历史上多次派遣唐使前往中国学习，在将当时中国先进的生产方式、建筑技术、社会制度建设等方面引进日本的同时，中华传统文化也深受日本人喜爱，被广泛传播、学习和借鉴，逐步开启了中国文化对日本输出之旅，为推动当时日本社会发展起到了促进作用。步入近代社会以后，中国文化输出对日本的影响依旧广泛存在，特别是在新时代文化作品创作过程中，不难发现中国文化输出的影子，而这一现象在日本漫画作品中尤为突出（戴华东，2023）。诸多日本漫画家在进行漫画作品的创作时，喜欢将中国文化元素巧妙借鉴引用，用于漫画人物的形象刻画，丰富故事内容以及推动具体情节的发展。

2024 年 3 月 8 日，漫画家鸟山明因病逝世，外交部对其为中日两国文化交流以及中日两国和平友好事业作出的贡献表示支持和肯定。日本近代著名漫画家鸟山明便是借鉴引用中国文化元素的典型代表人物，在创作其代表作品《龙珠》漫画之前，鸟山明积极学习中国文化，并亲自来到中国进行田野调查，领略中国文化的独有魅力。之后将中国文化因素巧妙运用于《龙珠》作品中的人物形象塑造，以中国古典名著《西游记》为背景，结合中国功夫文化、反战文化，对漫画系列内容进行重新思考并再创作。一举将深度融合中国文化特色的作品《龙珠》推向世界舞台，受到世界漫画爱好者的广泛好评，并对如《火影忍者》创作者岸本齐史等后续日本新生漫画家产生了深远影响。鸟山明及其创作的作品《龙珠》，不仅鼓舞了后续日本漫画家积极引用中国文化因素进行漫画创作，同时也推动了中国文化向世界范围的输出。在此背景下，本文以日本著名漫画家鸟山明知名代表作品《龙珠》为例，多方位、多角度分析中国文化输出对日本漫画的影响。

一、中国武学文化的弘扬与诠释

在中国传统文化中，武学文化历来被众多外国人所崇尚。单从汉字"武"的构造来看，中国武学文化中蕴含"止戈为武"的深意，因此强身健体，实现对外来势力的抵御只是中华武学文化中最浅显的层面解释，以武为基，化干戈为玉帛，实现双方最终和平共处的局面，才是对中华武学文化最深层次的诠释。日本漫画家鸟山明基于对中国武术文化的崇尚与认知，不仅对其漫画作品中的人物形象进行巧妙设定，如将中国香港功夫巨星成龙的形象，《西游记》中的武者如孙悟空、猪八戒、沙僧、牛魔王等耳熟能详的人物名称，直接或者间接借鉴并创作了《龙珠》漫画中的人物，还将漫画中的各种武学流派进行划分，如"龟仙流""鹤仙流"等，漫画内容中甚至出现了类似于中国武学文化中的"虎拳""鹤拳"等传统武学招式。

此外中国武学文化为防止故步自封，历来注重与人切磋交流，甚至举办大规模的武术大会以促进彼此间的互动学习，促使武学精进发展。因此，鸟山明在初期漫画故事的推进中，以定期举办全国性武术大会作为故事发展主线，不论武术水平高低，人人均有上台切磋武术的机会，即使漫画中所谓的正反派，也并非仅以武斗形式夺输赢作为最终目的，而是以"止戈为武"作为漫画武学人物最高的追求境界。

二、中国儒家文化的传播与拓展

众所周知，"仁、义、礼、智、信、中庸"构成了中国儒家文化的核心思想，并在中国文化对外输出中，特别是儒家文化思想在亚洲范围内的传播过程中影响深远（付本静，2023）。日本作为亚洲岛国亦是如此，可以说中国儒家文化在日本的传播不亚于其他亚洲国家，甚至已经拓展到日本人生活中的方方面面。这一点在近代日本漫画中也能够深切感受到，如鸟山明在对《龙珠》漫画主人公孙悟空角色形象刻画上表现得尤为突出，作品展现的孙悟空就是一个崇尚武学，不断精进，同时也保持着纯洁善良等人类美好品质的形象，对待朋友家人秉持真诚信任，有责任感，不管对手段位水平如何，始终保持着最基本的尊重忍让，即使是对拥有邪恶念头的对手，败北之际也未曾舍弃对弱者的怜悯之心，生动诠释了儒家文化的核心思想。

此外儒家文化中蕴含"格物致知"，即尊重自然，认识自然，遵循自然秩序和规律进行系列行为活动，以达到同自然和谐共处的目的。因此在儒家文化的熏陶影响下，许多漫画家选择以自然为题材进行丰富的漫画创作，鸟山明在《龙珠》漫画创作过程中，不仅融入了众多山海河流等自然景观形象，还将熊、猫、狗、昆虫等动物形象赋予人类特征，同正常人类一起生活工作，共同负责保卫地球等重任。此外，鸟山明在《龙珠》漫画作品中，将能实现人类愿望的七颗龙珠的使用周期设定为一年，同样也进行了深度思考与巧妙布局，侧面反映了儒家文化"格物致知"的和谐理念。

三、中国传统美学文化的借鉴与吸收

中国传统美学文化广泛存在于日常生活中，如风景园林设计、中式传统服装（衣帽）搭配（孙一楠，2022）、中式建筑构造、食物摆盘以及色泽搭配等诸多方面。鸟山明借鉴了中国传统美学文化，并将其巧妙运用到代表作《龙珠》中，如各大流派身着不同样式的中式服装，漫画中频繁出现的大量中式庙宇建筑、中式餐桌构造以及七颗龙珠的形状设计、筋斗云的色泽搭配、各大武学者武学招式的设定、对不同阶段主人公孙悟空的发色选择，均渗透着中国传统美学文化气息。

此外，鸟山明将中国传统美学文化，巧妙运用在《龙珠》作品中的人物形象塑造方面，以孙悟空之妻琪琪这一人物形象的塑造为例，作为漫画中典型的女性形象，身着中式女性旗袍，虽然在不同年龄阶段，其马尾造型发生了轻微改变，但是始终保持中式传统女性发型，上述漫画细节设定可见鸟山明对中国传统美学文化的崇尚与喜爱，足以证明中国传统美学文化对日本漫画的深远影响。

四、小结

中国文化输出不仅影响着日本人生活的方方面面，步入近代社会以后，还对其文化作品的创作产出产生了深远的影响，其中就包括诸多日本近代漫画家创作的作品。本文以日本知名漫画家鸟山明经典代表作《龙珠》为例，从其对中国武学文化的弘扬与诠释，对中国儒家文化的传播与拓展，对中国传统美学文化的借鉴与吸收三个方面，初步阐述了中国文化输出对日本漫画作品中人物形象的塑造、故事主线情节的发展、漫画作品中系列景观设定等均产生了深远影响，不仅使得中国文化元素在日本漫画作品中再现，以崭新的方式为大众所熟知，同时也丰富了漫画作品的内容，促进不同文化在国际舞台上的交流与互动。

参 考 文 献

[1]戴华东.新时代中华文化海外传播方略与话语创新——以西班牙为例[J].中华文化海外传播研究，2023(1)：99-108.

[2]付本静.全球化背景下中国文化传播的路径选择[J].哈尔滨师范大学社会科学学报，2023，14(3)：144-148.

[3]孙一楠.中国风服饰图案设计对中华文化输出的影响研究[J].流行色，2022(7)：107-109.

下　篇

外语教学研究

从嵌入到融汇：高校英专课程思政吸纳
传统文化因素的策略探讨

李 灵

（武汉文理学院）

课程思政试图将价值引领寓于知识传授与能力培养之中，而价值引领的一个重要方面便是文化自信，即对中华传统文化、传统思想价值体系的认同与尊崇。因此，吸纳传统文化因素，融入课程思政便成为后者的一个重要举措。但不同专业对传统文化因素的吸纳又面临完全不同的情况。高校英语专业在原来的课程教学体系中更多地涉及对英语国家文化知识的传授，而在落实课程思政的过程中，很多课程都已在积极吸纳优秀传统文化因素，新的课程思政教材和传统文化类课程也已大量出现。然而，纵观这类教材与课程却可发现，大量传统文化因素都是以碎片化的方式被吸纳进来，真正的融合难以实现，中西文化两层皮甚至对立的现象普遍存在。因此，要向真正实现传统文化在英语语言类课程中的切实融入，必须要从原来的文化因素嵌入模式转型到融会模式。

一、英语专业的文化特征

语言与文化的密切关系是无法否认的。正如语言学家拉多（R. Lado）《语言教学的科学方法》所言："语言属于文化范畴。没有了解文化的规律与规范，语言是无法真正被学习到的。"作为专业课程，英语语言的学习无法脱离其背后的英语文化。作为一种语言，它不仅仅是一套词汇和语法的组合，更是承载着英语国家文化、历史、价值观念以及社会习俗的载体。因此，英语专业的学生除了学习语言本身的结构和运用，还会对英语国家的文学、历史、艺术、音乐、电影等方面有更深入的了解。这样才更有利于其熟练掌握英语语言。

通过文学作品，他们可以窥见英语国家的人文精神和审美情趣；通过历史资料，他们可以了解英语国家的发展历程和文化传承；通过艺术和音乐，他们可以感受英语文化的多样性和独特性。此外，对英语国家的社会、政治、经济等方面的了解也是英语专业学生的重要组成部分。他们需要了解英语国家的社会制度、价值观念以及当代热点问题，以便更好地理解和运用英语语言，同时也为未来从事跨文化交流、翻译、教学等工作作好准备。

因此，英语专业的学习不仅是对语言本身的学习，更是对英语文化的深度探索和理解，这种文化意识也贯穿于整个专业学习过程中，二者相辅相成、相互促进。这本就是英语专业课程设置和教学的应有之义，也完全符合中华人民共和国成立以来英语专业建设的多份教学纲领性文件要培养学生成为"复合型人才"，富于"跨文化能力""思辨能力"等培养目标的要求。

然而，英语专业的这一文化特征恰恰在很大程度上构成中华传统文化因素融入课程思政的一大挑战。一些显而易见的问题包括：在本就有限的学时下，英语专业教学中是否需要弱化英语文化的相关内容转而强化传统文化；在价值判断中是否需要对中西两种文化有所侧重；如弱化英语文化知识教学，学生的跨文化交流能力是否会受到影响；以及更为根本的是，传统文化元素的融入试图为学生构建一种什么样的知识结构；这种知识结构是否能提升学生素质和人文素养等。

二、课程思政对传统文化因素的嵌入式吸纳

可以说，上述问题至今仍未得到深入和充分的讨论，甚至对新时代背景下英语专业的培养目标和专业建设理念都依然存在完全不同的认知。因此，目前的大多数课程都对传统文化因素的吸纳采取插花式嵌入的方式进行。"插花式嵌入"并不去思考传统文化因素引入英语专业课程后对课程整体内容和性质的影响，只直接从传统文化因素中摘取相关因素加入原有课程或者新建一些"特色"课程。至于这些课程及材料是否具备系统性以及会对学生的语言学习和文化认同产生何种影响，却缺乏应有的思考。总体来说，这种插花式文化因素嵌入的方式有如下特点：

首先，在文化因素的选取上并没有某种具有系统性和确定性的原则，而是不同院校各自为政，各种教材各有自身的材料选取逻辑。例如，2015 年清华大学出版社出版的《中国传统文化英文入门教程》（崔刚、莫嘉琳，2015），其中大部分内容为传统经典文学作品，既包括儒家、道家、墨家等学说的代表作，也选取了李白、杜甫、苏轼等诗人的经典作品，以及对《西游记》《红楼梦》的介绍。总体看上去更像是一部古典文学作品的引介和选读教材。而 2017 年出版的《英释国学经典选读》（侯先绒、刘胜兵，2018）则选取了《周易》《庄子》《论语》《中庸》《史记》《孙子兵法》《黄帝内经》和《聊斋志异》等"八部经典"进行介绍和选读，涉及具体领域颇多。2017 年，暨南大学出版社出版的《中国传统文化概论：英文版》（余惠芬，2017）则属单纯的介绍性教材，其内容涵盖中国历史、中国哲学、中国宗教、中国经济与商业思想、中国文学、中国语言文字和书法绘画等多个方面。2021 年出版的《中国传统文化教程：英文版》（袁在成，2021）则罗列了历史、哲学、教育、戏曲、中医、中国饮食文化、中国功夫、中国节日以及中国旅行等主题，内容庞杂，且无明显的选题原则。应该说，不同的教材提供了不同的选择，扩大了教材的选择范围。但问题是，既然都围绕课程思政的德育目标，那么就应该有某种共识性的教材编写理念。儒家和道家等诸子百家思想在很多教材里都有涉及，甚至作为主要内容，但从其并列选择的其他材料来看，有的是将其作为文学作品，有的却将其定位为哲学思想。换言之，对于哪些东西可以代表所谓的"优秀传统文化"，以及这种优秀主要体现在哪些方面，学界依然缺乏共识。

其次，不同教材对所选材料的解读缺乏明确和统一的视角。在前述教材中，只有《中国传统文化英文入门教程》提供了一个相对完整的视角，对不同的文化思想进行解读。全书围绕"如果一个人想统治整个世界应该怎么做"这一问题对材料进行解读，并从中提炼出"八目（格物、致知、正心、诚意、修身、齐家、治国、平天下）"等价值观

念供读者践行。也许并非所有人都同意该书的解读，但它起码摆脱了对文化因素的简单罗列，而是为读者提供了一个行之有效的看待传统文化思想的视角。当我们再次强调传统文化的时候，其实是希望在我们自己民族传统的基础上构建和形成适应现代生活的核心价值观念。这就需要我们从现代社会普遍认同的价值理念出发去看待传统文化，并从中吸取有益因素，服务于现代生活。

最后，很多教材在编写体例上也缺乏创新，很大程度上使所选材料进一步碎片化。一些介绍类的英文文章来源不够权威，有些甚至没有标明出处。而大部分教材都将这些内容分单元编写成了类似于英语阅读类的课程教材。每个单元有一两篇主要的文章介绍某个传统文化，同时搭配一些自编的练习。整体内容比较松散，缺乏有机联系，很难激发起学生的学习兴趣。为适应学生的英文水平，有些教材所选英文文章难度不高，而其内容又是相关学生本身便有一定了解的中国文化，因此很难激发学生的学习兴趣。而且，多数教材依然以英语阅读教材为模板，配套练习中主要是有关表达方式的练习。最后的结果很可能是学生学到了一些有关文化词汇的英文表达方式（且可能仅是其中一种，甚至恰当与否尚需讨论），但对于其背后的文化则并不一定有明确的认同和理解。

传统文化因素的插花式嵌入由于存在以上缺陷，并不能很好地完成全面育人的目标，中西文化在英语专业学生身上很大程度上依然是两条互不干涉的河流，问题仅仅是哪条河水量更大而已，并没有实现二者的兼收并蓄，融为一体。

三、传统文化因素与英语专业素养的融汇

即便抛开思政意识不说，中国传统文化因素中的很多方面本身就可以为现代生活中的各种问题和矛盾提供具有中国特色的解决思路。儒家思想强调的仁爱之道可以促进社会和谐与共享；道家的无为而治理念可以启发人们以更平和的心态面对挑战；佛家的舍己为人精神可以引导人们关注他人的需求，促进互助和共融。这些传统文化价值观与现代社会的价值体系其实是相辅相成的，这也构成了英语专业学生了解和学习这些本就并不陌生的文化和思想的基础。在这一基础上，学生才可能真正产生对中西文化兼收并蓄的动机和兴趣。由此才有可能摆脱原来那种过分崇拜西方文化的局面，并使学生在学习中形成真正的跨文化交际能力，激发其内在对中国传统文化的自信。具体来说，应该从以下方面着手开展教学。

首先，应该确定好传统文化类课程的角色定位。应该意识到，英语专业学生不仅应了解西方文化，而且首先要有对自己传统文化的了解。因此在课程设置上，不仅要有关英美国家概况、文化和文学的课程，与此相应的传统文化、文学和国情课程都应该设立起来，并确保其在课程设置上与西方文化相关课程受到平等对待。这样可以帮助学生建立全面的文化认知，促进跨文化理解和沟通能力的提升。通过综合学习东西方文化，学生可以更好地把握不同文化间的联系与差异，拓宽视野，培养全球化背景下所需的综合素养和文化自信。这样，将这些课程作为一个整体有机地整合到英语专业课程体系之中，而不是作为一种附加的材料或者选修的课程，可以使学生对这方面内容的学习更加系统化。

其次，在教材的编写上不能仅仅满足于简单地用英语介绍中国传统文化，而是要深入地编写有关中国古典文学、哲学思想以及民俗文化等方面的系统教材。这样的教材可

以帮助学生更好地理解和把握中国传统文化的内涵和精髓，培养他们对中国文化的深刻认识和理解。通过学习古典文学作品如《红楼梦》《孟子》等，探讨中国哲学思想的核心观念，以及了解民俗文化的传统习俗和价值观念，学生能够更全面地认识和体验中国传统文化的丰富多彩之处，拓宽视野，提升跨文化交流与理解的能力。不仅如此，在教材的体例上要尽可能地多样化，避免全部成为阅读教材。例如，很多古典文学作品都有不同的译本，因此教材完全可以从翻译的角度对不同译本进行对比研究，从而使学生在学习过程中不仅掌握了相关的翻译技巧，也能从不同视角体会到文学作品的韵味和独特的美。在介绍中国传统的哲学思想时，更是可以和西方思想进行比对，从问题出发，将不同思想视为问题的不同解决思路，引导学生进行对比思考，从而既培养了其英语表达能力，也有利于学生思辨能力的发展。

最后，无论是在教材编写，还是实际的课程教学过程中，都应避免结论先行，粗鲁地要求学生接受某些观念的做法。相反，应该清晰地呈现中西文化的内容，引导学生发展批判性思维，让他们能够进行客观的评估和选择。正如上文所述，中西文化并不必然是对立的，而是可以相互参照、理解和融合。通过开放的探讨和辩证的思考，学生可以更好地领会两种文化间的关系，培养跨文化理解和包容的能力。这样的教学方法有利于促进学生的综合素养和文化自信，培养他们在多元文化环境下的学习和交往能力。

应该说，通过上述教材和课程设置以及教学方法上的改进之后，传统文化因素的重要性得以在英语专业课程体系中得到强化。其出发点和最终目标都是希望英语专业学生能对中西方文化兼收并蓄，甚至学贯中西。将传统文化直接作为英语专业学生必须研习的专业课程，同时以开放的态度引导学生对传统文化的思考，培养其批判性思维，这将全面扭转目前插花式文化因素嵌入模式的各种短板，并真正使学生从相关内容的学习中受益，真正强化其对中国文化的认同和信心。

四、结论

对优秀传统文化的理解和传承构成我们精神生活的重要方面，也是我们之所以成为我们的重要原因。因此，对于以学习西方语言文学为主要内容的英语专业学生来说，学习和了解自身的优秀传统文化不仅有利于增强自身的文化自信，其实从另一个角度来看也有利于其在自身文化的参照下理解他国文化，从而实现中西文化在无个体层面的融会贯通。要实现这一目标，就应该改变当下插花式、浅层的介绍性文化因素融入的课程思政方式，转而在教材编写、课程组织和实施以及教学方式上均实现优秀传统文化因素的全面引入，从而使传统文化成为学生专业素养中与西方文化具有同等重要性的核心学习内容。

参 考 文 献

[1] 崔刚，莫嘉琳. 中国传统文化英文入门教程[M]. 北京：清华大学出版社，2015.

[2] 侯先绒，刘胜兵. 英释国学经典选读[M]. 上海：上海交通大学出版社，2018.

[3] 余惠芬. 中国传统文化概论：英文版[M]. 广州：暨南大学出版社，2017.

[4] 袁在成. 中国传统文化教程：英文版[M]. 北京：北京理工大学出版社，2021.

多媒体计算机辅助英语语言教学研究：
回顾与思考

崔 旻

（中南财经政法大学）

一、引言

多媒体计算机辅助英语语言教学（MCALL）指计算机技术、多媒体技术及网络技术在语言教学领域里的运用与实践（Levy，1997）。在过去的 20 多年里，随着多媒体计算机和网络技术的普及和应用，利用多媒体计算机辅助英语语言教学已渐成趋势，并日益成为国内外学者研究的热点。我国学者对多媒体计算机辅助英语语言教学研究起步较晚，但近 10 年来，有关多媒体计算机辅助英语语言教学的研究源源不断，也有汇流成川之势。为了使研究者了解多媒体计算机辅助英语语言教学研究的成果、存在的主要问题，以及未来研究的发展方向，从而将多媒体计算机辅助英语语言教学研究持续引向深入，我们对过去 10 年中我国教育类核心期刊上刊载的多媒体计算机辅助英语语言教学研究文章作了文献检索研究。

二、文献检索范围

本文以篇名"多媒体教学"并且全文"英语"为检索条件，对中国知网（CNKI）所列教育类核心期刊逐一进行高级检索，共在 15 种期刊中检索到过去 10 年国内多媒体计算机辅助英语语言教学文章 86 篇。因为其中 2 篇发表在增刊，2 篇为短文荟萃，1 篇为美国学者的研究译文，27 篇论述的重点与英语教学无关，所以剔除这 32 篇，最后论文总篇数为 54 篇。

三、研究的状况

（一）基本趋势

统计的结果显示，国内多媒体计算机辅助英语语言教学研究呈上升趋势。前 5 年有 12 种刊物登载了 18 篇相关文章，占比为 33%。而后 5 年有 9 种刊物登载了 36 篇相关文章，占比为 67%。

（二）研究方法

外语教学研究可以通过多种方法来进行。研究方法的分类有多种。根据研究对象和资料信息来源的不同，研究方法可以分为两大类，即间接性研究（secondary research）和原始性研究（primary research）（Brown，1998）。间接性研究系指其研究资料主要来源于各种书籍、刊物或经验。原始性研究的对象和资料主要来源于学生本身。根据这一标准，我们对检索到的论文进行了统计，统计显示在过去 10 年中，国内对多媒体计算机辅助英语语言教学的研究以间接性研究为主(38 篇，占 70%)，以原始性研究为辅(16 篇，占 30%)。但是，研究方法发生了明显的变化，其基本发展趋势是：原始性研究有所增加，原始性论文绝对数增长幅度较大。

(三) 研究内容

1. 多媒体计算机辅助英语语言教学模式的创新与构建。教学模式是指在一定的教学和学习理论指导下，在某种环境中建立起来的较为稳定的教学活动框架体系。因此，创新英语教学，不仅要创新教学观点，更要创新教学模式，基于计算机、多媒体和网络技术的教学模式就是我国教育工作者教学创新的一种有益探索。多媒体计算机辅助英语语言教学的理论依据主要是皮亚杰和维果茨基等学者提出的建构主义。近 10 年来，国内以该理论为基础进行的大学英语多媒体教学改革与实践层出不穷，并取得了令人满意的教学效果。学者们分别介绍了所在大学如何运用多媒体网络技术进行大学英语教学模式改革的研究与应用(邵华，2003；程卓、田平，2004；秦乐娱，2004；郭志宏，2007；严姣兰，2008；周江林等，2003)。此外，我国学者还尝试运用其他教学理论与方法从微观上研究如何开展具备模拟语境、协商会话和构建意义特点的多媒体英语教学，并构建用于指导多媒体外语教学设计的某一种理论框架，以弥补建构主义理论对多媒体外语教学指导的不足(王萍，2000；崔钢、顾巍，2003；袁平华，2007)。

2. 多媒体计算机辅助英语语言教学课程设计与应用。我国学者从两个不同的角度进行了课程设计。第一个角度是探讨了如何将不同教学理论与多媒体网络技术相整合实施某一课程教学。第二个角度是探讨如何借助多媒体网络技术和资源的优势实施某一课程教学。前者涉及的课程不多，主要集中在视听说课程设计(王小娟，2003；陈明选、任小帅，2008；付文平、王守宏，2008)。对于后者的研究涉及的课程种类宽泛，涵盖了视听说(张而立、王延彬，2001；贾玲华，2003；辛凌等，2007)、精读(王金平，2002；张介平，2002；艾米娜，2005；张谨，2007)和大学体验英语(吴敏，1999；王清，2001；邓桂东、吕燕，2007；王晶芝、张立梅，2008)。

3. 多媒体计算机辅助英语语言教学学习资源的设计和使用。此类研究主要集中在三个方面：第一方面是探讨了多媒体教学软件评价体系的建立问题，如介绍了以人为本和以本为本的多媒体教学软件的评价模式，评析在国内大学英语教学中使用的若干多媒体软件或学习系统，指出其突破了传统的教材模式，激发了学生学习的兴趣，提高了学习效率(范筱云，2001；宋玉琳，2003；郎可夫、王玲，2005；王玲、郎可夫，2006)；第二方面是详细介绍多媒体英语教学课件设计理念和制作的具体过程与步骤(李果红，2001；蒋荣，2003；莫锦国，2005)。第三方面是关注于多媒体英语学习资源的设计与应用(罗赛群，1999；孔妮燕、林劲松，2001；樊长荣，2002；高升，2004；陈宗伦、徐澄，2006)。

4. 多媒体计算机辅助英语语言模式中存在的问题及其对策。研究者(雷小川，2001；孙卫国，2001；刘丽娜，2002；盛跃东、黄建滨，2003；林莉兰，2005；尚智慧，2008；高迎慧，2008)主要从教师、学生、硬件设备和课件设计四个方面分析了多媒体英语教学课堂存在的问题，并提出了解决对策，以期使多媒体技术高效地深入渗透到英语教学的各个方面，提高教学质量。归纳起来，教师在多媒体英语教学中暴露的问题有：教学信息量过大，过分依赖成品课件，缺乏课堂设计知识，缺乏信息技术知识，教学观念滞后。学生在语言学习中出现的问题有：部分学生仍然热衷于"填鸭式"的教学模式，对新的教学模式不适应，缺乏自主学习的能力，英语基础薄弱。硬件设备的问题有：多媒体设备不能满足教学需求，多媒体设备管理维修保养制度不完善。课件设计的问题有：过量信息输入导致学生认知负荷过重，照搬教材原有课件导致课堂人机交互不足，课件程序设计呆板导致师生交互不足。针对上述四方面的问题研究者分别提出了如下应对的方法：提升教师职业素质，转变教学观念；整合教学资源，革新教学模式；融合教学方法，正确运用信息技术；明确教学目标，培养学生自主学习能力；转换课件设计理念；设计课件原则需符合多媒体信息认知加工规律。

5. 基于多媒体计算机辅助英语语言学习的学习者学习策略和风格及自主学习研究。多媒体网络环境下的学习者学习策略和风格有其自身的特点，我国一些学者因而尝试找出这些特点，为更有效地开展多媒体网络环境下的外语教与学提供一定的借鉴。陈晓军（2006）探讨多媒体教学环境下英语专业大学生阅读理解监控与阅读理解成绩之间的关系，并根据其实证研究的结果提出如何在多媒体教学环境下提高学生阅读理解水平、提高教学效果的建议。另外，基于建构主义学习理论的多媒体计算机和网络信息技术提供的学习环境为英语自主学习创造了良好的条件，确立了学生自主学习的主体地位，使自主学习得以实现（陶伟、陈纪梁，2001；安素萍、耿立新，2002；陈秋楷，2002；黄怡俐，2006）。由此一些研究者开始关注多媒体教学环境支持学生英语自主学习的特点、优势及实现方式。对以多媒体网络教学环境下的大学英语视听说课程自主学习试点进行的实证研究，证明多媒体网络教学环境下的自主学习有利于提高学习者，尤其是基础较差的学习者的学习效果（戴庆棉，2002；陈九仙，2005；辛凌等，2007）。还有学者对如何利用多媒体技术优势培养学生自主学习能力，构建自主学习模式的途径和措施提出了有针对性的建议（王春丽等，1999；张亚萍，1999；吴雪飞，2004）。

四、对多媒体计算机辅助英语语言教学研究现状的思考

（一）原始性研究比例偏低

在过去 10 年中，国内多媒体计算机辅助英语语言教学研究主要采用了间接性研究方法，如对理论的介绍等，原始性研究比例严重不足，且方法单一。结果导致多媒体计算机辅助英语语言教学研究主观经验色彩浓厚，缺少客观实证特征，且研究深度上落后于国外。

（二）研究内容层面存在不足

对英语专业多媒体教学的研究文章寥寥无几，虽然英语专业是小班教学，但在利用多媒体辅助语言教学已成趋势的今天，对它的研究也是十分重要的。另外，课程设计主要集中在视听说课程设计，对于如何设计阅读、写作、翻译课程的研究文章只零星可见；对课件制作的研究明显不够，只占研究文章总量的 8% 左右。这些问题都是值得我们关注的。

（三）对语言学习者的研究不够

近几年来，以多媒体技术为支撑的各种新型的语言教学模式愈来愈频繁地见诸英语课堂教学。但对学习的主体——语言学习者的研究明显不够，如探讨他们如何看待这种教学模式的改革，他们的态度又能为多媒体教学带来哪些启示等的文章极少。

五、对未来多媒体计算机辅助英语语言教学研究的展望

通过以上对国内多媒体计算机辅助英语语言教学研究现状的分析可以看出，多媒体计算机辅助英语语言教学研究已初具规模，我们有理由相信，多媒体计算机辅助英语语言教学研究的广度和深度将得到拓展，并呈现如下趋势：第一，从研究成果发表的时间来看，87.5%以上的原始性研究出现在后五年，因此近几年的研究有从理论向原始性研究过渡的趋势。第二，研究方法将日趋完善：既有定量研究，又有定性研究；既有间接性研究，又有原始性研究；既有历时研究，又有共时研究。第三，研究内容更加丰富：随着跨学科和多学科综合研究的发展，研究者将会更多地利用多媒体技术、网络技术、计算机辅助教学、应用语言学、语言习得等学科的新发展来指导对多媒体计算机辅助英语语言教学研究。第四，对英语教学软件的研发将得到进一步加强。

参 考 文 献

[1]Brown, J. D. *Understanding Research in Second Language Learning*[M]. Cambridge：Press of the University of Cambridge, 1998.

[2]Levy, M. *Computer Assisted Language Learning：Context and Conceptualization*[M]. Oxford：Oxford University Press, 1997.

[3]艾米娜. 英语教学中利用多媒体发挥学生主体作用的探索[J]. 中国电化教育, 2005（8）：65-66.

[4]安素萍，耿立新. 多媒体语言室使用故障及排除方法[J]. 中国电化教育, 2002（10）：84.

[5]陈九仙. 利用多媒体技术辅助初中英语语法教学[J]. 中国电化教育, 2005（6）：69-70.

[6]陈明选，任小帅. 多媒体网络环境中着重理解的大学英语听力教学设计——以"Holidays and Celebrations"为例[J]. 电化教育研究, 2008（5）：73-76.

[7]陈秋楷. 利用Powerpoint制作个性化的多媒体外语课堂教学课件[J]. 中国电化教育, 2002（9）：51-52.

[8]陈晓军. 多媒体教学环境下英语专业阅读课教学探索[J]. 中国电化教育, 2006（12）：60-62.

[9]陈宗伦，徐澄.《高级时事英语》多媒体教学[J]. 中国电化教育, 2002（7）：27-29.

[10]程卓，田平. 多媒体环境下大学英语教学模式新思考[J]. 教育与现代化, 2004（1）：17-19.

[11]崔刚，顾巍. 合作式教学在多媒体教学中的运用[J]. 清华大学教育研究, 2003

（1）：104-108.

[12] 戴庆棉. 多媒体在英语教学中的应用及其思考[J]. 中国电化教育，2002（5）：29-30.

[13] 邓桂东，吕燕. 在基于网络与多媒体的大学英语教学中引入行动研究[J]. 教育与现代化，2007（4）：35-40.

[14] 樊长荣. 多媒体大课堂研究生英语论文写作课初探[J]. 高等工程教育研究，2002（5）：55-57.

[15] 范筱云. 多媒体技术在英语听说教学中的运用[J]. 中国电化教育，2001（10）：23-24.

[16] 付文平，王守宏. 多媒体计算机辅助下的英语视听说教学[J]. 中国电化教育，2008（5）：88-89.

[17] 高升. 运用多媒体技术突破英语听力障碍[J]. 中国电化教育，2004（3）：46-48.

[18] 高迎慧. 多媒体技术在大学英语教学中的应用[J]. 教育理论与实践，2008（8）：57-58.

[19] 郭志宏. 高等师范大学英语多媒体网络教学模式的探索[J]. 教育理论与实践，2007（8）：59-60.

[20] 黄怡俐. 多媒体教学环境下英语自主学习的探讨[J]. 中国电化教育，2006（4）：60-62.

[21] 贾玲华. 多媒体教学网络与英语视听说教学[J]. 中国电化教育，2003（2）：41-43.

[22] 蒋荣. 浅谈应用多媒体技术辅助英语教学[J]. 中国电化教育，2003（1）：26-27.

[23] 孔妮燕，林劲松. TTS 全程化语音技术在 CAI 英语多媒体课件制作中的应用[J]. 中国电化教育，2001（4）：45-47.

[24] 郎可夫，王玲. 现代多媒体与英语教学改革[J]. 高等工程教育研究，2005（5）：106-109.

[25] 雷小川. 略论多媒体环境下外语教师的角色转化[J]. 高等教育研究，2001（4）：76-78.

[26] 李果红. 英语教学的重大突破——评《新思维英语阅读》多媒体光盘[J]. 中国远程教育，2001（11）：36-37.

[27] 林莉兰. 大学英语多媒体网络学习环境设计策略[J]. 中国高教研究，2005（11）：87-88.

[28] 刘莉娜. 多媒体在航海英语教学中的应用[J]. 中国电化教育，2002（2）：36-37.

[29] 罗赛群. 高校多媒体语言实验室急需开发英语专业视、听、说一体化教学软件[J]. 电化教育研究，1999（4）：59-61.

[30] 莫锦国. 大学英语多媒体课堂教学课件开发的原则及实践[J]. 中国电化教育，2005（2）：77-80.

[31] 秦乐娱. 多媒体网络技术环境下大学英语教学模式的思考[J]. 现代大学教育，2004（4）：107-109.

[32] 尚智慧. 英语写作网络教学模式探究——过程体裁教学法在多媒体、网络环境下的

应用[J]. 远程教育杂志，2008(3)：45-48，17.

[33] 邵华. 以建构主义理论为基础的多媒体英语教学[J]. 课程、教材、教法，2003 (10)：71-74.

[34] 盛跃东，黄建滨. 研究生英语多媒体教学中存在的问题及其对策[J]. 学位与研究 生教育，2003(12)：30-32.

[35] 宋玉琳. 评《大学英语·听力》(修订本)多媒体教学与辅导光盘[J]. 中国电化教 育，2003(8)：55-56.

[36] 孙卫国.《多媒体计算机初中英语教学实验》研究的管理与实践[J]. 电化教育研究，2001(1)：78-80.

[37] 陶伟，陈纪梁. 评价一种多媒体英语教学模式[J]. 教育与现代化，2000(4)：32-35.

[38] 王春丽，曹建兵，乔红，等. 多媒体英语教学软件的研制与开发[J]. 现代教育技 术，1999(4)：25-27，21.

[39] 王春丽. 多媒体英语视听说教学[J]. 中国电化教育，2000(5)：28-29.

[40] 王金平. 运用多媒体进行《走遍美国》的教学[J]. 中国电化教育，2002(12)：28-29.

[41] 王晶芝，张立梅. 多媒体语料数据库在大学体验英语教学上的应用研究[J]. 中国 电化教育，2008(5)：64-67.

[42] 王玲，郎可夫. 学生视野中的国外多媒体教学软件[J]. 高等工程教育研究，2006 (6)：117-121.

[43] 王萍.《His First Job》多媒体教学设计[J]. 中国电化教育，2000(11)：33-34.

[44] 王清，黄国华. 多媒体学习环境的建构[J]. 中国远程教育，2001(4)：50-51，79.

[45] 王小娟. 大学英语多媒体 CAI 教学与教师面授互补性探索[J]. 中国电化教育，2003(1)：45-48.

[46] 吴敏. 多媒体和网络技术在英语教学中的应用[J]. 教育与现代化，1999(4)：27-30.

[47] 吴雪飞. 浅论学生英语学习主体性的实现方式——多媒体教学[J]. 远程教育杂志，2004(3)：27，31.

[48] 辛凌，鲁志英，陈延波，等. 多媒体网络教学环境中大学英语视听说课程自主学习 实证调研[J]. 电化教育研究，2007(6)：71-78.

[49] 严姣兰. 促进大学英语学科建设的必要途径——多媒体网络教学[J]. 教育理论与 实践，2008，28(36)：40-42.

[50] 袁平华. 建构主义理论框架下多媒体环境中依托式外语教学研究[J]. 电化教育研 究，2007(11)：75-80.

[51] 张而立，王延彬. 论大学英语 CAI 课件的理论依据——评《大学英语·精读》(修订 本)多媒体光盘第二册[J]. 中国电化教育，2001(3)：44-46.

[52] 张介平. 英语教学运用多媒体技术的几点思索[J]. 中国电化教育，2002(1)：36-37.

[53] 张瑾. 多媒体背景下的"大学英语"教师角色转换[J]. 江苏高教，2007(5)：76-77.

[54]张亚萍.多媒体组合优化中学英语听说教学[J].中国电化教育，1999(6)：23-24.

[55]周江林，雷小川，樊葳葳.运用多媒体技术，改革大学英语教学模式[J].高等工程
教育研究，2003(3)：83-85.

以人工智能 ChatGPT 为工具创新大学英语口语教学模式研究

瞿　随

（武汉文理学院）

一、引言

英语口语是大学英语教学的重要环节之一，提升大学生的英语口语，培养具有扎实英语口语基础的大学生至关重要。然而，英语作为第二学习语言，并非学生的母语，大学生们在大学之前的英语学习主要是以听、读、写为主，忽视了英语口语的训练。此外，当前我国大中小学校的口语课堂开设较少而学生人数众多，这也无法满足每一位学生能够在课堂上有充分享有练习口语的机会。当今时代，随着科技的迅猛发展，人工智能使得教学方式、教育资源以及教学理念都发生了变化，将人工智能ChatGPT 如何融入大学英语口语教学中，使得大学生们可以随时随地不受任何话题限制地练习英语口语便显得格外重要。此外，利用人工智能 ChatGPT 练习英语口语，大学生们往往会更加自在放松，从而不惧怕交流过程中的语法错误并且更加愿意张口练习英语口语。通过在人工智能 ChatGPT 中加入爱国主义话题的一些思政元素可以帮助大学生在练习提升英语口语能力的同时，也能提高自身思想品德素质。人工智能ChatGPT 和英语口语课堂相结合，创新了传统的教学模式，为提升学生们的英语口语水平，讲好中国故事，弘扬中国传统文化，培养具有国际化视野和跨文化交际能力的大学生具有重大的现实意义。

二、人工智能 ChatGPT 在大学英语口语教学中的实际应用

首先，将人工智能 ChatGPT 技术融入大学英语口语教学中，可以为学生呈现个性化的服务，创造虚拟环境。例如，英语课堂上的主题为"hero"，同学们可以自主和ChatGPT 用英文进行交流沟通，随心所欲地阐释自己的观点甚至还可以选择与话题相对应的虚拟环境来进行练习，这是传统课堂教学所不能给予的。这不仅创新了教学方式而且也极大地提升了学生的学习兴趣。此外，将思政素材融入 ChatGPT 中并将其分类运用到日常和大学生们的课堂口语训练上。例如，将"filial piety"这个话题输入到ChatGPT 中，它就会给出一些具体的正确价值导向，引导学生们孝敬父母。并且由于ChatGPT 具备人机对话的功能，因此可以为学生构建互动式学习场景，引导学生开展对话、辩论等活动，培养其批判性与跨学科思维。大学生们可以不受时间和空间的限制，无拘无束地同人工智能 ChatGPT 练习英语口语。

三、利用人工智能 ChatGPT 提升大学生英语口语的创新路径

(一) 构建人机对话的互动环境

通过使用 ChatGPT 来创建一个虚拟的英语聊天伙伴，让学生们能够实时进行英语口语的交流训练。这可以帮助大学生们在一种低压力的环境下轻松地学习英语口语，帮助他们改善之前不标准的语音语调并提升他们英语语言表达的流利度。并且可以设计 ChatGPT 来适应特定的英语主题和课程，使学生能在特定领域内进行英语口语练习，有针对性地培养对口专业技能人才。当然也可以利用 ChatGPT 创造真实的语境，融入思政的一些话题，使学生在模拟的情景中练习口语，增强英语运用能力的同时，也提高了自身的道德素养。

(二) 思政视域下基于人机对话的教学方法的创新

教师可以通过使用 ChatGPT 模拟真实的对话环境，创新大学英语口语课堂的教学模式，比如可以通过创新英语口语学习的游戏去吸引学生的兴趣，使得原本对英语学习不感兴趣或者不敢开口说英语的学生们可以积极主动参与游戏中。此外，教师还可以利用 ChatGPT 进行实时的语音纠错以及个性化的反馈，满足学生有定向的学习需求。通过使用 ChatGPT 来创新传统教学模式可以培养学生综合素质。通过这种人机对话，可以引导学生们自由地表达自己的观点和看法，这将有助于培养他们的独立思考意识以及批判性思维。与此同时，结合 ChatGPT 的智能引导，可以培养学生们形成正确的世界观、人生观、价值观以及树立社会责任感，使得他们在提高英语口语的过程中更好地理解各国之间的文化差异以及文化多样性。

四、利用 ChatGPT 创新教学模式的成果

(一) 利用 ChatGPT 创新教学模式的阶段性成果

通过实现人机技术整合，大学英语口语教学平台中正式引入了 ChatGPT 技术，构建了由互联网资源搭建的虚拟语境和充满个性化对话的课堂素材。

在 ChatGPT 中引入思政素材，创新地将思政素材引入口语教学之中，使得口语对话练习的深度和广度得以拓展，有利于提升学生的政治素养，培养他们尊重文化差异与多样性以及跨文化交际的能力。

通过设计人机互动式学习，验证了在信息技术的指导下互动式学习的可行性，并通过实际课堂操作和课中课后学生发挥状况能实时监测其口语表达情况，ChatGPT 可以即时纠正学生们的语音与语法错误，使学生在对话中逐步改进英语口语表达能力。

(二) 利用 ChatGPT 创新教学模式的预期成果

学生们借助 ChatGPT 能够和同学、老师进行互动式学习，通过熟练操练不同的语境材料，英语口语表达能力将有明显的提升，学业成绩得到了明显的改善。并且，教师借助 ChatGPT 可以引导学生通过反复练习融入社会主义核心价值观的思政素材，促使学生能够深入思考社会问题，提升思想境界，达到思政教育的预期目标，也有利于培养具有国际化视野的优秀大学生，让他们具有用英文讲好中国故事的能力，这有利于推动中国文化走向世界，进一步扩大中华文化的影响力。ChatGPT 也可以为大学生们提供个

性化的学习体验，不同口语基础的学生能够借助个性化生成的聊天语料来更顺利地进行口语学习，提升学生的学习信心和热情。此外，借助人工智能 ChatGPT 进行大学英语口语教学能提供一种创新的课程模式，并进一步推动高科技信息技术与传统教学的深度融合。

（三）ChatGPT 在大学英语真实课堂的实际运用

任课教师在自己所任教的四个非英语专业的班级中利用 ChatGPT 辅助学生们的英语口语训练，在实际口语训练中学生们的积极性很高，敢于同人工智能进行实时交流。虽然大部分学生的英语口语基础较差，但是通过与 ChatGPT 的对话交流，学生们不仅获得了即时的语言输入和反馈，而且提升了自身的英语词汇量、语法知识以及英语语言表达能力。此外，ChatGPT 还可以根据学生们的兴趣爱好提供不同的英语口语话题练习，这激发了学生们对于英语口语学习的兴趣。下面笔者将以"捍卫利用动物进行试验"这篇文章为英语课堂讨论话题，就 ChatGPT 如何发挥其作用展开论述。

1. ChatGPT 在大学英语口语课堂的实际运用

在讲述这篇文章之前教师可以引用 18 世纪政治家埃德蒙·伯克的一段话："All that is needed for the triumph of a misguided cause is that good people do nothing. （一个被误导的事业如果要得逞，唯一需要的就是好人无所作为。）"教师此时可以让全班同学起来翻译这个句子，以便于检查同学们对单词和语法的掌握情况。鉴于这句话中既包含了定语从句，也包含了表语从句，容易让学生产生歧义，教师最后可以放出 ChatGPT 的版本来展示正确的含义。此时教师可以强调一下 ChatGPT 在处理比较复杂语料时的优秀能力。

接下来教师可以利用 ChatGPT 寻找若干包含"现在就有这样一个被误导的事业，它正在寻求终止生物医学的研究"的图片和文章，引发学生对这一话题的深入思考。教师可以邀请若干同学发表对于"是否支持利用动物进行试验"的看法，此时课堂中应该会产生两组持相反态度的同学。鉴于部分支持动物试验的同学因为单词积累不够，无法用英语表达出对于科学试验的建议，教师可以利用 ChatGPT 向该部分学生展示英文提示信息如 "Scientists need to respond forcefully to animal rights advocates, whose arguments are confusing the public and thereby threatening advances in health knowledge and care." 然后教师可以用中文概括上述英文信息"科学家应该强有力地回应这些极端动物保护主义者，以免他们会以各种方式误导公众"，使得学生的思考和表达向更深层次进步。诸如单词"respond 回应""advocates 倡议者"和"arguments 主张"等，实践表明对于唤起学生讨论热情大有帮助。

2. ChatGPT 在大学英语阅读课堂的实际运用

以整篇文章为材料，设置了一个选择题，其题目为"作者在上文引用伯克的观点意图是什么"，其四个选项分别为 A. call on scientists to take some actions（号召科学家去采取对策）；B. criticize the misguided cause of animal rights（批评被误导的动物权利事业）；C. warn of the doom of biomedical research（警告生物研究的恶果）；D. show the triumph of the animal rights movement（展示动物权利运动的胜利）。教师其实可以利用 ChatGPT 引导学生作以下思考。

首先可以随机抽查若干学生对于这四个选项的理解是否正确，如果出现了错误可以利用 ChatGPT 的翻译功能将四个选项的正确意义显示出来，教师接下来可以在选项中画出关键词，诸如"take some actions、misguided cause"等。如果此时学生还是不能判断哪个选项是对的，教师此时可以向 ChatGPT 询问是否能举出一些相关例子来启发学生。比如当向 ChatGPT 询问什么是科普工作时，ChatGPT 便能向学生提供如下回答：科学家可以走出实验室，走进中小学课堂等来消除公众对实验的疑虑。而当向 ChatGPT 询问什么是生物研究的恶果时，ChatGPT 便能举出一些非人道的病毒实验等例子。而当学生看到了这些提示，便可以在扩大视野之余轻松地作出正确的选择了。由此可见 ChatGPT 除了有传统电子词典的功能之外，还可以随时快捷地协助教师处理大学英语课堂当中的问题，值得相关从业者的高度关注。

3. ChatGPT 在大学英语课堂语言基础方面的实际运用

鉴于英语课堂中所选文章的难度普遍在四级到六级之间，生词较多，高难度搭配和从句也比较多，所以我们有必要借助 ChatGPT 帮助我们筛选出重点词句。比如说在教师讲到单词"immunization（免疫作用）"时可以打开 ChatGPT 向其发出询问，让该软件向学生讲述该单词的构词情况。比如 ChatGPT 会告诉学生这个词语是由原单词"immune（免疫的）"得来的，immunization 是其名词形式。随后 ChatGPT 还能告诉学生该单词的应用场景，并结合医学事件等加深学生对词语的印象。

而在涉及如何找出文章的逻辑和结构方面，ChatGPT 也能够助我们一臂之力。比如在给 ChatGPT 输入一段能表示大众对于科学家进行动物实验毫无知晓、冷眼旁观的看法的语料，并向其询问作者举出这个例子是想表达什么样的思想之后，ChatGPT 可以迅速用英语归纳出以下细节，比如"discontent with animal research""ignorance about medical science"等。如此一来 ChatGPT 便可以在翻译文章细节的同时，给予学生相应的文章感情启发。所以，我们可以看出 ChatGPT 还可以在大学英语课堂中充当一个"智多星"的角色，相当于是一个能够提供千万种想法的"军师"。鉴于 ChatGPT 每次的回答或见解都有所不同，因此可以避免学生盲目跟从照搬学习软件的可能。

当然，在实际应用过程中如何避免学生频繁引用 ChatGPT 上的观点，帮助启发更新颖、更现实的点子还需要教师在课堂的实操阶段进行验证和尝试。

五、结束语

通过将人工智能 ChatGPT 运用到大学英语口语课堂并且融合思政方面的英语案例与话题，学生们的英语学习热情以及口语水平有了极大的提高。而且，它有助于培养具有国际化视野、跨文化交际能力以及良好思想道德素质的人才。目前，将人工智能和传统教学模式相结合取得了一些成果，这些成果将为思政视域下 ChatGPT 在大学英语口语教学中的创新提供技术指导、案例参考、思想借鉴，并为将来该模式的应用与推广提供基础。但是人工智能 ChatGPT 在本土的运用还有一定的限制，这个问题亟须解决。

参 考 文 献

[1]高晶，董艳萍，孙红卫.POA 视域下中华优秀传统文化融入商务英语口语教学探究

[J]. 科教导刊, 2023(33): 58-60.

[2] 刘新阳. 课程思政视域下中华优秀传统文化融入大学英语教学研究[J]. 民族高等教育研究, 2024, 12(5): 34-39.

[3] 邱欣. 大学英语教学中人工智能技术的运用分析[J]. 校园英语, 2024(42): 39-41.

[4] 全淑连."课程思政"背景下高校英语教学改革研究——以《大学英语口语》课程改革为例[J]. 校园英语, 2023(35): 37-39.

[5] 张婧. 人工智能技术在商务英语口语交互中的研究及应用[J]. 产业科技创新, 2023, 5(6): 93-95.

[6] 周红. 基于人工智能技术的大学英语教学模式创新与实践[J]. 英语广场, 2024(29): 85-88.

融合大语言模型的大学英语多元识读教学模式探索

张希希

(武汉文理学院)

一、引言

多元识读(multiliteracies)区别于传统识读的读写(literacy),又叫多模态化识读,是一种动态的英语教学模式,不仅包括传统的单一阅读(reading)和写作(writing)的读写识读,而且还包括利用身体(body)、图像(graph)、视频(video)、音频(audio)等感知学习的能力。

根据笔者前期访谈的结果,一成不变的读写教学已经逐渐失去地位,"00后"大学生更趋向信息化、智能化的教学,在以兴趣为基础的前提下,他们更愿意进行探索性学习,在亲身实践中获得认知。为了满足世界快速发展的需要,跟上时代潮流飞速变化的脚步,学生和教师都必须作出改变,迎合新时代的需求。而人工智能大语言模型,作为当代人工智能领域的璀璨明星,正在引领一场技术革命,是当代教学进步的良好助力。2020年发布的《大学英语教学指南》指出,高校英语教学要注重现代人工智能信息技术与英语课程教学的融合,充分发挥计算机信息技术在大学英语教学中的重要作用。多元识读教学法是顺应信息网络时代语言及文化的多元融合潮流而诞生的一种教学模式,利用信息技术和网络资源,着力提高学习者的多模态意义识读能力。(杨渝、丁年青,2011)

因此,以多元识读为理论框架,与时俱进地合理利用人工智能大语言模型辅助大学英语教学,是一种顺应英语教学实际需求以及新一代人工智能技术发展趋势的理论发展新思路。

二、文献综述

(一) 多元识读

早在20世纪90年代末,来自全球各地的研究学者组成新伦敦小组(New London Group,1996),研究并发表了"A Pedagogy of Multiliteracies: Designing Social Futures"一文,开启了多元识读的学习研究时代。新伦敦小组构建了以"design"为核心的学术教学指导框架,该框架包括design、designing和redesigned三个循环步骤。此外,他们还确立了实现多元读写能力的教学模式,具体包括实景实践(situated practice)、明确指导

（over instruction）、批评性框定（critical framing）和 转化实践 （transformed practices）（张德禄，2012）。

20 多年来，国内外对多元识读的研究热情依然不减，基本上集中于教学设计和实证研究，已有多项研究表明多元识读对英语教学有积极作用。邢春燕和冯德正（2019）从多元读写理论视角对真实的大学英语课堂教学进行了评价，发现践行多元读写理论教学步骤的课堂更能有效培养学生的分析能力、批判性思维和人文价值观，教学效果显著。张义君和徐巧林（2015）通过符号实践、意义构建和文本分析三个要素构成的文本阅读模式教学实践，表明教师设计的动态阅读活动和引导利用丰富的文本资源是培养学生多元识读能力的有效途径。张德禄和刘睿（2014）提出了外语多元读写能力培养框架，以学生口头报告为例，展示了其框架的应用价值。Carraro（2023）研究指出高等院校应通过自主学习项目，为学生提供实践多元读写能力的机会，为学生提供可有效利用的资源、支持和培训对于成功整合自主语言学习项目至关重要。

综上所述，多元识读理论对大学英语教学有显著意义，而多元识读也正是吸收科技信息、拥抱未来的一种不断发展的教学模式。因此基于多元识读理论，借助最新型的大语言模型辅助大学英语教学，是一场新兴的教学革命运动，教师必须承认科技的优势，并辩证地使用科技，并有效地运用到教学中去。

（二）人工智能大语言模型

大语言模型通过模拟人类语言的复杂结构和语义多样性，使计算机能够理解、生成和处理自然语言，为人机交互开辟了全新的可能性，也引发了一系列的教学探讨和风险评估。ChatGTP 一问世，在探索大语言模型是否适用于英语教学的课题上，引发了大量领国内外学者对其进行探讨分析。

夏琪等（2023）通过大量文献研究指出 ChatGPT 可以生成课堂教学所需的内容和素材，交互式的学习能够增加课堂的趣味性和生动性，从而更好地吸引学生在情感、认知和行为上都参与到课堂中。李娅莉等（2023）在研究中指出 ChatGPT 能够在课中阶段提供分级教学支持，可以帮助教师通过践行"因材施教"的个性化教育。梁杰（2023）认为在研究论文和其他写作作业方面 ChatGPT 可以为教师节省大量的时间来完成与个性化反馈相关的任务学生。然而，人工智能大语言模型在拥有强大功能的同时，也存在使用风险，如回答问题有时并不准确、数据可能存在同质性、知识储备有限造成高度相似性、违背伦理道德问题等（Yu，2024）。虽然普遍使用类似于 ChatGPT 这样的大语言模型，会产生同质性问题，严重的甚至会违背伦理道德，但是很多学者对大语言模型持积极态度。人工智能大语言模型会引发一些负面影响，但面对新技术浪潮，高校教师应该充分利用数字技术优势，助力教育发展（李娅莉等，2023）。

大语言模型回复的即时性和内容的广泛性无疑提升了教师备课的效率，这对于教师针对不同层次的学生制定备课方案大有裨益。笔者所教授的班级涵盖文、理、工各个方面，学生英语水平参差不齐，但是教材都是统一的，这就要求教师必须制定不同的教案，收集不同的课程资料，采取多元的上课方式，来适应不同学生的学习习惯。大语言模型在处理、分析、挖掘、给定文本素材的内在关系，和语义逻辑等方面具有得天独厚的优势。然而，模型的输出与给定的文本资料以及先验知识存在强相关性与依赖性。因此，教师必须真实总结课堂需求，收集整理模型的训练素材，精准组织指令语言以保证模型的输出质量。

三、融合大语言模型的大学英语多元识读教学模式

(一)教学目标

1. 培养学生的听、说、读、写、译、技术语言读写能力、信息搜索处理能力、组织领导能力、社交能力以及跨文化思辨能力等。

2. 发展学生的自主学习能力，激发学生的学习兴趣和主动性，提高学生学习效率和学习质量，使他们能够在学习过程中发挥主观能动性和创造性。

3. 提高学生的综合文化素养，培养他们的多元文化视野。加强师资培训，提高教师的综合文化素养，培养他们具备多元文化教育的理念和能力，以便更好地传授给学生。

4. 培养学生的人文精神和思辨能力，使他们能够更好地分析和评价各种社会现象和文化问题，形成自己的独立思考和判断能力。

(二)教学手段

1. 运用先进教学技术，比如大语言模型，提高学生的学习兴趣和参与度，为学生提供更加个性化和智能化的学习体验。

2. 促进教育技术与课程教学的深度融合，通过技术手段提高教学效果和学生参与度，如案例分析、小组讨论、角色扮演、口头汇报、调查报告、论文研究等多种教学方法，使学生在轻松愉快的氛围中学习英语。

3. 引导学习者使用大语言模型等技术来表达和解读观点，发展他们的跨语言、跨文化读写能力，使他们能够更好地适应全球化的时代需求。

4. 培养学生的综合素质、技术、操作、协作等超语言识读能力，使他们成为具备全面能力的英语人才，为未来的职业生涯打下坚实的基础。

(三)教学设计

在融合大语言模型和多元识读理论的背景下，我们可以对大学英语课堂教学设计新的步骤，以下是具体的设计方案(如图1所示)：

激活已有知识：在开始新的学习任务之前，教师可以通过提问、讨论等方式，帮助学生激活他们已有的相关知识，为学习新知识打下基础。教师可以利用大语言模型设计生成课堂提问问题和讨论主题，确保和课文内容与学生专业背景紧密相关。

导入新知识：教师可以通过呈现与主题相关的多媒体材料，如视频、音频、图片等，引导学生进入新知识的学习环节。利用大语言模型将所学的新单词、语法、句式融合，生成一个真实的语境材料，并输入指令，确保符合相应班级的学生水平。适当的教辅材料能使学生的学习兴趣得到充分的激发，对理解、记忆新知识有很好的帮助。

多模态识读：教师引导学生认识和阅读新知识，通过各种感官途径，如视觉、听觉和触觉。例如，教师可以利用视频、音频等多媒体资源，让学生在听的同时观看相关的画面，从而更好地理解和记忆新知识。

互动协作：教师可以组织学生进行小组活动，让学生在互动中学到新知识、用到新

知识。这种协同学习的方式，使学生在语言沟通、团队合作等方面都能得到很好的提高。同样，大语言模型可以做到因材施教，根据学生性格、性别、专业以及英语水平等方面将其分为不同的小组，设计不同的活动主题和汇报方式。

评估反馈：教师可以利用大语言模型通过测试、作业等方式，对学生的学习成果进行评估。同时，教师也可以指导学生利用模型对自己的成果进行自评，如比较人工智能的观点和自己的观点，辩证地看待彼此的异同，并再实践。

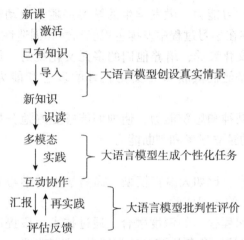

图 1　融合大语言模型的大学英语多元识读教学设计

多模态识读策略使学生能够通过多种感官渠道理解和记忆新知识，有助于提高他们的多元化识读能力和英语综合素质。小组协作不仅有助于学生应用所学知识，还能培养他们的沟通技巧和团队协作能力。借助多媒体材料和互动协作活动的引入，能够激发学生的学习兴趣和积极性，使他们更加投入和享受英语学习过程。大语言模型可以用来对学生的学习成果进行实时评估，并有针对性地进行反馈，从而帮助教师在让学生明白自身优缺点、明确学习方向的同时，对教学策略进行调整。同时，也让学生了解自己的优点和不足，明确学习方向。通过比较人工智能和自己的观点，学生可以锻炼自己的批判性思维能力，学会辩证地看待问题，从而促进自身全面发展。

基于所提出的融合大语言模型的大学英语多元识读教学模式，教师可以设计个性化的教学内容和活动，以提高教学效果和学生满意度，并根据学生的背景、层次和需求的不同来实现个性化教学。

四、结语

本研究提出了一种融合大语言模型的大学英语多元识读教学模式，利用大语言模型创设真实情景、生成个性化任务并进行批判性评价，以增强学生在激活已有知识、导入新知识、多模态识读、互动协作和评估反馈等步骤中的趣味性（enjoyment）、互动性（interactivity）、实践性（practicality）和有效性（efficiency）。学生不仅仅学习到了最基础的单词语法句式，还做到了以团队的形式批判性地分析问题、解决问题，课后也能独立自主地学习，根据教师和人工智能的反馈做到再创造、再思考，让书本的英语知识鲜活起来，并且与实际相结合，反复操练也符合当下对大学生实践能力的培养要求。所提教学模式强调技术的辅助作用，倡导教师和学生共同探索和创新英语学习方式。该模式虽然前景可期，但需要更多实证研究来验证和支持其有效性和适用性。在未来的研究中，可以进一步探讨该模式在不同教学环境和学生群体中的适用性，以及如何在技术和教学策略上优化以提高教学效果。

参 考 文 献

［1］Carraro，Katia. Multiliteracies and Self-directed Language Learning in an Academic Setting［J］. *European Journal of Language Policy*，2023，15(2)：245-272.

［2］The New London Group. A Pedagogy of Multiliteracies：Designing Social Futures［J］. *Harvard Educational Review*，1996，66(1)：60-93.

［3］Yu，Hao. The Application and Challenges of ChatGPT in Educational Transformation：New Demands for Teachers' Roles［J］. *Heliyon*，2024，10(2)：e24289.

［4］教育部高等学校大学外语教学指导委员会. 大学英语教学指南(2020 年版)［M］. 北京：高等教育出版社，2020.

［5］李娅莉，战盈，李莎，等. ChatGPT 对高校大学英语教学的启示［J］. 现代英语，2023(12)：9-13.

［6］梁杰. 后 ChatGPT 时代的大学英语语言教学［C］//2023 年第六届智慧教育与人工智能发展国际学术会议论文集(第二卷). 香港：香港新世纪文化出版社，2023：3.

［7］夏琪，程妙婷，薛翔钟，等. 从国际视野透视如何将 ChatGPT 有效纳入教育——基于对 72 篇文献的系统综述［J］. 现代教育技术，2023，33(6)：26-33.

［8］邢春燕，冯德正. 多媒体环境下大学英语课堂教学设计与评估：多元读写理论视角［J］. 山东外语教学，2019，40(3)：41-51.

［9］杨渝，丁年青. 多元识读教学法在大学英语教学改革中的应用及启示［J］. 上海中医药大学学报，2011，25(4)：20-22.

［10］张德禄. 多模态学习能力培养模式探索［J］. 外语研究，2012(2)：9-14.

［11］张德禄，刘睿. 外语多元读写能力培养教学设计研究——以学生口头报告设计为例［J］. 中国外语，2014，11(3)：45-52.

［12］张义君，徐巧林. 文本阅读模式探索——基于多元识读能力的培养实践［J］. 首都经济贸易大学学报，2015，17(5)：116-120.

新文科背景下商务英语 KAS 人才培养模式研究

王 慧

（武汉文理学院）

一、引言

"新文科"这一概念的提出，始于 2017 年的美国希拉姆学院，彼时，该学院开展对全校专业培养方案的全面修订，通过把新科学技术与传统文科结合，以达到为学生提供跨学科，跨专业的综合性学习目的（北京日报，2018）。2017 年，时任教育部高等教育司司长吴岩提出：我国高等教育创新发展势在必行，要全面推进"新文科"等学科建设，形成具有中国特色、世界水平的一流文科专业，为实现中国教育现代化提供有力支持（中华人民共和国教育部，2018）。

通过解读教育部关于"新文科"的文件，可以了解到：首先，新文科是指开设具有时代特征的新兴文科专业，以构建我国文科学科的理论体系；其次，开设新文科新专业的目的在于用我国的创新理论指导学生的实训实践活动。由此可见，新文科理念又一次对高校如何创新地推进课程设置和教学策略的发展提出了更高的要求。随即，国内各高校相继筹建一整套的文科选修课程，并将新文科建设与"产教"融合相结合，立足于商务专业实训体系的构建，这些举措对应用型本科院校外语专业的教学改革，尤其是对商务英语专业的教学改革具有非常重大的借鉴意义。目前我国很多应用型本科院校依据KAS 模式构建实训体系，以培养符合新时代需求的人才。

二、KAS 模式

KAS 框架源自企业在招聘面试时对面试者在应用知识、技能和能力等方面的表现评估体系，近些年，KAS 的应用范围已经扩展到高校对教师的教学评估和学生培训层面。KAS 分别指 Knowledge（知识）、Abilities（能力）和 Skill（技能）三个术语。其中，知识侧重学生对概念和理论体系的理解，技能是指对上述理论知识的实践应用，能力是指学生通过培训或实操经验所开发出来的能力或达到的某种熟练程度。知识、技能和能力的关系体现在：例如，学生通过某门商务课程获取相关的商务理论知识，然后在实践中应用知识不断练习得到商务技能，并获得能在将来商务活动中处理问题的能力（廖文龙，2014）。

应用型本科院校对外语专业的教学改革也是应新文科理念的要求，对目前现有的教学模式和模块的重置和规划，把培养符合新时代需求的人才放在教学改革的核心地位，即以提高人才的培养质量为准绳，在培养集知识素养、职业技能和实践能力于一身的应用型人才上下功夫。事实上，这样应用型人才的培养所对应的：一是以专业课程体系优化为基准的教学内容改革，二是以专业实训体系构建为基准的教学模式改革（许淼淼，2016）。

三、研究设计

本研究将以 KAS 人才构架为基础，采取问卷调查、参访会谈、资料收集等方式充分了解新文科背景下湖北省应用型高校商务英语专业的教学现状和发展态势，特别了解湖北省内具有代表性的此类高校商务英语专业学生的理论知识、应用技能和实训技能。本研究将对某所高校的学校管理者、教师、学生以及相关专业人士进行调研，包括：对学生开展有计划的阶段性问卷，访谈和测试；对教师和专业人士进行问卷和访谈并结合观察商务相关课程课堂，全面收集数据，最后对数据进行定量和定性分析。主要研究：（1）应用型高校的商务英语专业建设所面临的挑战是什么？（2）如何灵活将 KAS 模式应用于复合型商务英语人才的培养中去。

(一) 现状调查

受试问卷

1）研究对象

本研究的研究对象是武汉文理学院商务英语专业两个自然班级的学生：2023 级商务英语专业（专升本）班级，共 39 人和 2021 级商务英语专业（本科）班级，共 35 人。两个班合计 74 人。2023 商务英语（专升本）班级在专科阶段第三年学习了多门商务英语基础和商务英语高级课程，2021 级商务英语（本科）在大一、大二学年学习了基础商务英语的课程。

2）研究工具和方法

《中国英语能力等级量表》测评受试的英语能力、《KAS 人才基本构架量表》测评受试的 KAS 能力、访谈教师团队了解受试的课堂表现以及课程与提高受试英语综合能力和 KAS 能力的相关性；访谈商务专业人士对商务英语从业人员的知识素养、操作技能和实训能力的需求。

3）研究过程和结论

(二) 能力测评

《中国英语能力等级量表》将学习者的英语能力从语言能力、语用能力等九个层面从低到高划分为"基础、提高和熟练"三个阶段九个等级。能力测评的第一步，74 名受试完成《中国英语能力等级量表》的问卷测评，结果如表 1 所示：

表1　　　　　　　　　　　　**受试英语能力等级统计表**

	熟练（人/%）	提高（人/%）	基础（人/%）	总人数（人/%）
2023 商务英语（专升本）	2（5%）	35（90%）	2（5%）	39（100%）
2021 商务英语（本科）	10（29%）	25（71%）	0（0%）	35（100%）

《KAS 人才基本构架量表》是西方学界调查国际商务人才世界能力需求时所采用的综合量表。能力测评的第二步，74 名受试完成《国际商务人才 KAS 结构框架量表》的问卷测试，结果如表 2 所示：

表2 受试 KAS 人才结构框架量表得分统计表

	优秀 85~100 分（人/%）	良好 70~85 分（人/%）	中等 60~70 分（人/%）	较弱 60 分以下（人/%）
2023 商务英语（专升本）	0（0%）	5（13%）	15（38%）	19（49%）
2021 商务英语（本科）	0（0%）	15（43%）	15（43%）	5（14%）

从上述两项能力测评结果中，可以发现：1）表2表明，通过学习商务英语基础课程和高级课程，受试具备了一定程度的 KAS 能力，由此得出，对受试进行商务英语相关课程的教授有助于培养 KAS 能力；2）从表1看出，本科班中，英语能力"熟练"等级的受试人数占全班人数的 29%，英语能力"提高"等级的受试人数占全班人数的 71%，英语能力"基础"等级的受试人数为 0；在专升本班中，受试英语能力为"熟练"等级、"提高"等级和"基础"等级的占比分别为 5%、95% 和 5%；从表2看出，KAS 能力评估中，两个班都没有获得"优秀"等级的受试，但是本科班受试成绩为"良好"和"中等"的人数和占比都明显高于专升本班。综合两项测试，可以得出，英语能力与 KAS 能力具有一定的相关性，英语能力较好的受试，KAS 能力也较高；英语能力较弱的受试，KAS 能力也较低。

教师访谈

笔者访谈了商务英语专业的授课教师，就当前商务英语专业课程设置与学生能力提升相关作了探讨。教师们的看法如下：首先，在课程设置较为笼统，行业导向性不太明确，缺乏对具体行业具体岗位的专业化教学；教学内容涵盖商务文化和商务礼仪不够充分，缺乏实际案例讨论；缺乏对学生沟通能力和国际化视野及意识的培养。

专业人士访谈

笔者分别访谈了两位商业专业人士：A 先生，某央企海外事业部资深管理人员；B 女士，某塑料进出口销售公司资深 HR。

A 先生和 B 女士分别表述了所在企业在录用商务英语人才时考虑的因素：在知识层面，面试者必须了解常用的商务英语专业词汇，熟悉国际通行的文件格式惯例，能阅读并翻译机器设备英文说明书和操作规程词汇，具备基本国际贸易知识，熟悉交易信用证，了解英文订单确认沟通所需专业词汇，熟知外贸相关各种英文缩写形式；在技能层面，具备英语口语沟通技能，能撰写产品说明书和起草合同，有中英文对照速记能力，能撰写合作备忘录，会议纪要，处理国际贸易往来邮件信函，了解英语国家基本生活习惯；在能力层面，能作为联络人组织团队出国考察和调研，从事商务洽谈，具备快速学习了解所处行业概况，快速适应所处公司业务开展的能力。同时他们也表达了目前所急需的商务人才领域为采购和销售板块。

（三）面临困境

企业所需要的商务英语人才必须具备良好的商务知识素养、实际操作技能和商务活动能力，然而，商务英语专业培养的商务人才和商务市场所需求的人才有一定的差距，应用型高校要充分发挥自身的应用型人才培养特色，缩小甚至消除这个差距以培养出符合新时代发展需要的人才，亟须调整商务英语专业课程体系并丰富实训体系。

三、KAS 模式应用于复合型商务英语人才的培养模式

(一)优化课程体系

将原有应用型相对较弱的听说读写课程重整为更注重构建商务体系为目标的 KAS 模式，使课程与人才培养相结合。开设《跨文化商务交际概论》课程，以讲授商务活动中的文化礼仪和禁忌等理论知识为主。开设《商务英语翻译》课程，以培养商务英汉互译等技能为目标。此外，指导学生创建"双创"信息平台，以促进创新能力向动力转化。

(二)深化实训体系

借鉴 KAS 模式构建商务英语专业的实训体系，一方面，继续深化和巩固与原有实习基地万豪酒店、温州东莞电商平台的合作；另一方面，以当地优势产业为依托，开发新领域的实习基地，如汽车制造和海外销售行业、半导体互联网行业、境外和入境旅游行业、国际邮轮行业等。加强校企合作，拓宽学生的实习空间，真正落地实习工作，使教学紧跟实际业务不断变化的脚步。

(三)拓展第二课堂

立足 KAS 模式，充分发挥第二课堂的能动作用，拓展活动并提升质量。在教师的指导下，与企业建立长期的联盟关系，逐步计划各项活动。如聘请校外工商界人士，定期组织角色扮演场景，例如商务谈判、涉外商务接待、专业领域聘请外国专家进行的设备安装讨论会等，强化专业领域所需要的英语知识，提升沟通技能。再如开展案例学习，收集与中国商务往来及业务合作密切的经济体国家使领馆的网站信息，选择部分国家的投资招商条件、信息，模拟去目的国投资前的英文资料的准备工作。又如开展主题演讲，针对某个专业领域的英文版企业介绍进行宣讲，模拟向外宾进行英文业务宣传介绍等。

四、结语

我国高等教育创新发展势在必行，商务英语专业的建设必将朝着更具中国特色、世界一流的专业方向发展。企业对 KAS 商务人才要求，促使应用型高校商务英语专业优化课程体系，深化实训体系和丰富第二课堂等，构建复合型、应用型商务人才培养模式。

参 考 文 献

[1]一场文科的尝试[N].北京日报，2018-11-08.

[2]中华人民共和国教育部.产学合作协同育人项目"量，质共变"加快促进新工科建设[R].2018.

[3]廖文龙.基于 KSA 结构的能力界定与区域性国际财经人才培养模式探究[J].黄冈师范学院学报，2014，34(5)：128-132.

[4]许淼淼.对话教学中的 KSA 转化[J].基础教育研究，2016(14)：76-77.

浅析话语分析理论在英语写作教学中的应用及优化策略

杨 哲

（武汉文理学院）

一、引言

正如我们所知，英语在国际交流和经济合作中扮演着至关重要的角色。随着时代的变迁，大学英语教学的重要性日益凸显。然而，必须承认的是，学生在书面表达能力上常常未能达到既定标准，尤其是在话语构建层面展现出了显著的短板，越来越多的教育专家和教师们开始关注并探索话语分析理论在大学英语写作教学中的应用。

二、话语分析理论概述

话语分析是一项复杂的研究，起源于语言学领域，是研究语言使用中的结构和功能的学科。它不仅仅关注单词、短语或句子的结构，而且将注意力放在整个交流过程中，探讨语言的实际功能和效果(Brown & Yule，1987)。历来，中国英文写作教育倾向于仅关注句法层次，过度强调表层错误。然而，正如 Krashen（1984）所强调，我们需要用更全面的方法来解决话语层次潜在问题。随着话语分析理论的兴起，我们逐渐认识到语言教学需要关注更深层次的结构和功能。话语分析理论为我们提供了新的视角，帮助我们更好地理解语言的本质和运作机制。通过将话语分析理论运用于外语写作教学中，我们可以帮助学生培养更为连贯、有效且规范的写作技巧。因此，推广并加强对话语分析理论在英文写作教学中的应用具有重要意义。这种方法不仅可以帮助提高学生对于整体篇章结构、衔接手段和主题选择等方面的认识与运用能力。而且有助于培养他们更为自然流畅、条理清晰、逻辑严谨且具有说服力的书面表达水平。同时也更好地满足了当今国际社会对于跨文化交流与沟通需求。

三、话语分析理论在英语写作教学中的应用

（一）英语写作教学的现状及其问题

通过对大学生英语写作技能的深入调查，我们发现当前英语写作教学存在诸多问题。首先，学生在文章结构组织方面普遍展现出一定问题，具体表现为逻辑线索不够明晰以及表达连贯性有待加强。其次，在衔接手段方面应用不够或出现错误，影响了文章整体连贯性。再次，学生在选择主题和传达信息时，其选择性和精确性尚待提高，有时会显得较为随意。最后，学习方法的多样性不足以及学习的能动性相对欠缺，是当前学

生群体中较为普遍的现象。这些问题的存在，不仅影响了学生的写作成绩，更制约了其英语应用能力的提升。

(二)话语分析理论在衔接、图示和话语模式中的应用及其优化

传统的灌输式教育已经逐渐被学生作为主体的自主学习结构所取代。话语分析理论为英语教学提供了新的视角和方法。话语分析理论涵盖了多个方面，如衔接、图示和话语模式等。这些理论在英语写作教学中具有重要的应用价值(Demo，2001)。

第一，衔接是话语分析中的一个核心概念，它关注的是句子之间的逻辑联系和语义关系。在写作中，良好的衔接能够使句子之间的信息流动更加顺畅，增强文章的整体连贯性。因此，教师可以通过教授衔接手段，如代词、连词、省略词和重复等，帮助学生创作更加连贯的文本。

第二，图示理论是话语分析中的另一个重要方面。它关注的是文章的整体结构和组织方式。通过图示理论的应用，教师可以帮助学生分析不同类型的文本结构，如叙述文、议论文和说明文等，从而掌握不同文本的写作特点和技巧。

第三，话语模式也是话语分析理论中的一个重要组成部分。它研究的是人们在特定语境下使用语言的规律。通过了解不同话语模式的特点，教师可以指导学生根据不同的交际目的和读者需求选择合适的语言和表达方式。

(三)话语分析理论在连贯性和结构组织方面的应用及其优化

连贯性和结构组织是英语写作中的两个核心要素，也是衡量一篇文章质量的重要标准。话语分析理论提供了对连贯性和组织性的深入分析框架，帮助学生理解并掌握使文章更具连贯性和逻辑性的方法。

一方面，连贯性是指文章中各个部分之间的内在联系和逻辑关系。在写作中，学生需要确保句子之间、段落之间的信息连贯一致，形成一个有机的整体。话语分析理论中的衔接手段可以帮助学生实现这一目标。通过合理使用代词、连词和重复等衔接手段，学生可以将不同的句子和段落连接起来，形成一个连贯的文本。

另一方面，结构组织是指文章的整体框架和布局。一个好的结构能够使文章更加易于理解和阅读。教师可以通过图示理论的应用来帮助学生构建清晰合理的文章结构。例如，在叙述文中，教师可以指导学生按照时间顺序或事件发展的逻辑顺序来组织内容；在议论文中，教师可以帮助学生提出清晰的论点、论据并构建结论结构。

(四)话语分析理论在语境与写作意图的应用

语境是话语分析理论中的核心概念之一。在英语写作中，语境的理解和运用对于准确传达写作意图至关重要。学生需要学会分析读者背景、写作目的和文体要求等语境因素，并根据这些因素调整自己的写作风格和语言选择。通过对语境的深入研究，学生可以更好地把握写作的方向和重点，使文章更加贴近读者的需求和期望。

四、话语分析理论在英语写作教学中的优化策略

基于话语分析理论在英语写作教学中的应用研究，我们在今后的教学中提出以下教学策略与方法：

第一，话语分析理论的应用对教师也提出了更高的要求，教师应不断更新自身的教

学理念和方法，加强自身对话语分析理论的学习和研究，深入理解其内涵和应用价值，提高自己的专业素养和教学能力。只有掌握了这些理论，教师才能更好地指导学生进行英语写作。

第二，教师应将话语分析理论融入日常教学中，通过案例分析、课堂讨论和实践操作等方式，帮助学生掌握并运用这些理论。加强对学生写作过程的指导，及时纠正学生在连贯性和结构组织方面的错误。通过对语境、篇章结构、连贯性和衔接性等方面进行分析，教师引导学生更好地理解写作任务和选择合适的词汇，引导学生关注段落之间的衔接和主题句，从而提高学生的篇章构建能力并帮助学生提高文章的吸引力和说服力。

第三，教师需要提供丰富的范文，让学生通过模仿和实践掌握必要的写作技巧；同时也需要鼓励学生进行多轮修改和反思，不断提升自己的写作水平。

我们呼吁更多的研究者和教师关注英语作为外语写作领域的研究，能够进一步拓展话语分析理论的应用范围，探索更多有效的教学方法和策略。

五、结论

综上所述，话语分析理论在英语写作教学中的应用具有广阔的前景和重要的实践意义。通过深入分析学生在写作中存在的问题，并有针对性地运用话语分析理论的相关理论和方法，我们可以有效提升学生的写作能力和水平。然而，我们也要意识到话语分析理论并不是万能的，它只是提供了一种新的思考方式和教学方法。在实际教学中，教师还需要根据学生的具体情况和需求不断探索和优化教学策略和方法。此外，未来的研究还可以进一步探讨话语分析理论与其他教学方法的结合，从而期待它在英语写作教学中发挥更好的效果，推动英语教育的不断发展。

参 考 文 献

[1] Brown, G., Yule, G. *Discourse Analysis* [M]. Cambridge：Cambridge University Press，1987.

[2] Celce-Mureia, M., Olshtain, E. *Discourse and Context in Language Teaching* [M]. New York：Cambridge University Press，2000.

[3] Demo, D. A. *Discourse Analysis for Language Teachers. ERCI Digest on Language and Linguistics* [M]. 2001.

[4] Halliday, M. A. K., Hasan, R. *Cohesion in English* [M]. London：Longman，1976.

[5] Harris, Z. Discourse Analysis [J]. *Language*，1952，28(1)：1-30.

[6] Krashen, S. *Research, Theory and Application* [M]. Oxford：Oxford University Press，1984.

[7] 胡壮麟. 语篇的衔接与连贯 [M]. 上海：上海外语教育出版社，1994.

[8] 卢娜. 多模态话语分析在大学英语课堂教学中的运用 [J]. 中国科技经济新闻数据库 教育，2023(3)：4.

"翻译暴力"视角下对英语四六级翻译教学的思考

祝　迪　张晓慧

（武汉文理学院）

随着中国文化自信的不断提升，越来越多的中国年轻人热衷于将中国传统文化介绍到国际舞台，马面裙、簪花等具有代表性的中国元素在国外引起一波又一波热议，"讲好中国故事"也在国内掀起了一股热潮。如何讲好中国故事，具体到英语教学实践中，最绕不开的就是学生的汉英转换能力，而这也是大学英语四六级考试所考察的一个重点。

"翻译暴力"，从字面上理解，指在语言转换过程中译者对源语的一种"施暴"行为。"语言使用不当会引起他者的负面情绪，所以语言具有暴力性。"（胡作友、刘梦杰，2023）而翻译作为语言之间的转换，势必也有这一特性。这种在翻译过程中译者故意而为之的"暴力行为"有积极和消极之分。积极的"翻译暴力"指译者在翻译过程中对原文作出恰当的转述，使译文"赏心悦目"，发挥出积极的作用；而消极的"翻译暴力"则是译者有意或无意地对原文进行不恰当的改写、曲解，表现出对原文的极不尊重。

"翻译暴力"在汉英翻译过程中在所难免。在实际的英语翻译教学中，训练翻译技巧固然重要，但妄图"一技多用"，被动地"转述"原文，生搬硬套，只会滋生出诸多消极的"翻译暴力"。翻译教学的重要任务之一是引导学生"在每一次翻译场合中做出最合适的判断"（Pinkham，2018），而一味打消学生在翻译过程中的"主动思考"，不利于其对外汉语能力与素养的培养。本文针对大学英语四六级翻译中常见的几种消极"暴力"，分析其产生的原因以及规避方法，以期给现有的汉英翻译教学提供一些新思路。

一、词意曲解

大学英语四六级翻译选材涉及中国文化的方方面面，有时难免会"攻"得学生一个措手不及。有些学生为了完成翻译任务则会"绞尽脑汁"地调动本就有些匮乏的英语词汇储备，闹出"啼笑皆非"的翻译笑话。如2022年6月的四级翻译真题中，有些学生由于单词记忆不牢固，将"兔子"错译成"robot"；或是不知如何表达，只好将"放羊"错译成"walk the sheep"。这种有意或无意地对原文词汇进行曲解，属于"虐暴"，即形式和意义都不等效（侯金国，2018），是消极"翻译暴力"的一种表现。学生之所以会出现这种"翻译暴力"，正是因其"英语词汇储备停留在最简单的等级，且对这些词汇的使用仍然是'中式'的。"（严世龙、郭涛，2023）部分原因是他们对汉英翻译持有一种类似于"玩笑"的态度。

翻译的初衷应是向目的语国家展现本国文化的独特魅力，实现不同文化之间的交流。学生在进行汉英翻译时，即便没有所谓的"外国观众"，也必须假想一位出来，在翻译过程中时常思考，"这种词汇表达观众能否理解?"，以这样的标准要求自己，端正翻译态度，并不断丰富词汇量，以求在面对各类翻译题材时能"临危不乱"。

二、句意曲解

学生在汉英翻译过程中由于对原文理解不清、忽略句间逻辑关系，或是对英语句式不够熟悉而造成对原文句意曲解，也属于消极的"翻译暴力"。

例如：随着经济与社会的发展，中国人口结构发生了显著变化，逐渐步入老龄化社会。(2023 年 12 月六级)

学生译文：With the development of economy and society, Chinese population has undergone significant changes and gradually entered the aging society.

在这一版本的学生译文中，该生混淆了主语，是"中国"步入了老龄化社会，而不是"中国人口"，导致译文传达有误，对原文造成曲解，引起消极的"翻译暴力"。

修改版本：With the development of economy and society, China has witnessed remarkable changes in its population structure and gradually stepped into an aging society.

修改版本将第二个分句主语和第三个分句主语统一成"China"，完美解决了主语混淆问题。

学生在进行这种复杂句式的翻译时，必须分清句子成分和内部逻辑，在充分理解原文的基础上再进行汉英翻译，必要时还要对中文句式进行调整，善用积极的"翻译暴力"完成译文通畅传达的使命。

三、翻译技巧的不当使用

翻译技巧是汉英翻译教学的重点，也是学生将翻译理论落实到具体翻译任务的关键。一种翻译技巧可能适用于不同的句式表达，而如何选择适合的翻译技巧则需要学生在日积月累的翻译训练中学会判断。但有时"聪明反被聪明误"，一味强调翻译技巧的使用从而忽略原文独特的韵味，则会产生消极的"翻译暴力"，使原文的魅力在译文中大打折扣。

例如：荷花迎骄阳而不惧，出淤泥而不染，象征纯洁、高雅。(2019 年 12 月六级)

学生译文：Lotus, which fearlessly braves the scorching sun and comes out of the dirty mud unsoiled, has been a symbol of purity and elegance.

在此版学生译文中，该学生处理多个分句的长句时选择了"which 引导定语从句"这一翻译技巧，但他没考虑到，原句的精髓在于"迎骄阳而不惧，出淤泥而不染"，这是需要重点突出的内容，能彰显出原句神韵，他却把"精髓"之处只当成从句内容"随便一提"，使得译文毫无原文之神韵。

修改版本：Lotus blooms in the scorching sun yet unharmed, emerges from the slimy mud yet unsoiled, which makes it a symbol of purity and elegance.

在修改版本中，译者尊重原文之"精髓"，赋予它应有地位，句式安排也依照原文尽量做到对仗，在还原原文神韵这一方面可谓是"尽心尽力"，而译文最终呈现的效果亦有明显提升。

出色的译文尊重原文，成就原文。学生在进行四六级翻译时也应在尊重原文的基础上运用各类翻译技巧，将技巧作为一种辅助手段，而非让它凌驾于原文内容之上，如此方能避免一些消极的"翻译暴力"。

大学英语四六级翻译"要求学生不仅要具备良好的基础英语知识，更考核学生的综合语言应用能力"（赖怡霏，2021）。学生若能转变固有的应试观念，为自己的每一篇译文都假想出一位"外国读者"，将"讲好中国故事"的标准贯彻到每一次翻译训练中；与此同时，养成良好的翻译习惯，不断丰富自身的英语储备，在翻译过程中做到尊重原文，充分理解原文，便能在四六级翻译中规避诸多的消极"暴力"，让自己真正学会如何讲好中国故事。

参 考 文 献

[1]Pinkham，J. *The Translator's Guide to Chinglish*[M]. Beijing：Foreign Language Teaching and Research Press，2018.

[2]胡作友，刘梦杰."翻译暴力"与中国文化走出去[J]. 内蒙古社会科学，2023，44（1）：193-199.

[3]侯金国. 译者何以施暴？——简评曹明伦（2015）[J]. 当代外语研究，2018（4）：78-84.

[4]严世龙，郭涛. 从词汇、语法、篇章看大学生翻译问题——以大学英语四、六级考试为例[J]. 英语广场，2023（22）：107-111.

[5]赖怡霏. 大学英语四、六级汉英段落翻译常见错误和翻译教学策略探析[J]. 现代英语，2021（16）：63-65.

大学英语四六级段落翻译的技巧与原则

李香琴

（武汉文理学院）

一、引言

为适应我国的发展实情，培养能"讲好中国故事"的外语人才，2013 年四六级考试进行了改革。翻译的题型和分值结构变化很大，单句翻译变成了段落翻译，增加了翻译的难度，分值占比由 5% 提升到了 15%，充分体现了翻译的重要性（徐小芬，2019）。然而，这一改革给非英语专业学生带来了巨大的挑战。以前翻译分值占比低，很多学生直接放弃翻译部分，单纯依靠做好其他部分来抵消不做翻译的损失，也能过级，现在段落翻译就是绕不过去的坎儿，尤其是对于非英语专业大学生们来说。因课时有限，课堂教学内容和教材的不同，他们没有机会系统地学习翻译理论并开展大量实操训练（王伟等，2015）。再者，段落翻译的内容是中国传统文化等方面，行文较为官方和正式，也增加了翻译难度。本文基于非英语专业学生的现实情况，结合对四六级段落翻译真题的分析，试图运用英语基本句型的语法规则，结合真题来进行段落翻译的实操技巧探讨。

二、非英语专业学生的翻译学习情况

（一）重视程度低

一方面，英语是非英语专业学生的非专业课程，很多学生不重视英语的学习，只是为了修满学分而完成学习任务。同时，各大高校大规模扩招，合班、大班上课模式，使语言类课堂效果大打折扣。削减大学公共英语课时已成趋势，课堂上的授课难以兼顾听说读写译各个方面，更让学生们忽视了英语的重要性。另一方面，英语作为公共课程，课时安排较少，一学期只有 64 或者 48 学时，有的院校安排的学时甚至低至 32 学时，因此学生能够接触英语熏陶的时间少，如果老师不硬性要求，学生们课后几乎不会自觉训练英语，只有想考四六级的同学会认真听课，也会积极备考。

（二）学习和训练有限

不像英语专业开设语音课、语言学、翻译课、写作课等，学生能系统学习语言学知识、翻译理论，并开展专业训练。非英语专业学生没有系统学习英语知识本身（王伟等，2015）。时间有限、教材受限，教师很难在一个知识点上深挖和深讲，而且教学人数众多，不可能做到检查每个学生的训练效果，尤其是写作和翻译，因此检查集中在词汇记忆上。再者，英语学习多局限在课堂上，课后做得最多的就是阅读和背单词，整体而言，学习和训练内容单一。

三、段落翻译的基本情况

(一) 内容上以中国文化为主

据统计，考试改革以来，段落翻译涉及了汉唐宋明等中国朝代历史、名山大川、大江大湖、传统节日习俗、民族特色、文化古镇、地域特色、旅游、交通、教育和经济等（郭珊等，2022）。其中以中国文化、地理、历史主题居多。虽然在增强文化自信和文化复兴的旗帜下，学生们对传统文化的关注度有所上升，但大多停留在穿汉服、背唐诗等表面上，缺乏深入的理解，专业术语匮乏，解说能力不足。这些也是段落翻译成为难点的原因之一。

(二) 技巧严重不足

大英的教材以读写听说为主，翻译大多仅以练习题出现课后作业中，一些系统的翻译理论和必要的训练难以实施。因此学生们常常缺乏基本的翻译常识，缺乏翻译技巧，只会翻译简单的句子，遇到稍微复杂的句子就束手无策，同时还缺乏对汉语释义的能力（刘喜玲，2020）。但是考级的压力依然不减，因此，怎样提高非英语专业学生的翻译能力尤为重要，有必要找到适用于非英语专业学生的段落翻译技巧和基本原则。

四、非英语专业学生的四六级段落翻译基本方法与原则

本文将以 2021 年 12 月四级段落翻译真题"大运河"为例，讲解适用于非英语专业大学生的翻译技巧和原则。虽然常用的翻译方法有直译和意译、正反翻译法、语态变换法、增译法、重复法、减译法、词性转换法、分句合句法等，但这些技巧太过于专业和复杂。下面本文就从中英文语法角度，尤其是英语基本句型的角度来综合运用这些翻译方法，使之简单易操作。

(一) 翻译方法和步骤

1. 拆分句子，降低难度

首先，一段既完整又正式的段落，给学生们带来的感觉是句子很长且困难，让他们望而生畏，因此学生要学会降低难度。拆分句子和简化汉语都可降低句子难度。拆分句子可以用句号或是否切换了主语来判断。例如将"大运河"整篇拆成 6 句：(1) 大运河（Grand Canal）是世界上最长的人工河（大运河是什么样的河），(它) 北起北京，南至杭州（北边从北京开始延伸到南边的杭州）。(2) 它是中国历史上最宏伟的工程之一（大运河是工程之一）。(3) 大运河始建于公元前 4 世纪，公元 13 世纪末建成（大运河建于什么时候，完工于什么时候）。(4) (它) 修建之初是为了运输粮食，后来也用于运输其他商品（建立开始是为了某某，后来又被用来干某某）。(5) 大运河沿线区域逐渐发展成为中国的工商业中心（大运河发展成了中心）。(6) 长久以来，大运河对中国的经济的发展发挥了重要作用，有力地促进了南北地区之间的人员往来和文化交流（大运河在发展上发挥了作用，大运河促进了什么）。这样就将其分成了有长有短的句子，让学生产生了可以做到的感觉。

2. 找出句子主次结构，确定基本句型

分析中英文语法结构，解读汉语。例如：(1) ｛大运河+是+河，它从北到南｝主系

表（"世界上"是状语，"最长的人工的"是定语，"从北到南"可以是状语）。（2）{它+是+工程}主系表（"最宏伟的之一"是定语，"中国历史上"是状语）。（3）{大运河+开始建立于/完成于……}主谓状（时间状语）。（4）{目的+是+运粮}主系表（无主句添加主语+合并）。（5）{区域+发展成+中心}主谓宾（"大运河沿线"是定语，"中国的工商业的"是定语）。（6）{大运河+发挥了+作用在某方面 and+促进了+往来和交流}主谓宾状+主谓宾（"长久以来"是状语，"在中国的经济发展方面"是状语，"南北地区之间的人员和文化"是定语）。

3. 翻译主次框架，使翻译成型

把主结构翻译出来，就完成了翻译的基本表意，剩下就看选词和句子衔接是否得体连贯。翻译中注意词语搭配和降级替换，注意动词的时态和语态，名词的单复数，以下加粗的部分即为每个句子的主结构。例如：（1）**The Grand Canal**（**is**）the longest man-made {**river**} in the world and **it goes from** Beijing in the north **to** Hangzhou in the south. "北起……南到"可以用"go from…to"降级代替"stretches from"。（2）**It**（**is**）one the most magnificent {**projects**} in Chinese history. 注意名词复数。（3）**It**（**began to build**）in the 4th century BC and **it**（**finished**）in the end of 13th century AD. 注意句子主时态。（4）At first, **the aim** of the construction（**was**）**to transport food**, later, **it**（**was also used to transport**）other {**goods**} 注意主语切换和被动式。（5）**The areas** along the Grand Canal gradually（**developed into**）{**the center**} of Chinese industrial and businesses. 注意定语后置（6）For a long time, **it**（**plays an** import **role in developing**）{Chinese **economy**}and **helps to**（**improve**）{people's **movements**}and {cultural **exchanges**} between the northern and southern regions. 注意选词及状语和定语的位置。只要基本句型翻译完成，翻译基本成型。

4. 优化句型和词汇，完善翻译

到这一步，翻译的分数基本得到了，在做到"信"和"达"的基础上，再通过优化句子和美化词语来做到"信达雅"。例如第一句可以换词和提升句型，将"goes from…to"换掉，将并列句换成复合句，因为主语相同，还可以和第二句合并。其一版本：**The Grand Canal is** the longest man-made **river** in the world **that stretches from** Beijing in the north **to** Hangzhou in the south **and is** the most magnificent **projects** in Chinese history. 其二版本：The Grand Canal, the longest man-made **river**（the world has ever seen）, **stretches from** Beijing in the north **to** Hangzhou in the south. **It is hailed as** one of the most magnificent **projects** throughout the history of China. 当然也可以有其他版本。

(二)翻译原则

要有信心，不放弃。1. 学会拆分长难句，降低难度克服畏难情绪。例如：翻译材料文段最后一句，从众多的成分中找到主要内容是"大运河在发展上发挥了作用，大运河促进了往来和交流"。如同年同月同期翻译真题"坎儿井"里面的长难句"该系统将春夏季节渗入地下的大量雨水及积雪融水收集起来，通过山体的自然坡度引到地面，用于灌溉农田和满足人们的日常用水需求。"虽然是一个句号，但前面说的是系统，后面说的是水，主语不同，所以可以用切换主语的方法来拆为两个句子——（1）"该系统收集（大量的）雨水（由春夏季节渗入到地下的）和（积雪融化的）水，并把他们引到地面（通过山的自然的坡度)。(2)(这些水是)用来浇农田和满足(人们的日常的生活用水的)需求。

2. 学会降级替换,想不起来的词或不会写的词要千方百计地找能替换的表达。如想不起来 stretch from…to,就用 go from…to,"宏伟的"不会写 magnificent,就写 greatest。

3. 尽量用自己有把握的句型,因为有些句子可以用不同的句型。如"坎儿井减少了水在地面的蒸发,对地表破坏很小"可以处理成主系表——(这件事对地表的)破坏是很小的,也可处理成主谓状——(这件事)最小地破坏地表。

要注意考点,把考点处理成亮点。优化翻译时,注意句式多变,语态时态合理,文化内涵和情感与原文一致。有些明显是考点的地方需要格外注意,如:第三句和第四句的关系处理,第四句主语的处理,第六句时态处理,定语状语的位置处理。经过优化句子和词语后,学生们基本能达到的翻译版本如下:The Grand Canal, the longest man-made river in the world, stretches from Beijing in the north to Hangzhou in the south. It is recognized as one of the most significant projects in the history of China. Aimed to transport grains, it stared to be built in the 4th century BC and finally finished at the end of 13th century AD. Later, it was also used to shipment other commodities. The areas along the Grand Canal gradually developed into the center of Chinese industry and trades. During the long times, the Grand Canal has been playing an important role in the development of Chinese economy and the improvement of people's exchanges and cultural communications between the north and south. 第一个句子有插入语。第二个句子情感饱满。第三句和第四句深度融合,句型高级。第六句,时态的优化是亮点。

四、结语

总的来说,段落翻译成绩的高低极大地决定着学生们能否通过等级考试,但是非英语专业的学生因种种原因,在段落翻译上虽然不至于只得零分,但也难以获得高分。因此本文分析了非英语专业学生的翻译学习情况和段落翻译的基本情况,结合四级真题案例分析,总结出了适用于非英语专业学生的翻译方法和四个步骤,即拆分句子、找出主结构、翻译主框架和优化翻译,并指一些注意事项。希望本文能给大学生们和大学英语课程教师们带来一点借鉴意义。

参 考 文 献

[1]郭珊,王莉丽,张皓琳. 全国大学英语四六级翻译与中华传统文化传播[J]. 科教文汇,2023(14):178-181.

[2]刘喜玲. 英语四六级翻译新题型对大学翻译教学的启示[J]. 海外英语,2020(7):60-61.

[3]王伟,郭鑫,朱莉. 通过大学英语四六级翻译考试改革谈大学英语翻译教学[J]. 中小企业管理与科技(中旬刊),2015(12):129.

[4]徐小芬. 大学英语四六级考试段落翻译分析与启示[J]. 考试周刊,2019(1):128.

[5]张静文,王建文. 大学英语四六级翻译新题型与大学生翻译能力的培养[J]. 考试周刊,2016(31):83-84.

基于语料库的科技语篇情态动词
使用特点的对比研究
——以英语本族语者与中国学生农科论文为例

杨心怡[1]　李　珍[2]　江晶晶[3]　陈　晓[4]
（1. 空军预警学院；2. 武汉市江岸区人民政府新村街道办事处；
3. Ingenico China；4. 华中科技大学）

一、引言

在许多语言中，情态动词是表达情态意义最主要的载体，也是英语动词系统的重要组成部分。其形式虽较为简单，但在语义指向、语法属性、语用功能等方面却非常复杂。正如 Palmer（2001）所说，情态动词可能是英语语法系统中最难也是最重要的语法项之一。因而，情态动词也是以英语为二语的学习者及英语教学中普遍反映较难掌握的语言点之一。本文运用语料库，以英语本族语者与中国学生农科论文为例，探讨科技语篇中情态动词的使用特点，以期填补现有研究的空白，为相关领域提供一定参考。

二、文献回顾

由于其语法特性和强大的语用功能，英语情态动词受到学术界的广泛关注。如国内外学者（Hinkel，1995；李基安，1999；梁晓波，2002；程晓堂、裴晶，2007；马刚、吕晓娟，2007，等）都分别围绕情态动词展开了多维度研究。随着语料库语言学的不断发展以及语料库工具的成熟，一些借助语料库研究情态动词的研究已问世。

鉴于 Biber et al.（1999）运用语料库发现"核心情态动词在英语母语者中的使用频率远远高于边缘和半情态动词，同时情态动词在不同学科领域和文体中的语义分布也大不相同"。本文借鉴 Biber 等对英语情态动词的分类方法，以华中农业大学农科英语论文语料库（http://211.69.132.28，HZAU CQPweb，下文简称 CQPweb）为基础，重点考察农科专业大学生与英语本族语者在核心情态动词使用上的差异，侧重分析其使用频率上的异同以及在论文各个部分的分布特征。

三、研究方法

（一）研究问题

本研究主要回答以下三个问题：1. 中国学生农科论文写作中情态动词的使用有何特点？与英语本族语者相比是否存在差异？2. 中国学生农科论文写作中各章节情态动词的使用有何特点？与英语本族语者相比是否存在差异？3. 中国学生农科论文写作中情态

动词后的时态使用有何特点？与英语本族语者相比是否存在差异？

(二)语料来源

本研究利用语料库，试图通过定量分析和定性分析来回答上述三个问题。研究中所使用的语料库为华中农业大学 CQPweb，该语料库是由华中农业大学的师生共建的农科英语论文文献语料库，属于第四代网络语料库工具，包含农科专业期刊论文子语料库(553 万词，838 个文本)和英语学习者论文子语料库(184 万词，397 个文本)。这两个语料库互相参照，构架基本相同，下含按照学科分类的学科子语料库(Articles by Disciplines)(植物科学、动物科学、生命科学、园艺林学等九个子库)和按照科技论文结构分类的章节子语料库(Articles by Sections)，本研究所需用到的章节子语料库下包括摘要(ABS)、引言(INT)、方法(MET)、结果(RES)、讨论(DIS)、结论(CON)六个子库。农科专业期刊论文子语料库收录了英语母语者发表的 SCI 期刊论文，英语学习者论文子语料库收录了农科专业硕博生为发表 SCI 论文而撰写的部分论文。前者的作者主要是农业领域内的外国专家学者，与后者相比其在英语科技论文文体中情态动词的使用更加精准和地道，因而更加具有权威性与代表性。所以，将这两个子库的语料作为研究对象是可行且可信的，能够较为真实地反映中国学生在科技论文写作中情态动词的使用情况及英语本族语者与汉语本族语者在科技论文写作中情态动词的使用上存在的差异。

(三)语料处理及分析

本研究只考察上述三类情态动词中的核心情态动词，即 can、could、will、would、shall、should、may、might 和 must 这九个情态动词，暂不涉及使用频率相对较低的边缘情态动词和半情态动词。首先，在 CQPweb 的两个子库，即农科专业期刊论文子语料库和英语学习者论文子语料库中，分别对上述九个情态动词进行检索。为了保证检索结果的准确性，笔者对检索结果进行了人工核对，将一些情态动词的简写形式进行了相应的处理(如 'll 和 'd，这两种检索结果的频数分别合计到 will 和 would 检索结果的频数中)。然后以每百万词为单位报告统计结果，最后对这两个子库的检索结果进行对比分析。由于单看这些情态动词的频数和频次并不能完整准确地反映英语本族语者与汉语本族语者在科技论文写作中情态动词的使用上所存在的差异，故本研究采用了北外许家金等教授研发的对数似然比(log-likelihoodratio，简写为 LL)，这是常用于检验词项跨语料库差异显著性的一种简便易行的语料数据处理工具。在本研究中，该工具被用于检验英语本族语者和中国学生科技论文写作中情态动词的使用及情态动词后时态的使用是否具有显著差异性。

四、研究结果与讨论

(一)核心情态动词的使用

1. 核心情态动词使用总体情况对比

统计结果显示(如表 1 所示)，中国农科专业英语学习者论文中核心情态动词总体上出现过度使用的情况。中国英语学习者核心情态动词每 100 万频次为 98.86，高于本族语者每 100 万频次的 98.77，LL 值达到 2253.77，达到统计学意义上的显著差异(sig 值<0.01)。

表 1   **核心情态动词总体情况对比表**

本族语者频次	中国学习者频次	LL 值	sig 值
98. 77	98. 86	2253. 77	0. 000

　　笔者认为，造成这种差异的原因有两点。第一，由于口语中情态动词的使用频次高于书面语(Biber et al. , 1999)，中国农科专业英语学习者的书面语中表现出更多的口语化倾向，因此中国农科专业英语学习者使用情态动词的总体频数高于英语本族语者；第二，受母语迁移影响。中国农科专业英语学习者在英语学习中一贯重视语法形式的准确性而不是语用意义上的恰当性，而情态动词没有词形曲折变化，其后的动词没有人称和数的变化，学习者使用起来较为方便，因此在写作中也倾向于使用情态动词，容易过度依赖情态动词来表达观点，以致出现中国农科专业英语学习者论文中核心情态动词总体上出现过度使用的情况。

　　2. 核心情态动词使用的具体差异

　　笔者进一步分析核心情态动词使用的具体情况，分别列出英语本族语者与中国农科专业英语学习者使用九个核心情态动词频次由高到低的排序及其差异显著程度，结果见表 2。

表 2   **核心情态动词具体情况对比表**

排序	核心情态动词	本族语者频次	核心情态动词	中国学习者频次	核心情态动词	LL 值	sig 值
1	can	28. 1	can	35. 73	can	141. 45	0. 000
2	may	24. 87	could	22. 13	may	402. 21	0. 000
3	could	13. 15	may	13. 99	could	350. 26	0. 000
4	would	11. 39	will	8. 31	would	302. 90	0. 000
5	will	9. 2	might	6. 87	will	5. 15	0. 023
6	should	4. 68	should	5. 56	should	11. 91	0. 001
7	might	4. 67	would	5. 23	might	11255. 03	0. 000
8	must	2. 69	must	1. 02	must	99. 76	0. 000
9	shall	0. 02	shall	0. 02	shall	0. 00	0. 973

　　在九个核心情态动词使用频次方面，英语本族语者的使用频次排序为 can、may、could、would、will、should、might、must、shall，而中国英语学习者的使用频次排序为 can、could、may、will、might、should、would、must、shall。除了 shall 之外(sig 值>0. 5)，英语本族语者与中国英语学习者对于其他核心情态动词的使用均达到统计学意义上的显著差异(sig 值<0. 05)，其中 can、may、could、would、might、must 的使用差异最为显著(sig 值<0. 01)，should 和 will 次之。

其中，may 的使用在英语本族语者中达到每 100 万频次的 24.87，而中国英语学习者每 100 万频次仅为 13.99。could 的使用在英语本族语者中达到每 100 万频次 13.15，而中国英语学习者每 100 万频次为 22.13。might 的使用在英语本族语者中每 100 万频次仅为 4.67，而在英语学习者中每 100 万频次为 6.87。

笔者认为出现上述差异的原因有两方面。中国农科专业英语学习者在进行英语论文写作时，一方面教师在教授情态动词时只简单地用汉语介绍了情态动词的语义，在教学设计中存在问题，通常过多强调 could、might 等词的使用，忽略 may 等词，致使学习者在寻找英汉对应的词汇时过多使用 could、might 等，而不知如何在不同的语境中恰当使用不同的情态动词；另一方面是二语习得的不完全。中国农科专业英语学习者无专业英语写作教材，缺少足够的英语写作训练，缺乏恰当灵活运用情态动词的能力，因此与英语本族语者在情态动词使用方面差异较大。

(二)情态动词在农科英语论文中的分布情况

统计结果显示(如图 1 所示)，在农科英语论文中，情态动词分布最多的两个章节为结论和讨论部分，每百万词频次分别为 11941.11 和 8552.42，分布最少的章节为研究方法，其每百万词频次为 2857.13。在英语科技论文写作中讨论和结论部分主要探讨的是对本研究的评价、解释数据原因以及对未来研究方向的建议等，因此多用情态动词 may、can、will(如表 3 所示)。如：It **may** be that, by competing with PDK, Hsp70 inhibits the binding of this inhibitory kinase and thus activates PDC. 在该例句中，作者用情态动词来讨论可能出现其结果的原因。而论文的方法部分主要是客观陈述实验材料方法，不涉及情感表达部分，因此情态动词使用较少。

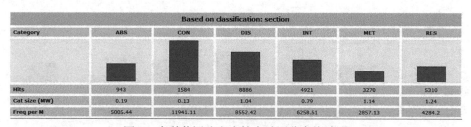

图 1　农科英语论文中情态动词分布统计图

表 3　　　　　　　　**英语本族语者结论、讨论章节情态动词使用情况**

英语本族语者结论章节			英语本族语者讨论章节		
5 个最高频词	频数	频率(%)	5 个最高频词	频数	频率(%)
may	361	22.79	may	2680	30.16
can	356	22.47	can	1957	22.02
will	232	14.65	could	1268	14.27
would	189	11.93	would	1087	12.23
could	188	11.87	will	692	7.79

(三)汉语母语者与英语母语者情态动词论文章节使用差异

从图2可以看出汉语母语者与英语母语者情态动词在论文各章节使用上总体趋势相同。但在结论部分(如表4所示),英语母语者使用最多的情态动词为 may,频率为22.79%,而汉语母语者使用最多的情态动词为 can,频率为36.19%,而 may 的使用频率仅为11.23%。如表5所示,情态动词 may 在英语母语者和中国学习者论文写作中存在统计学上的差异(LL=40.13,P<0.01),可见汉语母语者与英语母语者在论文部分中对情态动词 may 的使用上存在显著差异,汉语母语者在结论部分存在情态动词使用不足的情况。在学术论文写作中,结论部分有着重要意义,体现着论文的学术价值,因此在结论部分合理使用情态动词至关重要。在结论部分中,情态动词 may 的使用多用来表达对自己研究的评价,或指出未来研究方向以及启示,体现客观性和委婉性。如:Finally, these types of studies may provide a glimpse into the genetic heterogeneity that we may expect to...而中国母语者对情态动词 may 的使用不足可能是由于其对情态动词的掌握存在偏差,用词较为生硬,不能很好地表达说话人的语气。这与教师在教学阶段过于笼统地总结情态动词的用法,而缺乏具体语境的讲解有关。

同时,如表5所示,情态动词 can/could 在英语母语者和中国学习者论文写作中存在统计学上的差异(LL=27.54,P<0.01),可见汉语母语者与英语母语者在论文结论部分中对情态动词 can/could 的使用存在显著差异,汉语母语者在结论部分存在过度使用情态动词 can/could 的情况。造成该现象的原因可能为中国学习情态动词的习得顺序有关。由于中国学习者最先习得的情态动词多为 can/could,学习者对于该情态动词的使用更为自信,导致其论文中出现过度使用 can/could 而较少使用 may/might 的情况。

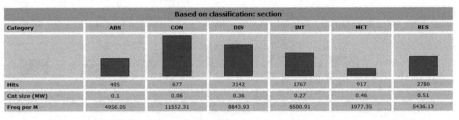

图2

表4 　　　　　　英语本族语者与中国学习者结论章节情态动词使用情况对比

英语本族语者结论章节			中国学习者结论章节		
5个最高频词	频数	频率(%)	5个最高频词	频数	频率(%)
may	361	22.79	can	245	36.19
can	356	22.47	could	117	17.28
will	232	14.65	will	94	13.88
would	189	11.93	may	76	11.23
could	188	11.87	should	63	9.31

表5

情态动词	LL 值	Sig 值
May	40.13	0.000
Can/Could	27.54	0.000
Will	0.51	0.477

　　另外，在论文研究结果部分，从表6中可以看出，英语母语者在研究结果部分情态动词每百万词使用频次为 4284.2 次，而汉语母语者为 5436.13 次，二者在统计学上存在差异（LL=3018.51，P<0.01），可见汉语母语者在论文研究结果部分存在过度使用情态动词的情况。论文结果部分本应是对研究结果的客观阐述，涉及情态动词使用的情况较少，而中国学习者在写作过程中可能在结果部分过多加入了研究意义、启示等部分的介绍，导致其出现情态动词使用泛化的情况。

表6　　　　　　　　英语母语者与汉语母语者结论部分情态动词使用对比

	英语母语者	汉语母语者	LL 值	Sig 值
每百万词使用频次	4284.2	5436.13	3018.51	0.000

（四）核心情态动词后接时态对比

　　统计结果显示（如图3及表7所示），虽然整体来看，英语本族语者和中国农科专业英语学习者都在核心情态动词后接一般时的频次最高，完成时和正在进行时次之，但两者在核心情态动词后接时态方面仍存在着显著差异。其中，本族语者核心情态动词后接正在进行时每 100 万的频次为 18.96，中国英语学习者为 5.42，LL 值为 20.18，且达到统计学意义上的显著差异（sig 值<0.01）；本族语者核心情态动词后接完成时每 100 万的频次为 69.71，中国英语学习者为 12.46，LL 值为 108.47，且达到统计学意义上的显著差异（sig 值<0.01）；本族语者核心情态动词后接一般时每 100 万的频次为 2435.75，中国英语学习者为 2187.19，LL 值为 36.68，达到统计学意义上的显著差异（sig 值<0.01）。

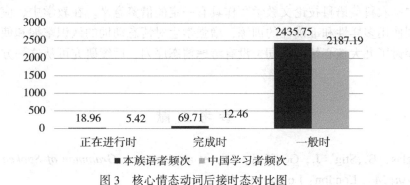

图3　核心情态动词后接时态对比图

表 7   核心情态动词后接时态对比表

时态	LL 值	sig 值
正在进行时	20.18	0.000
完成时	108.47	0.000
一般时	36.68	0.000

　　笔者认为，造成以上情况的原因可能有以下几点。第一，一般时在大部分教材中出现较早，因而中国英语学习者习得较早，使用起来也感觉较有把握，因此使用核心情态动词后接一般时的频次远远高于其他时态。第二，中国英语学习者不能够灵活利用而过少使用其他时态，所以表达手段单一，学习者怕犯语法错误，认为使用一般时更保险。第三，尽管教学改革一直在进行，但由于英语教材编撰模式未实现彻底的大变化，教师传统教学方式仍然存在，在教授情态动词及后接时态用法时常常忽略结合情景以及真实英语材料的重要性，教学模式有所欠缺，导致学习者在情态动词后接时态方面与本族语者存在显著差异。

五、结论与启示

　　本研究发现：1. 中国农科英语科技论文中存在过度使用情态动词的问题。可能是由汉语母语者在写作过程中的口语化倾向以及母语迁移造成的。2. 汉语母语者与英语母语者在论文各章节情态动词使用上基本趋势相同，但在结论部分具体用词上存在显著差异，汉语母语者过度使用 can/could，而较少使用 may/might。教学局限、母语迁移和习得顺序可能是造成差异的主要原因。3. 汉语母语者在论文结果部分写作中存在情态动词使用泛化的现象。这可能是由中国学习者对论文写作章节内容分布认识不足导致的。4. 汉语母语者存在情态动词后时态使用单一、缺乏多样性和灵活性的问题，这可能是由教学局限和习得顺序造成的。

　　情态动词在英语写作中发挥着极其重要的作用，体现着写作者的英语水平。在科技论文写作中合理正确地使用情态动词，不仅可以提高写作水平，还能体现科技论文的客观性和准确性。本研究指出汉语写作者应加强对情态动词的认识和灵活应用。同时，本研究对中国农科英语科技论文教学写作具有一定的借鉴意义。在教学中，应加强对学生情态动词使用多样性和准确性的训练，增强学生对情态动词的认识掌握和使用。由于本研究只探讨了九大核心情态动词，没有考虑情态序列，后续研究可从这一方面再进行深入探讨。

参 考 文 献

[1]Douglas, B.,Stig, J., Geoffrey, L., et al. *Longman Grammar of Spoken and Written English*[M]. London：Longman，1999.

［2］Hinkel，Eli. The Use of Modal Verbs as a Reflection of Cultural Values［J］. *TESOL Quarterly*，1995，29(2)：325-343.

［3］Pamer，F. R. *Modality and the English Modals*［M］. London：Longman，1979.

［4］程晓堂，袁晶. 中国学生英语作文中情态动词的使用情况——一项基于语料库的研究［J］. 外语电化教学，2007(6)：9-15.

［5］李基安. 情态意义和情态助动词意义［J］. 外国语，1999(4)：19-23.

［6］梁晓波. 情态的多维研究透视［J］. 解放军外国语学院学报，2002(1)：28-32，36.

［7］李鑫，胡开宝. 基于语料库的记者招待会汉英口译中情态动词的应用研究［J］. 外语电化教学，2013(3)：26-32，74.

［8］马刚，吕晓娟. 基于中国学习者英语语料库的情态动词研究［J］. 外语电化教学，2007(3)：17-21.

［9］彭利贞. 现代汉语情态研究［M］. 北京：中国社会科学出版社，2007.

［10］王立非，孙晓坤. 国内外英语学习者语料库的发展：现状与方法［J］. 外语电化教学，2005(5)：20-25.

网络"同伴协作"

——一种大学英语自主学习的创新模式

孙 言

（武汉文理学院）

一、互联网中的"同伴协作"

（一）"同伴协作"的基本内涵及理论依据

"同伴协作（Peer Collaboration）"是一种基于同伴之间相互交流、学习和支持的教育方法，其雏形在我国早有源头可追溯：无论是孔子的"三人行必有我师"，还是乐正克所著《学记》中的"独学而无友，则孤陋而寡闻"，无不渗透着同伴互助的学习理念。在国外，这一概念起源于苏联心理学家维果茨基（L. S. Vygotsky）的"社会建构"理念。西方学者在此基础之上提出"支架"一词，并指出学习者可以通过借助"支架"（即教师或学习能力更强的同伴）来提升学习水平，最终达到脱离支架独立完成学习任务。Topping & Ehly（1998）提出："所谓同伴互助学习，是指通过地位平等或匹配的伙伴（即同伴）积极主动的帮助和支援来获得知识和技能的学习活动。"需要注意的是，这种学习模式强调学习主体的平等性，也注重参与者在过程中身份的双重性（教师+学生），并通过相互教学、合作的双向流通方式展现出与传统学习方式不同的优势。

（二）信息化时代中的"同伴协作"

伴随科技的发展，信息化变革渗透到了社会的方方面面。社交媒体、在线学习平台和即时通讯工具的爆发式发展，席卷了现代大学生的学习及生活，对传统的学习模式也带来了根本性的改变。基于以上现象，"同伴协作"这一教学概念也有了全新的实践维度，即利用互联网中丰富的设备和平台使得同伴间的互动、互助拥有了更多方式和资源，也更趋于去时间及空间化；另外，这为教师对于"同伴协作"的监管和评估提供了更全面、科学和客观的手段及技术保障。

二、网络"同伴协作"在英语自主学习中的可行性

（一）网络学习设备及平台的丰富性

随着互联网技术的兴起，传统教育模式经历了巨大的变化。过去，知识和学习资源的传递依赖于面对面的课堂教学和实体课本，而现在这一切都可以通过网络进行教学和分享轻松实现。特别是在英语自主学习领域，这种变化尤为突出。利用智能移动设备和多种英语学习应用程序（App），学生们可以体验前所未有的灵活性和便捷性，他们能够随时随地开始自己的学习之旅，不受时间和地点、空间限制，共同完成课堂外的学习任务。此外，在线环境下的自主学习，更加注重学生之间的协作性和交互性。各种丰富的网络资源和灵活的学习方式，能有效帮助学生实现零距离沟通。从在线课程到交互式应

用程序，从虚拟语言交换伙伴到全球范围内的开放资源库，这些海量资源也为他们提供了量身定制自主学习路径的可能性。

(二)语言学习的多样性需求

在二语习得领域中，Krashen(1985)的输入假设理论指出：有效的语言习得必须具备两个基本条件，即语言的可理解性以及输入需略高于学习者的现有水平。它们揭示了有效语言学习的本质——通过适度的挑战，不断扩大语言学习能力边界。在同伴协作模式中，每位学习者都更容易获得适合自己理解水平并略有提高的输入。不仅如此，他们在生成回应时也更倾向于产生可理解输出。这种自然而然形成的互助环境，无疑促进了高效且有意义的二语习得过程。同时，英语学习涉及听、说、读、写等多个维度的学习层面，每一维度都有其特定的技能和策略要求，而传统课堂受制于时间和资源，很难在一堂课中提供足够的学习空间和手段，而基于网络的生生互助则为适应语言学习的多样性给予了保障。

(三)新时代大学生的社交需求

新时代大学生的社交范围正在不断扩大，他们的社交往来不仅仅停留在班级活动、社团互动中，其满足社交需求的渠道也更加丰富，并且更加依赖于移动设备和各种社交软件。在英语自主学习中，这一代学生表现出了极高的接受度和积极性，他们热衷于利用网络工具为学习添砖加瓦，同时也借此机会突破现实生活中可能存在的隔阂，在学习知识的同时打破现实生活中的壁垒，扩大交友范围，找到与自己同频的助学伙伴；通过反复探讨和切磋，共同进步和提高，最终实现学习和社交上的互利共赢。

三、网络"同伴协作"的优势

(一)促进新型教学关系的升级

"同伴协作"强调知识由教学的参与者共同建构。无论在课上或是课下，师生、生生之间产生的良性互动能够促进知识的传递和迁移，他们在形成的学习共同体中能共同成长和发展。因此，传统的以教师为主导的教学关系会转变为平等的、互动的师生关系。教师的角色发生了重大转型，学生自身以及学生与学生之间的关系也产生了根本性的变革：学生不再是被动吸收知识的学习者，而可能成为教学的组织者、激励者甚至是开发者和研究者。同伴之间的互助学习也有利于缓解以往学生个体差异性得不到满足的问题，有助于创建一个更加个性化和顺应各自需求的教学环境。通过同伴之间的合作与交流，使每位学习者都能找到自己的节奏和定位，这提升了教育的有效性和包容性。

(二)提升自学能力及责任意识

同辈互助是一种具有积极性的互相信赖机制，该机制中的个体在互相交流、帮助的过程中学会了对自我负责也对他人负责，在获得知识的同时也提升了自主学习能力，并有助于形成积极的人生观、价值观和社交观。尤其是在脱离教师管理和监督的课外自主学习中，学生对于自我管理和自主学习能力的需求更为迫切。在传统的自学模式中，个人学习趋向于单一和封闭，而当在以信赖为基础的同伴协作机制中，成员会展现出更高的主动性和责任心。他们深知履行自己的学习责任是保障他人取得进步的关键，因此愿意用更大的动力去落实共同的学习任务，实现共同的学习目标。

(三)提高英语学习效率

近年来，许多大学英语课程历经了课时削减的教学变革，这给教师和学生都带来了新的挑战，这促使了师生共同努力，在有限的课堂教学外扩大教学层面，丰富教学渠道，将狭义上的"减"转化为广义上的"增"。基于网络的同伴协作学习无疑能极大助力提升学生学习效率。教师在课堂中的角色由传统的知识传递者转变为引导者、启发者以及任务的分配者，学生之间可以通过网络资源、学习平台、移动设备等进行超越地点和时间限制的沟通交流，利用现代技术手段突破限制，不仅能提升学习深度与广度，还在实质上增加了掌握知识与技巧的机会，为实现高效、个性化及全面发展奠定了基础。

(四)完善课程评价机制

利用网络平台的优势，教师能够设计更加综合和精细的教学方案，打破了传统评价模式仅限于每周1~2次面对面授课、书面作业以及期中和期末考试的局限。在同伴协作的过程中，每一次学习任务的各个阶段都可以通过技术平台得以科学、翔实地呈现；同时，网络技术使得教学过程更为透明化，并能实现实时反馈。在多元化评价体系中，教师可以更全面地把握每位学生在课程中的表现及进步情况，实现动态发展、立体多维度的科学形成性评价。

四、结语

互联网技术的广泛应用为我们带来了知识红利，"同伴协作"则有助于学习者优化个人获取知识的过程，为自身提升寻觅到了新的可能。大学英语课程有其实践过程中的局限性，但基于网络的互助性自学却正在走向一个更为开放、互助、协作与交融的新时代。它不仅能使个体更有效率地掌握英语技能，也能帮助其打破局限，建立积极的信赖关系；合作分享，建立新型的自主学习体系。可以预见的是，未来的英语教育将会更加个性化和多元化。

参 考 文 献

[1] Topping, K, Ehly, S. *Peer-assisted Learing* [M]. Mahwah, NJ：Lawrence Erlbaum Associates, Inc, 1998.

[2] Krashen, S. D. *The Input Hypothesis：Issues and Implications* [M]. London：Longman, 1985.

"军事英语"OBE 与 POA 融合式课堂的创新与实践

刘 超 江 莉 吴 恒 陈 甜

（空军预警学院）

"军事英语"课程是军队院校生长干部学历教育四年制本科必修公共基础课，既是对基础教育阶段属于通用英语范畴的"大学英语"教学的提升和拓展，又相对独立，具有鲜明属于特殊用途英语课程的显著特色，旨在培养具有高层次军事职业技能的军校学员，通过学习本课程，达到语言和技能、素质和育人等方面的既定目标。

一、教学理念

（一）成果导向教育（OBE）

1981 年，美国学者 Spady（1994）提出了成果导向教育（Outcome Based Education，OBE）理念，得到广泛认可，并且很快发展成为美国、英国、加拿大等国家主流的教育理念。成果导向理念已经被美国工程教育认证协会接纳，并贯穿于工程教育认证标准的始终。该理念推崇的是教育的反向设计以及正向实施。

（二）产出导向法（POA）

"产出导向法"（POA），是文秋芳教授（2015）结合"成果导向教育"（OBE）理念，经过多年的学习与研究建立的具有中国特色的外语课堂教学理论，已在大学英语教学实践中得到了广泛应用，到目前为止已形成较为完备的大学英语教学理论体系。

（三）融合式课堂的理论基础

以上两种教学理论为空军预警学院"军事英语"教学改革提供了理论基础。我们认为 OBE 以学员的毕业任职需求为导向，产出导向法以学员的学习成果为导向，二者都以最终的结果为依据，反向设计教学计划，以最终达到学员的毕业要求和完成学习成果为目的（李志义，2015）。近年来，空军预警学院所开设的军事英语课程，在进行课程设计、指导教学设计和开展教学实践时，均将"产出导向法"和"成果导向理念"结合起来，把传统学习方式的优势和数字化学习（E-Learning）的优势结合起来，采用线上线下混合的方式进行教学，弥补了课时不足的现状。教学中教员不仅要发挥引导、启发、监控教学过程的主导作用，也要鼓励学员发挥学习过程主体的主动性、积极性和创造性。通过有机穿插全军军事职业大学的网络课程"军事英语读写"和 iwrite 的评价系统，使网络教学平台与移动学习、泛在学习相结合。

二、教学模式创新

（一）教学方法创新

空军预警学院在"军事英语"教学中遵循 OBE 和"产出导向"教学理论，将探究式、模拟体验式、小组合作式、情景创设式等教学模式和方法融入课堂教学实践。如在第五单元 Peacekeeping 教学中，我们尝试采用模拟式教学形式，教员引导学员开展小组合作，模拟联合国安理会开会讨论在非洲某国开展联合国维和行动并部署维和部队事项，推进体验型、模拟型学习活动的不断深化，学员在模拟活动中通过体验获得丰富的感性经验和实践经验。又如在第四单元教学中，教员创设中外联演联训的场景，并同时创设联训任务，激发学员学习动力，激发学员语言产出动能，引导学员运用所建构的知识架构进行语言的输出与表达，进行知识的迁移和拓展、技能的操练与完善、流程的熟悉与固化，达成和实现语言元素和非语言元素交际目的。

(二) 教学环节创新

基于以上教学理念与思路，我们从"学员学"的角度而不是传统的"教员教"的角度，创新设计了《军事英语》课堂教学环节，命名为"5E 学习环"，并进行了两年的实践探索，取得了较好的教学效果。

1. 课前项目导入

课前教员确立项目，准备教学材料(视频、音频、文本等)，上传到线上平台。学员进行线上自主学习(观看微课视频、学习课件)，并着手准备项目(如制作 PPT 课件和视频，撰写演讲稿等)。

2. 课中项目实施

课堂以学员为中心，教员起推动作用。整个课堂活动融合使用 5E 学习环来层层推进。

5E 学习环模式注重培养学员探索性及批判性思维，强调以学员为中心，通过运用调查和实验的方法解决问题，具体为：

①Engage(参与)：激发学员的学习兴趣，确立学习目标；

②Explore(探究)：学员开展小组合作学习，在探究活动中获得感性经验；

③Explain(解释)：学员将自己的感性经验进行抽象化、理论化。通过比较其他解释，对自己的解释进行修正与评价，重组和构建知识体系；

④Elaborate(拓展)：学员扩展自己的概念，并且运用所建构的新概念解释新的情境问题；

⑤Evaluate(评价)：通过评价，教员进一步促进学员对概念的建构，对语言知识的理解和掌握，达到知识的内化。

3. 课后项目分享

课堂活动结束后，学员分享项目成果至线上平台，互相学习借鉴，教员对项目成果给予及时的反馈和评价。

(三) 课程思政的创新

2016 年习近平总书记在"全国高校思想政治工作会议"中指出："要坚持把立德树人作为中心环节，把思想政治工作贯穿教育教学全过程，实现全程育人、全方位育人。"2020年 5 月，教育部印发《高等学校课程思政建设指导纲要》，全面推进高校课程思政建设。2020 年 6 月，习近平主席签署命令，发布新修订的《军队院校教育条例(试行)》，该条例要求"深入贯彻习近平强军思想，深入贯彻新时代军事教育方针，围绕培养德才兼备的高素质、专业化新型军事人才，坚持正确政治方向，坚持立德树人，坚持为战育人。"

由此可见，大学英语教学在课程思政方面共同肩负着"守好一段渠，种好责任田"的使命。在教学实践中，我们基于"军事英语"课程设置和教学目标，教学内容的整合突出以实战为导向，不仅涵盖军事基础知识，而且在内容设计上升华情感内涵，既学习掌握外军知识，又能够用语言讲述我们自己的"中国军事"；既体现中国特色社会主义的四个自信，又承载了"不教胡马度阴山"的军事自信，努力搭建语言与军事并重、知识与技能并重、情感与思维并重的课程教学内容体系。比如第三模块《军事文化》的教学中，任课教师一方面组织学员观看当年入伍宣誓录像，通过回顾个人成长历史片段激发学员的军人荣誉感、使命感、责任感；另一方面组织学员教学小组开展主题为"雪线上的你我他"的展示报告会，介绍他们熟悉的雷达部队英模人物或团队，突显学院"三到一长期"雪莲文化特色，促进学员当代革命军人核心价值观的养成，把追求党、国家、军队的荣誉作为最高的荣誉，把爱国情、强国志、报国行自觉融入实现中华民族伟大复兴的奋斗之中。

三、评价与反思

(一)课程评价

"军事英语"课程教学评价以教学目标和教学内容的知识、能力、素质标准为依据，注重多种评价方式的使用，体现过程性评价，包括课堂评价、学员自评、学员互评、师生评价和课终评价等方式。在课堂上进行即时评价，课后依托线上平台来实现延时评价。同时针对不同学员的特性，进行个性化评价。过程性评价考查涉及对学员在整个学习环节中"德、能、勤、绩"的考核，改变了仅考察语言知识和能力的传统做法，将学习态度、组织纪律、探索精神、合作精神等素质表现纳入考核范围，注重学员对军人核心价值观的内化。多种考核评价方式的使用，实现了学习的数据化、体验的最佳化和教学的最优化。

(二)总结反思

构建以"产出导向法"(POA)和成果导向教育(OBE)相融合的《军事英语》"5E学习环"课堂教学模式，将英语语言知识传授、军事技能培养和思想政治教育相融合，有效发挥军事英语课程的育人功能，在实际的教学中，提升了学员的学习积极性与主动性，明显提高了学员的课堂参与率，增加了学员的军语词汇，提升了学员的听力和口语输出能力，学员的语言实践能力得以实现长足的进步。

参 考 文 献

[1] Spady，Wiuian. Choosing Outcomes of Significance[J]. *Educational Leadership*，1994 (51)：18-22.
[2] 文秋芳. 构建"产出导向法"理论体系[J]. 外语教学与研究，2015，47(4)：547-558，640.
[3] 李志义. 成果导向的教学设计[J]. 中国大学教学，2015(3)：32-39.

CBI 教学理论在专业英语教学中的应用

——以汽车专业英语为例

李 婧

（武汉文理学院）

随着全球化的深入发展，汽车行业对具备专业英语能力的人才需求日益迫切。传统的英语教学方法往往注重语言形式的训练，而忽视语言内容与专业知识的结合。因此，如何在"汽车专业英语"课程中有效结合语言学习与专业知识，提高学生的实际应用能力，成为当前英语教学研究的重要课题。CBI 教学理论作为一种以内容为核心的教学方法，为"汽车专业英语"课程的教学改革提供了新的思路。

一、CBI 教学理论概述

CBI 教学理论，即内容依托教学法，是一种强调语言学习与学科知识相结合的教学方法。这种教学法打破了传统英语教学以语言形式训练为主的局限，转而注重通过真实的学科内容来促进学生的语言习得，从而提升学生的语言应用能力和学科素养。

在 CBI 教学理念中，有三个核心要素至关重要。首先，以主题为中心：这意味着教学内容不再是孤立的词汇和语法，而是围绕某个具体的学科主题展开，如汽车技术、市场营销等。通过深入探讨这些主题，学生不仅能够学习到相关的语言知识，还能够对学科知识有更深入的了解。

其次，以学习者为中心：CBI 教学强调学生的主体地位，鼓励学生积极参与学习过程，通过自主学习、合作学习和探究学习等方式，培养学生的批判性思维和创新能力。教师则充当引导者和支持者的角色，帮助学生构建知识体系，提高解决问题的能力。

最后，以学习社区为中心：CBI 教学注重建立积极的学习氛围和社区文化，鼓励学生之间的合作与交流，以及师生之间的互动与反馈。这种学习社区不仅有助于提高学生的语言交际能力，还能够培养学生的团队协作精神和跨文化意识。总之，CBI 教学理论是一种创新的教学方法，它将语言学习与学科知识紧密结合，通过真实的学科内容激发学生的学习兴趣和动力。这种教学法不仅能够提高学生的语言应用能力，还能够培养学生的综合素质和跨学科能力，为他们的未来发展奠定坚实的基础（张小竹，2023）。因此，在"汽车专业英语"等专业性强的课程教学中，采用 CBI 教学理论具有十分重要的现实意义和应用价值。

二、"汽车专业英语"课程特点分析

"汽车专业英语"作为汽车专业必修课程，具有以下几个显著特点，并且这些特点与 CBI 教学理论高度契合。

1. 专业词汇和术语丰富：汽车专业英语涉及大量的专业词汇和术语，这些词汇和术语专业性极强，涵盖了汽车技术、市场营销、文化等多个方面，如发动机技术、底盘系统、电子技术、市场分析、营销策略、品牌建设等。学生需要掌握这些词汇和术语，以便能够准确理解和表达汽车领域的相关知识。为了满足学生对专业词汇和术语的学习需求，教学内容必须紧密围绕汽车领域的学科主题，通过真实的学科内容来促进学生的语言习得。

2. 汽车行业动态和技术更新迅速，教学内容具有时效性：随着科技的不断进步和市场的不断变化，汽车行业也在不断发展变化。新的技术、新的车型、新的营销策略不断涌现，使得汽车行业的动态和技术更新非常迅速。因此，汽车专业英语课程的内容也需要及时更新，以反映行业的最新动态和技术发展趋势。为了保持课程内容的时效性和前瞻性，教师可以密切关注汽车行业的最新动态和技术发展，及时将新的知识和技术引入到教学中。

3. 跨文化交际需求高：汽车不仅是一种交通工具，更是一种文化的载体。不同国家和地区的汽车文化有着各自的特点和差异。这些文化差异体现在汽车的设计、制造、销售、使用等多个方面。因此，学生在学习汽车专业英语时，不仅需要掌握专业知识，还需要具备跨文化交际能力，以理解并尊重不同文化背景下的汽车产业发展差异和特色。

综上所述，汽车专业英语的这些特点与 CBI 教学理论高度契合，为教学设计和实施提供了重要的指导思路。

三、基于 CBI 教学理论的"汽车专业英语"课程设计

（一）课程目标设定

基于 CBI 教学理论的"汽车专业英语"课程，其目标设定既体现了对学生语言技能的培养，又注重了对学生专业素养和跨文化能力的塑造。以下是针对这一课程所设定的具体目标：首先，课程致力于使学生掌握汽车领域的基本英语词汇和术语。汽车作为一个技术密集型的产业，其涉及的词汇和术语繁多且专业性强。通过学习，学生能够熟悉并准确运用这些词汇，为后续的专业学习打下坚实的语言基础。其次，课程要求学生了解汽车行业的最新动态和发展趋势。随着科技的不断进步和市场的不断变化，汽车行业也在不断发展变化。通过学习，学生能够及时了解行业的最新动态，把握行业的发展方向，为未来的职业发展作好准备。再次，课程强调提高学生的汽车领域英语听说读写能力。语言学习的最终目的是运用，而听说读写是语言运用的基本技能。通过学习，学生能够听懂汽车领域的英语讲座、报告和对话，能够读懂汽车相关的英文文献、技术说明和合同，能够用英语进行汽车领域的口头交流和书面表达。最后，课程注重培养学生的跨文化交际能力，使其能够理解不同国家和地区的汽车文化。汽车不仅是一种交通工具，更是一种文化的载体。不同国家和地区的汽车文化有着各自的特点和差异。通过学习，学生能够了解并尊重这些文化差异，提高自己在跨文化环境中的交际能力和适应能力。基于 CBI 教学理论的"汽车专业英语"课程目标设定既全面又具体，既注重语言技能的培养，又强调专业素养和跨文化能力的提升。通过实现这些目标，本课程将为学生

未来的职业发展奠定坚实的基础。

(二)课程内容选择

在基于 CBI 教学理论的"汽车专业英语"课程中，课程内容的选择至关重要，它直接决定了学生的学习效果和应用能力。因此，我们应根据汽车行业的核心领域，精心选择既具有真实性又具备实用性的教学内容，以确保学生能够全面、深入地了解汽车行业的各个方面。首先，汽车技术作为汽车行业的基石，是课程内容的重要组成部分。我们可以选取发动机技术、底盘系统、电子技术等关键技术领域，通过英文原版教材、技术文档、案例研究等形式，让学生深入了解汽车技术的最新发展和应用（刘巍，2022）。同时，我们还应注重理论与实践的结合，通过实验室实践、企业实习等方式，让学生亲自动手操作，加深对汽车技术的理解和掌握。其次，市场营销也是汽车行业中不可或缺的一环。我们可以选取市场分析、营销策略、品牌建设等关键内容，通过案例分析、角色扮演等方式，让学生学习如何在国际市场中推广和销售汽车产品。这将有助于培养学生的市场洞察力和营销策略制定能力，为他们未来的职业发展打下坚实基础。此外，汽车文化作为汽车行业的重要组成部分，也应纳入课程内容之中。我们可以选取不同国家和地区的汽车文化、历史、品牌故事等内容，通过文化对比、小组讨论等方式，让学生了解不同文化背景下的汽车产业发展差异和特色。这将有助于拓宽学生的国际视野，提高他们的跨文化交际能力。在选择课程内容时，我们还应注重内容与学生未来职业发展的关联性。我们可以邀请汽车行业的企业家、专家学者等人士，为学生分享他们的职业经验和发展路径，帮助学生更好地了解行业需求和未来发展趋势。同时，我们还可以根据学生的学习情况和兴趣，灵活调整课程内容，以满足学生的个性化需求。

(三)教学方法与手段

在"汽车专业英语"课程的教学过程中，教学方法与手段的选择至关重要，它们直接影响着学生的学习效果和兴趣。基于 CBI 教学理论，我们应采用多元化的教学方法和手段，以激发学生的学习兴趣和积极性，同时提高教学效果。首先，案例分析是一种非常有效的教学方法。通过选取真实的汽车行业案例，让学生进行分析和讨论，这样可以帮助学生将理论知识与实际应用相结合，加深对汽车行业的理解（冯宁，2021）。同时，案例分析还能培养学生的批判性思维和解决问题的能力。其次，角色扮演也是一种生动有趣的教学方法。在课程中，我们可以设定不同的汽车行业场景，让学生扮演不同的角色，如汽车销售员、技术工程师等，进行模拟对话和互动。通过角色扮演，学生可以更直观地了解汽车行业的工作流程和沟通技巧，提高他们的英语听说能力。此外，小组讨论也是一种常用的教学方法。通过分组讨论，学生可以就某个汽车行业的主题进行深入探讨和交流，分享彼此的观点和见解。小组讨论不仅能培养学生的团队合作精神和沟通能力，还能激发他们的创新思维和批判性思维。

(四)评估与反馈

在"汽车专业英语"课程教学中，评估与反馈是确保教学质量和学习效果的重要环节。通过科学有效的评估方式，我们可以全面了解学生的学习情况，及时调整教学策略，促进学生的全面发展。同时，建立有效的反馈机制，有助于及时发现问题，解决学生在学习中遇到的困难。首先，评估应关注学生的学习过程和成果。除了传统的笔试和口试外，我们还应注重课堂表现、作业、项目等多种评估方式的结合。课堂表现可以反映学生的参与度和理解能力，作业可以检验学生对知识的掌握程度和应用能力，项目则可以考查学生的团队合作能力和创新精神。通过多种评估方式的结合，我们可以更全面地了解学生的学习情况，为教学调整提供依据。其次，建立有效的反馈机制至关重要。在教学过程中，教师应及时给予学生反馈，肯定他们的进步和成绩，指出存在的问题和不足，并提出具体的改进建议。这有助于学生了解自己的学习状况，调整学习策略，提升学习效果。同时，学生也应积极向教师反馈自己的学习感受和问题，以便教师能够及时了解学生的学习需求，调整教学内容和方法。此外，我们还可以利用现代技术手段来辅助评估和反馈。例如，通过在线学习平台，教师可以实时查看学生的学习进度和成绩，及时给予反馈和指导。学生也可以通过平台提交作业和项目，与教师进行在线交流和讨论（刘根月，2020）。这种方式不仅提高了评估和反馈的效率，还增强了师生之间的互动和沟通。

四、结语

综上所述，本研究基于 CBI 教学理论对"汽车专业英语"课程进行了教学设计与实践。通过实施基于 CBI 理念的课程设计，可以有效提高学生的汽车专业英语应用能力，培养他们的跨文化交际能力。然而，CBI 教学理论在"汽车专业英语"课程中的应用仍面临一些挑战，例如如何平衡语言学习与专业知识的深度与广度、如何选择合适的教学内容和教学方法等。未来研究可以进一步探讨 CBI 教学理论在"汽车专业英语"课程中的具体应用策略，以及如何与其他教学方法相结合，以更好地满足学生的学习需求，提高教学质量。

参 考 文 献

[1]冯宁."互联网+"时代汽车专业英语教学模式初探[J].大学，2021（23）：155-157.
[2]刘根月.微视频在中职汽车专业英语任务驱动教学中的应用研究[J].时代汽车，2020（24）：55-56.
[3]刘巍."一带一路"背景下远程教育 ESP 课程建设与教学模式研究——以"汽车专业英语"为例[J].吉林广播电视大学学报，2022（2）：10-12.
[4]张小竹.课程思政理念下的高职英语混合式教学设计——以《汽车英语》为例[J].时代汽车，2023（1）：49-51.

基于 PBL 和 5E 学习环的军事英语课堂教学模式的设计与构建

江 莉 刘 超 周芬芬

（空军预警学院）

一、引言

近年来，随着我国对外军事交往的舞台越来越宽阔，遂行国际性多样化军事任务越来越频繁，外语在国家安全结构中的地位也变得越来越重要。美军更是将外语能力视为一种与武器使用同样重要的"关键作战技能"。在此背景下，军队院校外语教学也面临着时代赋予的新挑战。为此，我军在 2018 年颁布了新教学大纲，首次将军事英语教学纳入军队院校的英语教学中，其内容主要围绕军事性主题，提高学员军事语言技能，重在培养学员的军事英语交流能力，提高学员使用英语开展军事工作的能力；其功能是服务我军"走出去"，因此军事英语教学是提高我军外语文化能力的重要基础，而如何实现外语教学目标与军事人才培养目标的密切衔接，培养具有家国情怀与国际视野的"外语+军事"的实践型复合型军事人才（王莹、付满，2022），实现外语能力向实战能力的转化，是当前军队院校外语教学需要积极探索的方向。

二、军事英语教学中存在的主要问题

军事英语属于专门用途英语，它更关注如何高效地将语言运用和语言学习结合起来，是基础英语教学的延续和扩展。军事英语教学旨在培养学员在军事文化背景下语言的表述、思维交叉观念的碰撞等方面的应用能力和技巧，使学员能够借助专业知识的"桥梁"，在新的语言环境下沟通交流，以满足军事领域的实际需求，但在实际教学过程中，普遍存在如下问题：

(一)教学情境欠缺。对真实的军事交流场景与交流需求认识不足。课堂设计场景单一，缺乏多元化模拟情境，未能对学员的任职需求及未来践行国际维和等任务构建有针对性的模拟情境，缺乏在情境中输入、在情境中输出的真实互动效应与实战化演练（王莹、付满，2022）。

(二)教学形式单一。缺乏丰富多元的教学形式。教学方法相对单一，篇章阅读和听力理解等传统的输入仍是语言习得的主要途径，学员的学习主要依靠被动输入给定材料，造成语言整体输出效果特别是口语输出效果不佳，学员即时性交流不够顺畅，甚至存在障碍。

(三)学员学习动力不足。大多数学员一直以来都以通过大学英语四级考试为英语学习的驱动力。学习第二语言的动机是学好语言的关键因素。如何在课堂上模拟实战情境，营造实战氛围，让学员提前预见将来自己在工作岗位上应用军事英语的场景，激发学员的学习动机，让学员将"通过考试""拿到学分"这样的消极动机转变为"执行外事任务""为职业发展做准备"等积极动机，是教学改革的主要任务之一。

三、理论基础

(一)项目学习法及其理论依据

瑞士著名心理学家皮亚杰在 20 世纪 60 年代提出建构主义教学理论。该理论主张学习者在学习过程中不断内化外在感受，积极主动地改造、重组和构建已有的知识体系。基于建构主义教学理论的项目学习法(Project-based learning，以下简称 PBL)将理论与实践教学有机结合来调动并发掘学员的创造潜能，是一种基于体验式学习框架的以学员为中心的教学模式，它强调"做中学，思中学"的学习方式，具有实践性、体验性的典型特征。学习者在教师的指导下选定与现实世界紧密相关的项目，通过自主探究、共同探讨，在教师和同伴的帮助下，充分利用各种资源合作完成项目，获取知识和技能，实现个人知识体系的重组和构建。在完成项目的过程中培养学员的小组协作能力以及思维拓展能力和情感升华。

(二)5E 学习环及其理论依据

5E 学习环模式是一种基于建构主义教学理论，注重培养学员探索性及批判性思维的教学模式，该模式强调通过小组合作学习促进学员对科学概念的理解和知识的建构。课堂设计遵循的五个步骤，具体为：1. Engagement(参与)：激起学员的学习兴趣，确立学习任务，让学员通过努力能够尝试到探究的成果；2. Exploration(探究)：此环节是学习环模式的主体，知识的获得、技能和技巧的掌握都是在此环节完成。学员开展小组合作学习，在探究活动中获得感性经验；3. Explanation(解释)：学员将自己的感性经验进行抽象化、理论化的过程。通过比较其他解释或与教师或教材提供的结论相比较，由此对自己的解释进行修正与评价；4. Elaboration(拓展)：学员扩展自己的概念，并且运用所建构的新概念解释新的情境问题；5. Evaluation(评价)：评价环节是区分传统教学模式与该模式的重要环节。在该模式中，评价环节由学员和教师共同完成。不仅要评价学习结果，还要评价学习过程，促使教师与学员通过评价获得进一步改进教学的必要信息，并进一步促进学员对概念的建构。

5E 学习环模式能够引导学员探究检验自己的想法，能够使学员在新、旧知识之间构建桥梁，加深对新知识的理解，强调通过合作学习促进学员对概念的理解和知识的建构。该模式有利于发展学员多种思维品质，提高学员对文本的理解能力、对情感的调控能力、对文化的接纳能力和对自我的认同能力，有助于培养学员的能力和素养。

四、PBL+5E 学习环军事英语课堂教学设计和构建

(一)设计思路

首先，PBL 强调学员在一段时间内对真实的、复杂的问题进行探究。在军事英语教学中，这些问题可以围绕军事战略、战术、装备使用等主题设计，确保项目内容既符合英语教学目标，又贴近军事实际。通过解决这些问题，学员可以深入了解军事领域的专业知识，同时提升英语应用能力。其次，PBL 注重团队协作和持续性的探究。在军事英

语教学中，学员可以分组进行项目，共同讨论、研究、制定方案并展示成果。这种过程有助于培养学员的团队合作精神和领导能力，这些对于军事人才来说是非常重要的素质。同时，通过持续性的探究，学员可以不断提升自己的信息收集、分析和整合能力，为未来的军事工作打下坚实的基础。此外，PBL 还强调项目成果的公开展示。在军事英语教学中，学员可以将他们的项目成果以报告、演讲或演示等形式展示给同学、老师甚至更广泛的受众。这不仅锻炼了学员的表达能力和自信心，还有助于他们更好地理解和应用所学知识，提高学习效果。

　　基于以上教学理念与思路分析，结合军事英语的课程特点，本文以 PBL 为基础，按照"项目准备、项目探究、评价总结"三个阶段来组织，引导学员探究检验自己的想法，能够使学员在新、旧知识之间构建桥梁，加深对新知识的理解，强调通过合作学习促进学员对概念的理解和知识的建构。最后采用师生合作评价，组织和平衡各种评价方式。具体如图 1 所示：

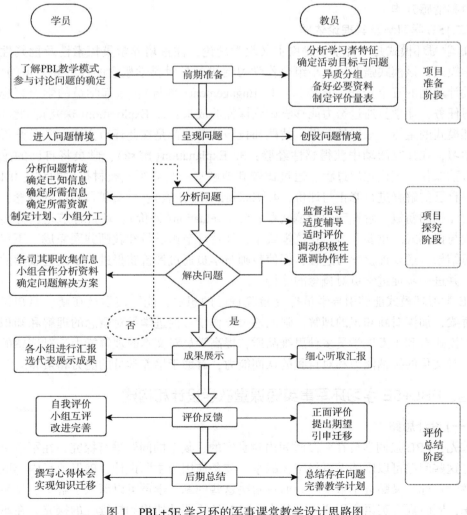

图 1　PBL+5E 学习环的军事课堂教学设计思路图

项目准备阶段：课前教师确立项目，明确教学目标、教学重点，并根据项目内容准备教学材料(视频、音频、文本等)上传到线上平台。教师把项目任务告知学员，学员进行线上自主学习，观看微课视频、学习课件，并着手准备项目，如小组分工，制作 PPT 课件，撰写演讲稿等。

项目探究阶段：课堂必须以学员为中心来完成项目，教师起推动作用。教师可以让学员以小组为单位，通过辩论、角色扮演等协作模式，增强学员之间的交流和沟通，最后推选小组代表采取演讲、成果演示、汇报等形式上台进行项目展示，对于展示的成果，教师和学员在课堂上进行讨论和评价。

评价总结阶段：课堂活动结束后，学员将自己的项目成果上传到线上平台，以视频、音频或文字的形式提交作业。学员通过分享项目成果，可以互相学习借鉴，教师对学员的项目成果给予及时的反馈和评价。

在整个教学实施中，教师引导学员充满自信地依据自己的理解，去分析问题、解决问题，在听中学、做中学、想中学、说中学。帮助学员有效调控自己的学习过程，发现自己的潜能，正确评价自己的学习效果，从而不断提高学员在课堂上的收获，实现教育的真正意义。

(二)PBL+5E 学习环的军事英语课堂教学模式的构建

本文以外语教学与研究出版社出版的《军事英语听说教程》(修订版)中第四单元"War Games(军事演习)"为例进行课堂教学设计，该单元内容主要涉及西方军事演习"Exercise Bright Star"的听说、军事地形相关词汇的学习、军事地图的坐标描述，以及 Mission Briefing 的表述等，分两次课共四个学时完成。通过学习以上内容，使学员能够掌握本单元的军事术语，准确描述自己绘制的地形图，并能根据角色要求清楚地做出简报。

课前项目准备：由教员布置单元项目，创设情境，模拟我国与柬埔寨举行"金龙-2024"联合军演，我军在军演任务部署会上做任务简报(mission briefing)，要求使用军事地图和部署的相关英语表达，并制作成短视频，完成后提交至线上平台。

课堂项目探究：教师作为指导者、监督者和促进者，搭建脚手架，融合使用 5E 学习环来层层推进学习过程。

第一环节：参与(Engagement)：通过展示军事演习图片或实物，播放军事演习视频等教学活动吸引学员参与，把枯燥的军事战术理论转换成学员感兴趣的知识点，吸引学员主动参与思考或讨论。

第二环节：探究(Exploration)：教师引导学员通过《军事地形学》的相关知识，画出军事地形特征的简图，进而进行军事词汇的学习，推进学员探究活动的不断深化，促使学员开展小组合作学习，结合所习得的军事地形词汇，学员在探究活动中推导出军事简报的基本文本结构。

第三环节：解释(Explanation)：在小组合作学习活动中，学员通过比较听力材料所给出的任务简报(Mission Briefing)的结构和语言特点，对自己的理解进行修正和强化。

第四环节：拓展(Elaboration)：教师创设情境，引导学员进行知识的拓展和迁移，学员运用所建构的新概念表达情境，模拟我国与柬埔寨举行"金龙-2024"联合军演，我军在军演任务部署会上做任务简报，鼓励学员综合运用习得的知识，完成本单元项目任务。

第五环节：评价（Evaluation）：评价环节贯穿整个课堂教学过程，教师不仅评价学习结果，还要评价学习过程，对学员的课堂表现和产出情况进行即时评价和延时评价。教师针对小组讨论后形成的观点进行梳理、评价并总结。

课后评价阶段：课后学员反思优化自己的任务简报，完成视频录制，并上传至线上平台，教师对学员的产出作业进行评价和反馈。通过前期师生共同学习评价标准，在线下课堂共同对学员提交的产出成果进行评价，最后布置学员依据评价标准在课下进行同伴互评和自我评价。

本文提出将 PBL 和 5E 学习环应用到军事英语教学设计中。PBL 课堂的所有项目任务设计都以我军实际参与的外事任务为依据，课堂输入为外事任务中必须使用的观点和知识，输出训练均模拟的是我军实战实训的内容。课堂设计始终遵循"学用一体"的原则，对基于 PBL 的军事英语实战化教学进行探索，以切实帮助学员掌握军事英语知识和技能，提高跨文化军事交流能力。

五、结语

PBL 以驱动性问题为起点展开研究，确定项目研究目标、规划设计项目研究方案、小组协作实施，在实施中合作解决相关难题，完成项目并进行展示与汇报。在军事英语教学中，PBL 是一种创新且有效的教学方法。这种方法强调学员通过实际项目来学习和应用英语知识，该方法不仅提高了学员的英语语言能力，还培养了他们的团队协作、问题解决和批判性思维等能力，这与军事教育培养全面素质人才的需求高度契合。本文主要基于 PBL 对军事英语课堂进行教学设计，以内容为依托，体现"做中学，思中学"。同时融入 5E 学习环模式，充分利用信息化教学资源和手段，实现军事英语教学的实战化和实训化。学员完成的课堂任务是对未来真实外事任务的模拟演习，有效实现了院校课堂的"学"与部队实战实训的"用"的紧密衔接，充分调动了学员的积极性，既培养其语言能力，又促进其多元思维的发展，传递军事文化思想，促进军事文化理解，从而培养学员的情感态度与价值观，丰富学员的人文底蕴，真正实现英语课程工具性与人文性的统一，进一步推动军事院校大学英语教学改革，提升军校英语教学质量。

当然，基于 PBL 和 5E 学习环的军事英语混合式教学模式的构建和应用需要不断地思考和探索，如在线资源的开发、自主学习和项目实施过程中教师的监控、评价体系的完善等。教师们应该在教学实践过程中，结合理论知识，不断完善新的军事英语教学模式，以期提升教学效果，培养适应时代需求的军事英语人才。

参 考 文 献

[1]Beckett, G. B., Miller, P. C. *Project-based Second and Foreign Language Education*: *Past, Present and Future*[M]. Greenwich: Information Age Publishing, 2006.

[2]何娜，张朝霞. 互联网+时代基于项目式导向大学英语教学模式建构[J]. 昌吉学院

学报，2019，6（3）：98-104.

[3]任妍彦. 基于 PBL（Project-based Learning）的商务英语混合式教学模式研究[J]. 重庆电子工程职业学院学报，2020，29（1）：124-128.

[4]王莹，付满. 新文科视阈下国防语言技能类课程教学方法革新思考——以"军事英语听说课"为例[J]. 外语研究，2022（3）：64-68.

[5]左静妮，于金明，杜丽辉. 项目式学习方式（PBL）在英语教学中的应用研究[J]. 牡丹江教育学院学报，2018（6）：47-49.

在法语教学中融合思想政治教育的策略

——以《新经典法语 3》第九课为例

陈思然

（武汉文理学院）

一、在法语教学中融合思想政治教育的重要性

在 21 世纪的全球化背景下，语言教学的范畴已经不仅限于传授语言技能，而是拓展至文化理解、价值观塑造乃至培养具有全球公民意识的人才（教育部高等学校外国语言文学专业教学指导委员会，2022）。2016 年 12 月，全国思想政治工作会议上，习近平主席着重强调将立德树人作为教育的核心，要求将思想政治工作贯穿教育教学的全过程，以培养能够担当民族复兴大任的新时代人才。随后，中共中央办公厅、国务院办公厅发布的《关于深化新时代学校思想政治理论课改革创新的若干意见》以及《关于加强新时代马克思主义学院建设的意见》进一步明确了在各类课程中融合思政教育的方针，旨在引导学生坚定"四个自信"，塑造能够引领时代的新一代。

对于法语专业的学生来说，他们正处于人生的关键发展阶段，思维活跃，对新鲜事物充满好奇与热情，具有尝试和探索的意愿。这一时期，高校的教育工作不仅要引导学生设立正确的人生目标，更要在价值观的引领上下工夫（郭薇、骆莲莲，2021），确保学生能够在多元文化的交流中，坚守和传播中华文化的核心价值。

法语教学，作为一种语言和文化的传递方式，自然承担了重要的文化使命（傅荣，2010）。通过将思政教育内容和方法融入法语教学过程，不仅能够丰富学生的学习体验，还能帮助学生在学习外语的同时，加深对本国文化和价值观的理解和认同。这种教育模式有效促进了学生在全球化背景下的文化自信和自我认同，为其成为具有国际视野的新时代青年打下坚实基础（罗良功，2021）。与此同时，这一教学方式对教师提出了更高要求，需要他们主动挖掘话语或语篇的内涵，从而实现更加富有成效的思政教学（潘海英、袁月，2021）。

二、在《新经典法语 3》中融入思政的可行性

《新经典法语 3》作为高级法语学习者的教材，包含丰富的文化、历史、社会等方面的内容，这为融入思政教育提供了天然的切入点。例如《新经典法语 3》第二课"亲如一家"主题为家庭关系。通过深入探讨家庭关系的重要性，结合"巨婴现象"的讨论，引导学生反思家庭教育中的依赖问题，思考如何在日常生活中实践对家庭成员的关爱和支持，以及如何在家庭环境中培养独立性和责任心。

又如《新经典法语 3》第八课"全民运动"的主题为各种体育运动。学生通过学习不仅可以了解到冬季奥运会比赛项目及足球等体育运动的相关知识，还能借此机会深入探讨体育

运动在促进国际交流、增进民族团结以及培养个人责任感和团队精神方面的重要作用。

《新经典法语3》大量引入了真实的语言素材，包括小说、歌曲、影评、访谈、报刊文章、科普内容、时评以及海报等，这些多样化的内容形式为学生提供一个全面了解法国的窗口。学生能够在学习法语的过程中接触到丰富的文化背景和实际语言环境，而且还能够深入讨论在全球化背景下的文化多样性、文化自信等重要议题。

三、《新经典法语3》第九课的思政教育融入策略

（一）第九课的知识梗概和重要知识点分析

图1所展示的是第九课的学习内容：

Documents	Vocabulaire thématique	Communication	Grammaire	Civilisation
◇ Phileas Fogg gagna son pari ◇ Isabelle Autissier：l'appel de l'océan	◇ Sports ou aventures?	◇ Parler de la passion et du goût de l'extrême	◇ Le passé simple	◇ Passion，évasion ◇ Passion de l'extrême，passion du risque

图1 《新经典法语》第九课学习内容

学生在本课将读到儒勒·凡尔纳笔下的《霍格先生赢得了他的赌注》，这是其著名作品《环游世界八十天》中的一个精彩节选，讲述了主角通过智慧和勇气，战胜了所有障碍，最终赢得赌注的故事。接下来的一篇课文是《伊莎贝尔·奥蒂西耶：大海的呼唤》，这篇采访带领学生深入了解这位著名女航海家与大海之间的特殊情感，及其在大海上的非凡冒险。

主题词汇方面，学生将掌握一系列与极限运动相关的词汇。为了更好地交流，学生将练习如何分享自己钟情的极限运动，以及阐述对这些运动着迷的原因。

语法学习方面，简单过去时的掌握将作为本课的核心内容。这一时态是法语叙述过去事件的基石，对于理解文学作品至关重要。

最后，在文化学习的环节中，学生将接触到两位极限运动爱好者的自述。

（二）教学策略（如图2所示）

在开始《新经典法语3》第九课的教学之前，教师将首先引导学生自主预习法国著名科幻作家儒勒·凡尔纳的生平和成就，特别是其代表作《环游世界八十天》的创作背景。这项预习工作不仅是为了建立课堂知识框架，也是为了激发学生对文学探索的兴趣。

课程将通过分析《环游世界八十天》中主角霍格先生在面对重重挑战时表现出的坚定和毅力，引导学生讨论在现实生活中如何培养坚韧不拔的精神和积极面对困难的态度。

在深入学习文学作品的同时，学生将观察到简单过去时在叙述中的广泛应用。讲授《霍格先生赢得了他的赌注》章节之后，教师将引导学生系统学习简单过去时，以增强他们的语言运用能力。

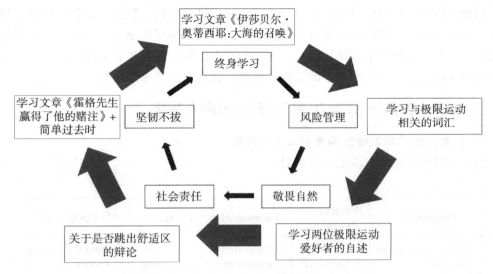

图 2 《新经典法语 3》第九课教学中的思政导图

随后，课程将转向伊莎贝尔·奥蒂西耶的故事。奥蒂西耶是首位单独完成环球航行的女性。通过她的故事，学生不仅学习到一位女性勇于接受挑战、不断学习和探索的精神，还能将这些故事与终身学习和自我成长的目标联系起来，激励自身在追求知识和个人成长的道路上永不停息。

课程还将包括学习与极限运动相关的词汇，并鼓励学生分享自己对极限运动的热爱及经验。同时，教育学生在面对未知和挑战时学会评估风险和进行合理规划。

之后，通过两位极限运动爱好者的自述，学生将学会如何在个人生活和事业中寻求激情和动力，设定并实现自己的目标。同时，课程还将强调尊重自然、适应环境以及保护环境的重要性，引导学生意识到人与自然的和谐共处。在面对极端挑战时，课程也会探讨如何平衡勇气与智慧，理性地选择何时勇往直前，何时谨慎退后。

最后教师会组织一场辩论，正方观点是：应该待在舒适区，每个人需要对自己还有家人负责。反方观点是：要跳出舒适区，不然人生将无聊透顶。在辩论过程中，学生将意识到个人的行为和选择会影响到他人、社会甚至是整个地球，学生会开始全面思考个人自由、责任、风险、社会影响等问题，帮助他们形成正确的人生观和价值观，促进其全面发展和个人成长。

通过这样层层递进的教学设计，为学生提供了系统的法语语言教学，而且在思政建设上构建了一个完整的闭环，不仅确保了教学内容的全面性和实践性，还帮助学生在全球化背景下形成坚实的价值观和广阔的国际视野。

四、结语

当前，中国高校正在全力推进课程思政建设，将其视为落实立德树人根本任务和推进全面育人战略的关键环节。本研究以《新经典法语 3》中的第九课 "S'évader, voyager…

au bout du monde"作为案例，通过系统的分析和具体的教学实践，验证了思政教育与语言教学有效融合的可能性。这种教学策略不仅丰富了课程内容，而且显著促进了学生的文化认知和价值观形成。更重要的是，它加强了学生的语言能力，同时提供了一个全新的视角来理解和认识世界，从而促进了学生的全面发展。

参 考 文 献

[1]傅荣. 外语教学中文化教学法的演变与分类[J]. 法国研究，2010(3)：90-93.

[2]郭薇，骆莲莲. 外语课程思政教学设计探析——聚焦首届全国高校外语课程思政教学比赛[J]. 外语与翻译，2021，28(3)：77-82.

[3]教育部高等学校外国语言文学专业教学指导委员会. 普通高等学校本科外国语言文学类专业教学指南(下)[M]. 上海：上海外语教育出版社，2022.

[4]罗良功. 外语专业课程思政的本、质、量[J]. 中国外语，2021，18(2)：60-64.

[5]潘海英，袁月. 大学外语课程思政实践探索中的问题分析与改进对策[J]. 山东外语教学，2021，42(3)：53-62.

文化视角下法语课程建设研究

余佩婷

（武汉文理学院）

一、绪论

随着全球化进程的加速，语言教学改革逐渐强调文化视角下的教学理念与实践（史丹等，2023；谈佳、张璐，2022）。在这一背景下，探讨如何将文化因素融入法语课程设计与教学实践中（王荣，2022；陈俊以，2021），以提升教学质量、促进跨文化交流与理解，培养学生的文化素养和综合能力，成为了研究热点。这不仅对法语教学改革具有重要意义，也对于推动跨文化交流与理解，促进全球语言与文化多样性的发展具有深远影响（蔡名言，2017）。

二、法语课程中的文化内容

在法语课程中，文化内容通常被视为教学的重要部分，因为它不仅帮助学生更好地理解语言本身，还增进了对法语国家的社会、历史和价值观的认识。文化内容主要包括以下几个方面：一是历史背景。介绍法国的历史，例如从法国革命到现代的重大事件，以及这些历史事件如何影响今天的法国社会和文化。二是文学和艺术。探讨法国文学和艺术的重要人物和作品，比如雨果、莫泊桑、德加、莫奈等人的贡献。这有助于学生了解法国的文化精神和审美趋向。三是音乐和电影。分析法国音乐和电影如何反映社会变化和文化趋势，包括流行的法国音乐家和电影制作人，以及他们的代表作。四是社会习俗和传统。讲解法国的节日、传统和日常生活习惯，例如法国的饮食文化（如著名的法式早餐）、社交礼仪等。五是地理和旅游。介绍法国的地理多样性，包括不同地区的特色和主要旅游景点。六是当代社会问题。讨论当代法国面临的社会和政治问题，如移民、教育和国家安全等。

通过文化学习，学生不仅能够提高法语水平，还能获得更广泛的国际视角和文化理解，这对于他们未来的学术和职业生涯都非常有益。

三、文化视角下的法语课程建设理论

文化视角下的法语课程建设理论强调将语言学习与法国文化的传承和理解相结合，旨在培养学生对法语国家文化的认知、理解和尊重。

(一) 文化内涵融入课程设计

课程设计应将法国文化的各个方面融入其中，包括历史、艺术、文学、风俗习惯、节庆等。通过学习法国文化，学生能更全面地了解法语国家的社会背景和价值观念，从而更好地运用和理解法语。

(二)跨文化交际能力培养

强调培养学生的跨文化交际能力，使其能够适应不同文化背景下的交流环境。课程设计应包括与法语国家文化相关的交流活动，例如模拟对话、角色扮演、文化展示等，以帮助学生获得实践经验并提升跨文化交际技能。

(三)文化反思与批判意识

鼓励学生在学习法语的过程中对法国文化进行反思和批判，不仅仅是被动接受，而是能够审视其中的价值观念、偏见和文化差异。这有助于学生形成更加开放和包容的文化观念，提高他们的文化敏感度和跨文化意识。

(四)多元教材选择

选择多样化的教材和资源，包括文学作品、电影、音乐、艺术品等，以便学生从不同角度了解法国文化。教材的选择应能够引发学生的兴趣，激发他们对法语学习和法国文化的热情。

(五)综合性评价体系

设计综合性的评价体系，不仅考查学生的语言水平，还要评估他们对法国文化的理解和应用能力。评价方式可以包括口头表达、书面作业、文化项目、参与度等多个方面，以全面反映学生的学习成果。

四、文化视角下的法语课程建设实施

在建设和实施以文化视角为基础的法语课程时，需要综合考虑如何将文化元素和语言学习有效结合，以及如何设计课程内容、教学方法和评估机制，以促进学生的语言技能和文化理解。

(一)设定教学目标与学习成果

明确课程的主要学习目标，包括语言技能和文化理解的具体目标。例如，学生应能理解和讨论法国的历史、艺术、政治和社会现象。定义具体的可测量的学习成果，如能够用法语描述法国的节日、解释法国菜肴的制作方法，或分析法国电影中的文化元素。

(二)开发课程内容与教材

根据学习目标选择涵盖广泛文化主题的教学内容，如法国历史、地理、文学、电影等。开发或挑选教学材料，包括教科书、视频、音频和网络资源，确保材料的文化真实性和教学适用性。

(三)整合文化与语言

在教学过程中，确保语言学习和文化内容的紧密结合。例如，在教授语法和词汇时，引入相关的文化背景和实例。设计基于真实生活情景的活动，如角色扮演法国餐厅的服务员或顾客，模拟在法国旅游的对话等。

(四)采用多样化教学方法

运用小组讨论、项目作业、演示和角色扮演等多样化教学方法，提高学生参与度，激发学生学习兴趣。利用多媒体工具如在线论坛、语言学习软件和社交媒体，为学生提供额外的语言实践和文化接触机会。

（五）实施评估与反馈

通过口头报告、写作任务、项目展示等多种方式评估学生的语言技能和文化理解。提供定期和及时的反馈，帮助学生了解自己在语言运用和文化理解方面的进步和需要改进的地方。

（六）教师培训与专业发展

确保教师掌握将文化内容融入语言教学的方法和技巧。鼓励教师参与相关的专业发展课程和研讨会，以不断提高教学质量和专业技能。

通过采用上述步骤，法语教师可以创建一个富有成效的教学环境，不仅教授语言，还深入探索和体验法语文化，使学生能够在全球化的世界中更有效地沟通和理解不同文化。

五、结语

在全球范围内，法语始终发挥着重要作用，近年来，将文化因素融入法语课程设计与教学实践中逐渐成为研究热点。通过深入探索法国的历史、文学、艺术、音乐、电影、社会习俗等方面的内容，学生不仅能够提高法语水平，还能够培养跨文化交流能力和文化理解力。文化视角下的法语课程建设理论强调将语言学习与法国文化的传承和理解相结合，旨在培养学生对法语国家文化的认知、理解和尊重。通过设定清晰的教学目标与学习成果，开发丰富的课程内容与教材，整合语言与文化，采用多样化的教学方法，实施形式多样的评估与反馈，以及进行教师培训与专业发展，可以为学生创建一个高效的学习环境，使他们能够在全球化的世界中更加自信、有效地与不同文化进行交流与互动。

文化视角下的法语课程建设研究对于提升语言学习效果，增强学生的跨文化交流与理解能力以及推动教育国际化和多元化发展具有重要意义。通过融入文化元素，课程设计能够激发学生的学习兴趣，培养综合素养与批判思维能力，并为他们未来的国际交往和职业发展奠定基础，助力教育事业的不断进步。

参 考 文 献

[1]史丹，曾必好，高瑞阔.课程思政视域下大学法语跨文化能力培养研究[J].才智，2023(9)：38-41.

[2]谈佳，张璐.《法语》(修订本)的文化呈现研究[J].外语教育研究前沿，2022，5(4)：53-60，93.

[3]王荣.跨文化交际视野下的法语教学策略探析[J].创新创业理论研究与实践，2022，5(13)：147-149.

[4]陈俊以．交际教学法与跨文化教学法在法语课堂中的综合运用[J].学园，2021，14
（2）：43-45.

[5]蔡名言．二外法语教学与跨文化交际能力的培养[J].现代经济信息，2017（16）：
397-398.

浅议高校课堂中"讲好中国故事"

—— 以"日本概况"课程教学为例

张桂平

(武汉纺织大学外经贸学院)

一、引言

"讲好中国故事"是在中国综合实力不断增强及国际形势日趋复杂的背景下提出来的。在全球化的大背景下，文化软实力成为了影响国家国际影响力的重要因素。为了提高中国的文化软实力，增强中国的国际传播力，向世界展示一个可信、可爱、可敬的中国形象，习近平总书记多次提出要"推进国际传播能力建设，讲好中国故事，展现真实、立体、全面的中国"（人民日报，2019），并多次强调中国传统文化的重要性。中华优秀传统文化是中华民族的精神命脉和独特标识，是中华民族的精神财富和文化瑰宝。"讲好中国故事"就是面向世界传承和弘扬源自中华民族五千年文明历史的中华优秀传统文化，是增强民族自豪感和文化自信、增强国家软实力的"硬拳头"。

二、"讲好中国故事"融入"日本概况"课程教学的必要性

(一)"讲好中国故事"是坚定文化自信的基础

日本与中国一衣带水，深受中国传统文化影响，"中国文化和日本文化有着很深的历史渊源，也可以说，日本文化几乎是在中国文化的基础之上形成和发展起来的。纵观当今日本文化，我们不难发现，日本文化在某种程度上已经脱离中国文化，走上了独立发展的新道路。"（郑李卉，2011）"日本概况"作为高等院校日语专业核心课程之一，和培养学生听说读写译等日语语言能力的其他专业核心课程相比，包含大量与历史、传统文化相关的内容，偏重日本文化的输入，却极少涉及中国文化。这样的课程设置不利于让学生正确对待中日文化差异。因此有必要在教学中适时融入中国文化，让学生在中日文化碰撞中树立正确的价值观与认知，坚定学生的文化自信，推进民族文化自强。

(二)"讲好中国故事"符合课程思政的时代需求

中华优秀传统文化是"课程思政"实施的载体，是社会主义文化的根基。对日语专业课程，特别是蕴含大量历史、文化元素的"日本概况"课程来说，融入中国文化既能提高学生日语专业知识水平，又能重新构筑师生对中国优秀传统文化的认知，增强民族自豪感，帮助师生正确处理日语专业知识与价值观的关系，把社会主义核心价值观践行到教学中，把"思政育人"落实到课堂。

(三)"讲好中国故事"可助力跨文化交流

外语学科是中外交流沟通与文明互鉴的前沿学科，是跨文化交际的重要纽带。2020

年发行的《普通高等学校本科日语专业教学指南》对日语专业学生"跨文化交际"能力的解释是："能通过语言学习认识世界的多样性，并以开放的态度对待多元文化现象；能敏锐觉察、合理诠释文化差异；能灵活运用策略完成跨文化交流任务；能帮助中日两种不同文化背景的人士进行有效的跨文化沟通。"（许宗华，2020）因此可以看出，这一能力包括对待不同文化的态度、诠释文化差异的能力、完成跨文化交流任务的能力和助人实现跨文化沟通的能力，其核心能力是完成跨文化交流任务的能力。

"日本概况"旨在通过对日本历史及现实社会文化的系统介绍，使学生对日本的整体面貌有一个较为基本的了解，为跨文化交际能力的培养提供相应的知识积累。两国历史源远流长，传统文化异中有同，适合在"日本概况"课堂发挥学科优势，"讲好中国故事"，提升学生的文化自觉和文化自信，增强国家认同感，铸牢学生浓厚的家国情怀和国家意识，培养具有中国"根"与中国"魂"的卓越外语人才，助力国家对外传播能力的提升。

三、"讲好中国故事"融入"日本概况"的实践路径

（一）重视传统文化的中日对比

中国传统文化是东亚文化的中心，中国有着五千多年的文化历史，对周边民族有着很深的影响。中国和日本在传统文化上不断地交流融合，在继续发扬中华优秀传统文化的基础上，内容形式虽然根据本国情况积极创新，但其中所蕴含的中华优秀传统文化内涵与民族精神是值得我们骄傲的。《日本概况》一书中涉及历史、文化、艺术以及社会习俗等章节内容，皆有来源于中华优秀传统文化部分。

虽然"日本概况"课程设置旨在为学生跨文化交际能力的培养提供相应的知识积累，教学内容涉及历史、传统文化、艺术以及社会生活的方方面面，但在教材编排上只强调日本文化内容，对于历史、文化、艺术以及社会习俗中源自中国传统文化部分有所提及但并未进行强调或者对比，给教师以及学生造成一种印象："日本概况"课程学习只需加深对日语语言能力的掌握和对日本文化的理解。于是教师在教学中自然而然强调日本文化部分，而忽视了对中国文化的教授和中日文化的对比。即使少数教师会融入中国文化内容，但依据自身对中国文化的掌握程度和喜好有选择地教给学生，导致知识零散且没有系统性，学生也会逐渐失去对中国文化的兴趣。但跨文化交流必定是双向的，若没有教导学生了解中国优秀传统文化，并且在对日本文化的溯源中进行中日文化比较并感受中国文化魅力，必定无法开展良好的跨文化交流，传播中国声音，最终无法培养出具备跨文化交际能力的高素质日语人才。

（二）强调传统节日对"讲好中国故事"的促进作用

传统节日是传统文化的重要表现形式。传统文化包含的诸多思想观念、价值观念、道德伦理等方面在传统节日中得到具体表现，通过一系列仪式和活动，传统文化得以在人们的生活中得到实践，使大众形成一种强烈的传统文化认同感，因此传统节日可以作为传扬传统文化，"讲好中国故事"的重要载体。《日本概况》第十三章"年中行事"中详细介绍了春节、春分、端午、七夕等盛行的日本传统节日。这些节日起源于中国，但在经过日本文化和环境的改造之后，逐渐发生了改变，最终形成了独具日本特色的传统

节日。

对传统节日的对比教学，能够有效地帮助学生认识两国文化的差异性，在跨文化交流中减少文化差异所引起的文化冲突，潜移默化地感受中华传统文化的影响力，有效输出优秀的中国传统文化，是"讲好中国故事"的有效实践。

（三）引导文化教学与技能培养相结合

《日本概况》是一本全日文教材，"讲好中国故事"还要培养学生的日语听、说、读、写、译等技能，要让学生在语言环境中感受文化，对比分析文化差异，最后引导他们深入探究本国文化，正确看待文化差异，辩证地讲好中国故事。除了传统的线下教学，教师可以充分利用线上教学平台，引导学生利用碎片化时间学习，加强文化知识积累，为学生讲好中国故事奠定基础。鼓励学生线上进行"讲好中国故事"的场景模拟，学生可以选择课后制作视频等方式进行讲述，训练学生的语言技能，以此来加深学生对中国故事的理解，锻炼他们用日语讲好中国故事的能力，帮助学生提高日语表达技能的同时也传播了中国故事。这样既可以激发他们的学习兴趣和主体意识，又可以推动日语语言学习输入与输出的协调。

四、结语

"讲好中国故事"，提高大学生多元文化交流能力不仅是高校日语教学目标的内在需求，也是传播中华优秀传统文化和中国价值的重要窗口。"日本概况"作为我国高等学校日语专业开设课程中培养跨文化交际能力的专业核心课，教师在教学中应该积极变革教学思路，更新符合时代要求的教学内容，开展适合传播中国故事、中国精神的大学日语课程，助力大学生在跨文化交际中"讲好中国故事"。

参 考 文 献

[1]陈新.高校日语专业国际传播人才培养探析——以"讲好中国故事"为导向[J].教育教学论坛，2023(35)：181-184.

[2]董百会.中日民俗文化对比与对日文化课教学[D].哈尔滨：黑龙江大学，2017.

[3]侯尚宏，张欣颖."越南语口译"课程项目式教学探究——以"讲好中国故事"为视角[J].教育教学论坛，2023(51)：161-164.

[4]江春华.日本概况(日文版)[M].上海：上海交通大学出版社，2021.

[5]康书静.中日传统节日对比及教学探究[D].成都：四川师范大学，2015.

[6]劳轶琛，徐怡卿.跨文化传播背景下用日语讲好中国故事[J].日语教育与日本学，2022(2)：102-115.

[7]王艳.中国文化融入《日语视听说》教学实践研究[J].实验室研究与探索，2023，42(6)：243-247.

[8]文秋芳.大学外语课程思政的内涵和实施框架[J].中国外语，2021，18(2)：47-52.

[9]文化自信必须坚定不移地坚持下去[N].人民日报，2019-11-19.

[10] 谢婷婷."讲好中国故事"融入外语教学：教学实践及效果研究[J].海外英语，2022(21)：226-227，236.

[11] 赵冬茜.《普通高等学校本科外国语言文学类专业教学指南》视域下日语专业核心课程设置研究[J].外语研究，2021，38(6)：53-59.

浅谈混合式教学在大学日语教学中的应用

刘洋屹

（武汉文理学院）

一、混合式教学模式的含义

从 2012 年开始，混合式教学模式中的 MOOC 得到了快速发展，在国内外各大教学平台中得到了广泛应用。在这种情况下，混合式教学模式的应用范围得到了极大拓展。混合式教学模式是在传统教学模式与数字化教学模式实现有机融合以后，形成的一种新的教学模式。通过借助混合式教学模式的优势，教师能够规避传统教学模式中存在的一些缺陷，不仅强调整个教学过程中的"教"，同时也对"学"进行了重点延伸。在采用这种教学模式的过程中，不再是简单地进行学科知识的教学工作，而是需要从整体的层面，对学科进行多角度的讲解，帮助学生对学科知识形成更好的理解，实现学习能力的提升。

二、混合式教学模式的特点

混合式教学模式的特点表现为互动性、规模性、开放性、新颖性等。这些特点之间存在着一定的联系，在混合式教学模式中，课程结构与内容的设计从教师为中心转移到学生层面上，学生能够借助互联网技术，自主选择自己的学习内容，同时结合教师授课内容，实现两者之间的有效融合，从而改善了学生自主学习的能力，体现教学课程的开放性与延伸性。具体可由代入情景的方式入手，吴琼（2019）讨论情景式教学法在大学日语课堂上的应用时，着重展开探讨了其对日语情景式教学法的理解，并以多种数字化模式助力情景代入。

三、混合式教学模式在大学日语课堂教学中的应用意义

（一）发挥学生的学习主体价值

在实际教学中，日语作为语言学科，必须充分发挥学生的主体性价值。以往教师在教学活动中，采取的方式基本上是以灌输为主。这样就使学生在日语课堂上学习的积极性受挫，但混合式教学却能有效地改变这种教学环境。教师可以运用多种教学媒介缩短师生之间的距离，提高教学效果。温秀兰等（2019）列举了探讨"互联网+"模式在中国现代教学的各个学科中具体应用的范例，结合外语类教学特点和近些年教学实际中的经验积累，日语多元化教学资源平台比起英语来讲，并不是十分充足，但笔者在教学实践中发现，例如沪江开心词场 App、游戏背单词的各类小程序、Bilibili 网站资源、日语专门的汽水广播等。可有效帮助学生发掘外语学习的趣味性，利用前沿的语料、视频等学习

手段，树立积极主动的学习态度，使学生在日语课堂上表现得更积极，从而有效地提高课堂教学质量。

(二)激发学生的学习热情

日语学习态度好坏是影响日语学习成功与否的重要因素。混合式教学是一种新的教学模式，它根据学生的实际发展需要，采用新的教学方法，运用新的教学工具，不仅能够有效地激发学生在课堂上积极参与思考、主动发言，使学生乐于用日语进行表达和实践训练；还能够通过实际训练掌握学日语的技能，使课前预习和课下作业的实现手段也更加丰富多样。例如：提前在影子跟读小程序中跟读录音来预习单词、课后听力作业完成后在同一听力播放 App 中设置打卡、使用投票插件对于大学日语四六级模拟试卷上的易错题进行投票等。

(三)营造良好的教学环境

过去教学活动中，教师仍以传统教学方式为主，尤其是大学公共外语等语言教学，传统观念认为让学生自主学习就是浪费时间，不如教师直接把方法、步骤或答案教给学生，省时省力，久而久之，学生不愿意主动思考，时刻依赖教师的"填鸭式"教学。混合式教学理念首倡的"Blended Learning"，即把传统学习方式的优势和数字化或网络化学习优势结合起来，达到学习效率的最大化。以学生为本的教学模式，锻炼学生在日语学习中的思维，更好地提高日语学习的质量。为此教师应加强教学创新，积极采用混合式教学模式，营造轻松愉快的教学环境，使学生主动融入日语教学。

四、大学日语混合式教学模式的构建思路

当前，大学日语混合式教学中可利用的文本、多媒体、在线学习网站等教学资源已十分丰富，且具有很强的实效性。因此，教师首先应构建便于学生操作、处理和共享的语料库、话题库和语言应用场景，并随时和学生一起对语料库进行补充、更新，这不但有利于培养大学生语言输入和输出能力，也有利于调动学生全身心参与学习中，调动学习的主动性和趣味性。其次，教师应致力于构建开放式教学模式，为大学生的个性化学习提供强有力的技术支持，让学生从多层面、多角度思考各个选题，打破"以书本为纲"的传统课堂教学局限性，给予学生更大的想象空间，让学生学会判断、扬弃，提升批判和整合思维，为成长为创新型人才打下坚实基础。最后在信息化的背景下，教师需持续根据学生反馈和实际教学效果对教学内容及过程进行审视、改革，教师对教学资源的整合应具有更多的自主权，通过以教材为支撑，精心选择适合学生发展的教学内容来调动学生的学习积极性。

五、混合式教学模式在大学日语课堂教学中的应用策略

(一)情景导入式

大学日语教学过程中，设置教学情境要充分钻研课文、琢磨课文，抓住重点、突破难点，进行整体的情境设置。同时也要注意，在导入设计过程中，遵循语言形式。实际教学中，通过设置情景，展开模拟交际或真实交际，对教材中语言知识点进行重新组织，通过听、说、读、写等方法训练学生，可以不断提高他们的语言运用能力和语言运

用技能。因此，如董编（2013）所强调的，教学设计应忠实于教材，在充分理解学生的前提下进行设计，以提高教学效率，促使学生由被动接受向主动学习转变，激发学习兴趣。要根据不同的文本设计相应的情境，同时要注意不同文章采用不同类型的情境，不能用单一情境方法，以此来创设良好教学环境，加强学生对教学内容的学习和理解。

（二）课外实践教学式

大学日语教学过程中，单纯的课堂教学是远远不够的，为了让学生能够在有限的时间内熟练地掌握日语，教师更应该积极地开展课外实践活动。例如，大学教师可以引导学生积极参与对日交流活动，让学生在相关活动中锻炼自己的日语表达能力。中日之间的交流能增进学生对日本历史文化和日本国情的了解，从而提高学生的日语学习能力。此外，教师还可以组织学生到相关日企实习，让学生充分体验日本企业的工作环境和工作模式，为学生学习、使用日语提供方便。

（三）多媒体辅助式

在实际教学中利用多媒体技术进行日语教学，能使学生掌握更多的日语学习方法，进一步提高学习效果。例如以多媒体为主要平台，构建相应的微课情境，以微课形式向学生展示日语的内容和知识，使学生更形象、直观地了解日语课程知识；在微课程设计中，教师可以对日语教学内容进行归纳、总结，并针对不同模块进行微课程视频设计，引导学生进行专业学习，从而进一步提高学生日语学习的质量。此外，可以利用网络技术，建立日语学习交流群。在学习交流群中，学生可以使用语音工具等日语交流工具，提高学生日语口语能力。

六、混合式教学中存在的一些缺陷

当然，管洁和赵付立（2019）也提出混合式教学也存在着一定的缺陷。笔者对此的想法是：首先，混合式教学增加了学生的学习成本。智能手机等电子设备是混合式学习的必备工具，如果没有免费的 Wi-Fi，学校还需额外交一笔网费。其次，混合式教学虽然不受时间和空间限制，但受网速、网络环境制约，网速慢或网络环境不好会大大影响学习效果。此外，在线上教学中，由于教师无法时时监控每个学生的学习状态，很难对学生的学习状况给出全面评价，网上的考核形式一般也以开卷为主，对了解和把控学生真实水平有一定难度。

七、总结

大学日语混合式教学在优化日语教学资源、提高学生学习兴趣、提高教学效果、提高教学质量等方面具有极其显著的作用，虽然存在一定缺陷，但教师应该注重混合式教学模式在日语教学中的应用，积极引入，不断进行完善和优化，提高大学日语教学的价值。

参 考 文 献

[1]董编.情境教学法在日语教学中的应用研究[J].吉林省教育学院学报（中旬），

2013，29(6)：85-87.

[2]管洁，赵付立. 混合式教学模式在日语视听说教学中的应用研究[J]. 科教导刊(中旬刊)，2019(14)：126-127.

[3]温秀兰，王东霞，乔贵方，等."互联网+"环境下专业基础课多元互动混合式教学模式探究[J]. 中国现代教育装备，2019(1)：12-14.

[4]吴琼. 情景式教学模式在大学日语课堂教学中的应用[J]. 科技资讯，2019，17(12)：139，141.